献给北大法学院暨中国法科教育110周年
感谢比尔及梅琳达·盖茨基金会对本书出版的资助

北京大学非营利组织法研究书系编委会

主　任：陈金罗

委　员：魏定仁　金锦萍　刘培峰
　　　　沈国琴　方志平

北京大学非营利组织法研究书系

Current Issues of NPOs Law in China

中国非营利组织法前沿问题

金锦萍 著

社会科学文献出版社
SOCIAL SCIENCES ACADEMIC PRESS (CHINA)

总　序

　　1998年，北京大学法学院非营利组织法研究中心（以下简称中心）宣告成立，旨在"开展理论研究，提高理论水平，开展教学活动，培养高层次人才，参与立法进程，逐步完善非营利组织的法制建设"。当时"非营利组织"及其相关概念对于大众甚至学界来说都还是非常陌生的。十一载光阴荏苒，截至2008年底，在全国各级民政部门登记的非营利组织已然突破40万个，且每年以超过10%的速度增长；非营利组织学术研究方兴未艾，学界思维活跃，学术活动频繁。

　　中心自成立之日起，就以推动我国非营利组织法制建设为己任，十一年如一日，痴心不改，初衷不移。幸运的是，在这期间，我们迎来了非营利组织法制建设的黄金时期。1998年的《民办非企业单位登记管理暂行条例》尽管现在看来不尽如人意，但是在当时它将向社会提供公共服务的非营利组织从社会团体中分离出来并进行规范，具有开创性的历史意义；2004年通过的《基金会管理条例》更为基金会的健康发展提供了途径；2008年的《企业所得税法》及其实施条例的颁布，既明确了"符合条件的非营利组织的收入为免税收入"，又提高了公益捐赠税前扣除的比例，非营利组织的税收优惠政策因此名正言顺。时至今日，三大条例(《基金会管理条例》、《社会团体登记管理条例》和《民办非企业单位登记管理暂行条例》)也正处于修改之中，以期通过完善相关规则为我国非营利组织的培育发展和规范管理提供更为理想的法制环境。

中心有幸亲历并深入参与这一过程。早在2000年4月，中心就承担了全国人大常委会科教文卫委员会委托起草《民办学校促进法》草案的任务，并圆满完成任务。此后，中心根据研究人员专业特长，在研究各国立法实践和我国非营利组织发展现状的基础上，经过两年不懈的努力，提交了《中国非营利组织立法模式》的研究报告，并出版了《中国非营利组织法的基本问题》和《中国非营利组织立法模式论文集》两书。针对中国宪法之下非营利组织基本法缺位，行政法规与相关领域内立法相互冲突，法律协调成本过高等现状，在参照近年来世界各国非营利组织立法特点的基础上，提出了统一立法的主张。具体而言，在宪法和民法之下，制定统一的非营利组织法，作为非营利组织领域的基本法，规范整个非营利组织设立、登记、内部治理、监管等相关活动。在非营利组织内部，将现有的社会团体、民办非企业单位、基金会整合为社团法人、财团法人，并根据它们各自的特点，规定不同的治理准则。这个研究报告提出后，引起了社会各界的较大反响，一致认为该方案是近年来有关非营利组织立法的一个很有意义的研究报告。尽管也有不同的声音，但大家的基本共识是：根据这个立法模式，制定非营利组织法专家建议稿，供社会和政府参考，对推动非营利组织立法和促进非营利组织的规范发展将大有助益。于是中心在非营利组织立法模式研究的基础上，于2006年开始了中国非营利组织法专家建议稿的起草工作。为此我们还翻译了30多个国家的非营利组织领域的法律，并出版了《外国非营利组织法译汇》《外国非营利组织法译汇（二）》两书。希望通过比较法的视角为立法提供多种解决问

总　　序

题的选择。中心还陆续参与了中国慈善法的起草，参加《社会团体登记管理条例》、《基金会管理条例》和《民办非企业单位登记管理暂行条例》的修订工作。

为让更多的人分享学术研究成果，中心将陆续推出北京大学非营利组织法研究书系。书系包括（但是不限于）外国相关立法的介绍、非营利组织法纲要、公益信托制度、基金会法律规则诠释、监管体制研究，等等。希望这些著作能够记载和解读正在发生的现实和变化，同时为蓬勃发展的中国非营利组织提供法律知识和智慧支持。

北京大学法学院非营利组织法研究中心

2009 年 10 月 31 日

目　　录

社会组织合法性应与登记切割 …………………………… / 1

社会团体备案制引发的法律问题
　　——兼论非法人社团的权利能力 ………………………… / 7

我国社会组织行政处罚制度审视
　　——从登记管理机关的角度 ……………………………… / 27

寻求特权还是平等：非营利组织财产权利的法律保障
　　——兼论"公益产权"概念的意义和局限性 …………… / 44

论非营利法人从事商事活动的现实及其特殊规则 ………… / 61

论我国非营利组织所得税优惠政策及其法理基础 ………… / 79

社会企业的兴起及其法律规制 ……………………………… / 95

论公益信托制度与两大法系 ………………………………… / 108

科学慈善运动与慈善的转型 ………………………………… / 145

中国非公募基金会发展报告（2008） ……………………… / 154

附件一　民政部登记的非公募基金会宗旨和业务范围 …… / 207

附件二　民政部登记的非公募基金会原始基金一览表 …… / 216

附件三　民政部登记的非公募基金会逐年原始基金
　　　　一览表 …………………………………………… / 218

附件四　民政部登记的非公募基金会收入及净资产
　　　　状况表 …………………………………………… / 220

附件五　民政部登记的非公募基金会 2005～2007 年
　　　　公益事业支出比例和行政成本比例 ………… / 225

后　　记 ………………………………………………………… / 228

社会组织合法性应与登记切割[*]

【摘要】 现行法律将登记作为判断社会组织是否合法的首要硬性标准。同时又规定双重管理体制致使登记难度加大。因此应当以直接登记制替代双重管理体制,并建构完善的监督机制。而更为理想的模式是彻底将登记与社会组织的合法性分离,在实体法上承认非法人社团的合法性和法律地位。

【关键词】 社会组织　合法性　登记

对于大量登记无门而有非法嫌疑之虞的社会组织而言,近期各级民政部门所释放的利好消息的确令人鼓舞:无论是广东、深圳已然实行的直接登记制,还是北京对特定类别社会组织予以直接登记的尝试和探索,都喻示着政府部门已经意识到社会管理体制创新的重要举措就是要将更多资源和空间留与社会领域,而社会组织登记制度的松绑无疑是题中应有之义。

长期以来,社会组织的合法性与其登记捆绑一体,登记成为判断社会组织是否合法的首要硬性标准。民政部《取缔非法民间组织暂行办法》(2000年)的实施更强化了这一标准。根据该办法,不登记就以社会组织名义从事活动的组织就是非法组织,面临被取缔的法律后果,其负责人也将被追究法律责任。然而实践中试图寻求社会组织登

---

[*] 原文刊登于《中国改革》2011年第5期,后收录于《学会》2012年第11期。

记来解决组织合法性的努力却因"双重管理体制"的存在而步履艰难。所谓"双重管理体制"是指我国的三类社会组织，无论是社会团体、民办非企业单位还是基金会，从申请成立到开展活动，都受到登记管理机关和业务主管机关的共同管理。这种管理模式在1989年的《社会团体登记管理条例》中已经有所体现，而在1998年经修订颁布的《社会团体登记管理条例》中进一步得到强化。《民办非企业单位登记管理暂行条例》（1998年）和《基金会管理条例》（2004年）也无一例外地遵循了这一立法思路。

　　双重管理体制的弊端已经逐渐为学者所认识：第一，双重管理体制要求成立任何社会组织，首先要找到业务主管单位，这无形中提高了设立社会组织的条件。第二，有些社会组织由于寻找不到主管单位或者该主管单位审查标准过严，而无从建立，不得不寻找其他变通方法。要么到工商登记部门登记；要么成为某个组织的分支机构；更有甚者"曲线救国"，到境外登记之后再回到国内进行活动，鉴于目前立法对于境外非营利组织在华活动缺乏必要规范依据，衍生出大量"离岸社团"的违法违规行为无从监管的乱象。第三，从目前登记管理体制考察，社会组织的登记管理机关均为国家民政部和地方各级民政机关；而业务主管机关则因各非营利组织的具体情况而分属不同的部门。这样的立法思路依然还残存着计划经济之下的政府部门职能分化的痕迹。对社会组织发展不利的是，各业务主管部门都将社会组织事务作为副业对待，因此不会对此过于关注，从"多一事不如少一事"的角度出发，往往会对社会组织采取过严的审查标准。

　　当然，双重管理体制的设置具有一定的合理性：例如可以在一定程度上缓解登记管理机关目前监管能力严重不足的窘境；而且业务主管机关对于某个目的事业领域的熟悉程度也往往高于其他政府部门，归口管理似也顺理成章。即便如此，双重管理体制成为社会组织成立和发展的严重障碍已然成为学界和业界的共识，急需制度改革和创新。毋庸置疑，目前各地尝试的直接登记制的改革关键即在于取消业务主管单位的前置许可，试图降低登记门槛，便于社会组织的设立。这一改革举措尽管未能从根本上解决未经登记的社会组织的合法性问题，也未能真正破解结社自由的命题，但是在一定程度上缓解了过于严酷的登记制度与现实需要之间的张力，值得赞誉和鼓励，也期待法律修订过程中将这些制度创新以立法形式固定下来，成为基本规则。

更大的挑战来自直接登记制度之后的监管上的焦虑。从目前双重管理体制来看，公权力在社会组织的设立阶段干涉过多，例如业务主管单位的前置许可、登记条件过高、登记机关的自由裁量过甚等，但是一旦设立，对于社会组织的监督管理却过于宽松。此即所谓的"重登记，轻管理"的现象。造成这一现象的原因众多，但是权力配置的不合理性是非常重要的一个因素。按照目前管理条例的规定，登记管理机关的职责包括负责社会组织的登记和备案、对社会组织进行年检，以及对社会组织的违法行为进行查处。业务主管单位的职责主要则在于社会组织登记前的审查，监督指导社会组织按照法律和章程开展活动，负责年检的初审，协助登记管理机关对社会组织的违法行为进行查处，以及指导社会组织的清算事务。从这些规定可以看出，在我国，社会组织的行政处罚权配备给了登记管理机关，业务主管单位只是协助和配合登记管理机关行使这一权力，因此造成了权责不明之困境。对于业务主管单位而言，既然没有明确的法律授权，对于社会组织设立之后的活动也就没有了进行必要处置的权限，乐得清闲；但是一旦其主管的某一社会组织出现问题，还得承担一定的主管责任，就会促使这些业务主管单位在社会组织的设立环节进行严格控制。同时，由于按照现有规定，只有党政机关或者得到党政机关委托的单位才有资格担任业务主管单位，而业务主管单位的职责之中又没有明确罗列成为社会组织业务主管单位的内容，对于业务主管单位的业绩考察而言，其担任社会组织的业务主管单位并非内容之一，因此他们只会放行其能够控制和影响的社会组织。再者，所有的业务主管单位都将对于社会组织的监管视为额外的负担，又不专业，导致他们对于社会组织的监管无从谈起。另外，对于登记管理机关而言，三大管理条例尽管将相关的行政处罚权授予了各级登记管理机关，但是存在两方面问题导致登记管理机关无法有效进行监督和管理：一方面，目前关于行政处罚权的设置存在纰漏，例如没有规定必要的程序，也没有赋予登记管理机关在特殊情况下的处置权；另一方面，登记管理机关力量薄弱，陷身于登记、年检等事务，无暇顾及对于社会组织的日常监管。

由此，双重管理体制事实上并没有实现制度设置的初衷。在现实中所呈现的是登记环节的过于严酷和监管环节的过于宽松。由于监管不到位，业务主管单位和登记管理机关在登记环节更加谨慎，致使社会组织在谋求合法性地位时遭遇太多苦楚而无从抒发。要改变这一现象，必须重新审视社会组织管理体制的设置。直接登记制度使登记机关不能在登记环节以缺乏业务主管单位的同意或者以业务主管单位的反对意见作为拒绝设立社会组织的理由，但是登记环节的松动必须辅之以有效合理的监管，否则即使登记大门的敞开时期赢得赞声一片，但是并不能消除政府部门长期以来的根本疑虑，甚至更为糟糕的是，监管缺位引发众多社会组织负面事件之后，政府将反思登记制度的松动举措，反之对于社会组织实施更为严苛的登记制度。政策反复并不鲜见，所以社会组织登记松绑之后的监管问题需要尽快提上日程。

社会组织的健康发展需要完善的监督机制，包括政府部门的行政监管、行业自律和自我管理能力的提升等多个层次和方面。有效合理的监管体制构建是项系统工程，但是有几个理念是不容商榷的：其一，业务主管单位在登记环节的隐退并不意味着其完全放弃对于社会组织的监管，例如营利领域的工商行政管理部门负责各类商事主体登记，但是相关业务主管部门（卫生、税务、审计、公安等）依然根据其职权对各类商事主体进行必要规范和监管。其二，是否需要设立统一的社会组织监管部门需要经过充分论证之后方可确定。可以选择由一个机构统管社会组织的登记乃至监管，前提是这一机构具有担任这一职责的明确授权和足够能力；也可以选择登记部门与监管部门的分离，但是必须得明确部门之间的职责分工以及程序要求。前者如英国的慈善委员会，后者如日本的登记管理机关和目的事业主管机关。其三，社会组织的行政监管机构需要法律的明确授权。无论是行政强制措施、行政处罚还是行政指导等都需要纳入整个法律框架之中进行设置。其四，社会组织的监管还需充分发挥组织自律、行业自律和社会监督的功能。组织自律要求社会组织构建良好的治理结构和议事规则；行业自律要求社会组织能够确立起共同体理念和价值观，据此制订行规行约并恪守之；社会监督则需要发挥大众媒体的功效，要求社会组织信息充分公开和确保社会组织的捐赠者知情权和监督权的实现。

更为理想的模式是彻底将登记与社会组织的合法性分离，在实体法上承认非法人社团的合法性和法律地位。登记将赋予社会组织以法人资格，但是并非所有的社会组织都具备法律规定的法人条件，所以不具备法人条件的社会组织成为一种大家心知肚明的现实存在。非法人社团是指不具备法人资格的社团，也常被称为"任意社团"或"无权利能力社团"。我国现行法不承认非法人社团的合法性，但是实践中却存在大量未经登记的社会团体，游离于监管之外，成为管理上的盲区；同时法律地位的不稳定性一直是悬挂在这些非法人社团头上的"达摩克利斯之剑"，促使这些社团的发展活动呈现短期行为特征，不利于非法人社团的健康发展。为了纾解非法人社团的合法性困境，实践中往往出现这些非法人社团挂靠其他单位的情形。但是挂靠单位受制于被挂靠单位，丧失了组织的独立性，而被挂靠单位在管理上力不从心，甚至引发了对外责任上主体不明的尴尬。另一种努力是推行备案制。即允许不具备法人条件的社会组织（主要是基层组织）到登记管理机关进行备案而解决合法性问题。但是备案制的地方尝试却也陷入了另一困境：备案之后的组织的法律地位毫无依据，由此也将引发诸多纠纷。承认非法人社团的合法性不仅意味着设立社会组织的个体享有选择结社的组织形式的自由，而且还将导致判断社会组织合法性的标准从登记与否转为社会组织的行为合法与否，将社会组织的管理体制从"预防制"改为"追惩制"。

　　社会组织管理体制的改革绝非朝夕之功，且将种种期待浸润于耐心等待和积极作为之中。毕竟今天已经走出了可喜的一步。从社会现代化和社会转型的进程来看，我们探索的发展路径独特而具有挑战性。和谐社会理念的提出表明社会组织参与社会管理和公共服务的必要性和迫切性。社会组织并非官方组织的延伸，因此社会组织管理体制的改革是要培育和发展区别于政府、能够弥补政府失灵的充满活力的社会领域。在这一过程中，政府必须体现出其应有的自信、理性、气度和历史使命感。

社会团体备案制引发的法律问题

——兼论非法人社团的权利能力[*]

【摘要】实践中的社会团体备案制度在一定程度上解决了非营利组织生存和发展的合法性困境,缓解了结社需求与现行制度之间的张力,但是难以解决随之而来的经备案社会团体的法律地位和权利能力问题。经备案的社会团体是典型的非法人社团,是介于自然人与法人之间的第三类民事主体。应该在立法和司法实践中承认其特定的法律地位,赋予其相应的权利能力,并明确其不能拥有的权利能力,以适应社会发展需要。

【关键词】社会团体 备案制 非法人社团 权利能力

一 社会团体备案制的兴起与问题的提出

备案的原意是备查,即备份在案,以供查考。1989年的《社会团体登记管理条例》第14条规定,"经核准登记的社会团体,发给社会团体登记证书:对具备法人条件的,发给社会团体法人登记证;对不具备法人条件的,发给社会团体登记证"。而且规定无论是否具有法人资格,社会团体都需要每年年检合格,以维持其合法地位;政府部

---

[*] 原文发表于《求是学刊》2010年第5期。

门对社会团体的行政管理也不因其是否有法人资格而有所不同。同时还规定非法人社会团体不能直接转登记为法人型社会团体，必须先注销非法人登记，重新申请法人型社会团体登记。[①] 但是1998年修改之后的《社会团体登记管理条例》要求社会团体应当具备法人资格，同时规定对于未经批准、擅自开展社会团体活动的，或者未经登记，擅自以社会团体名义进行活动的，或者被撤销登记的社会团体继续以社会团体名义进行活动的，由登记管理机关予以取缔，没收非法财产，并追究行政责任乃至刑事责任。该条例一经颁布实施，不具备法人资格的社会团体就丧失了在登记主管部门获得认可的可能性。此后民政部于2000年颁布的《取缔非法民间组织暂行办法》又将未经登记，擅自以社会团体名义开展活动的组织规定为"非法组织"，由登记管理机关依法作出取缔决定并没收非法财产。

另外，实践中却存在大量未经登记的社会团体，而且其作用和功能逐渐为民众所认知。以老年人协会为例，截至2006年底，我国基层老年人协会已经达到79.21万个，其中村（居委会）级的老年人协会有45.01万个，占老年人协会总数的56.8%。基层老年人协会在参与农村经济发展、推动社区公共事务、促进社会和谐、维护老年人合法权益、丰富老年人精神文化生活、协助村委会（居委会）工作等方面起着不可忽视的重要作用。但是据统计，登记注册的老年人协会只占老年人协会总数的12%，绝大部分老年人协会都没有登记注册。再以艾滋病防治领域的非营利组织为例，根据有关调查显示，在接受调查研究的53个艾滋病防治领域的非营利组织中，正式注册登记的占26.4%（其中民政登记的为18.9%，工商登记的占7.5%），没有注册登记的为73.4%，其中11.3%挂靠在其他的非营利组织之下。[②] 相关

---

① 参见《民政部关于非法人社会团体改为法人社会团体登记问题的复函》（民社函〔1995〕220号）。
② 牛彩霞：《中国参与艾滋病预防控制的（草根）非政府组织调研报告》，《中国性科学》2005年第11期。

研究也显示，经过正式登记的非营利组织的数量只占非营利组织实际数量的 8%~13%。① 这些数据表明大量的社会团体未经登记就活跃在各个领域。

未经登记的社会团体也寻求变通方式在一定程度上纾解组织的"合法性"困境。例如采取工商登记或者采取挂靠的方式开展活动。但是这两种方式都存在一定缺憾。采取工商登记方式的缺点在于：一者与组织属性和目的不符；二者使组织无法享受非营利组织本应当享受的财税优惠政策。采取挂靠方式的缺点在于：一者挂靠单位受制于被挂靠单位，丧失了组织的独立性；二者被挂靠单位疏于管理或者力不从心；三者在对外责任承担上存在责任主体不明等问题。大量未经登记的非营利组织因无法获得政府的行政认可而被排斥在政府的视野之外，游离于监管之外，成为管理上的盲区；同时法律地位的不稳定性一直是悬在这些非营利组织头上的"达摩克利斯之剑"，使这类非营利组织的发展产生短期行为，不利于这些组织的持续健康发展。

备案制正是在这样的背景下提出的。② 青岛市早在 2003 年就发布了《青岛市民间组织管理局关于建立社会团体登记工作备案制度的通知》，开始尝试社会团体登记工作备案制度。具体做法如下：对于尚未达到登记条件，但正常开展活动，且符合经济社会发展需要的社区民间组织予以备案。在管理上，统一将街道办事处作为社区民间组织的业务主管单位，在街道培育登记一个社团或者民非类组织，将社区备案的民间组织作为其会员进行指导管理。2005 年，民政部为发挥慈善类民间组织在安老扶弱、助残养孤、扶危济困、救助赈灾方面的作用，缓解社会

---

① 谢海定：《中国民间组织的合法性困境》，载黄晓勇主编《中国民间组织报告》(2008)，社会科学文献出版社，2008，第 137 页。
② 参见谢海定《备案制实践与双轨登记制的制度构想——过渡期的中国民间组织登记管理制度》，收录于北京大学非营利组织法研究中心《"非营利组织法律模式研讨会"会议论文集》，2005 年 3 月，北京。

福利事业资金不足、机构偏少的矛盾，引导慈善类民间组织开展医疗、教育、住房、法律援助等专项救助，体现社会关怀，规定在农村乡镇和城市社区中开展这些活动的慈善类民间组织，不具备法人条件的，登记管理机关可予以备案，免收登记费、公告费；法人条件成熟的，可予以登记。① 随后，山东、安徽、湖北、江苏、杭州等一些地方在实践中也对备案制进行了尝试。例如，南京市针对基层民间组织的数量增长很快，但是存在运作不规范、结构不合理、发展不平衡、管理不到位等问题的现实情况，于2006年出台了《南京市基层民间组织备案管理暂行办法》。该办法被视为全国第一部对基层民间组织备案管理的规范性文件。为配合制度落实，还制定了示范章程，印制了备案证书，从而使基层民间组织备案管理工作有章可循。随后，武汉市、济南市、杭州市、沈阳市也先后出台了地方性规章或者规范性文件，推行备案制试点。② 这些地方制度创新恰是对于现实需要的及时回应。

这些地方规范性文件的特点如下：第一，备案制主要是解决不具备法人资格的基层民间组织（或者社区民间组织、社区公益性民间组织）的合法性问题。第二，从管理体制而言，除了南京市之外，一般还是实行双重管理体制，但是相对于原先双重管理体制有所突破。由组织所在地的区、县（市）民政部门担任备案登记管理机关，由各街道办事处、乡镇政府和社区居民委员会、村民委员会担任业务主管单位。第三，从备案条件而言，各地规定存在较大差异。有分社会团体和民办非企业单位分别管理的，有统一予以规定的，也有不作明确规定的。第四，从备案内容而言，大体包括社团名称、负责人、活动场所、章程、会员花名册（从业人员名册）、活动资金和活

---

① 参见《民政部关于促进慈善类民间组织发展的通知》（民函〔2005〕679号）。
② 武汉市、济南市先后于2007年出台了《武汉市基层民间组织管理暂行办法》《济南市社区民间组织备案管理暂行办法》，杭州市于2008年出台了《杭州市社区民间组织备案管理暂行办法》，沈阳市民政局于2008年发布了《关于对备案制管理的社区公益性民间组织进行规范化管理的通知》。

表1 南京、武汉、济南、杭州四地规范性文件比较

	南京市	武汉市	济南市	杭州市
文件名称	《南京市基层民间组织备案管理行办法》	《武汉市基层民间组织管理行办法》	《济南市社区民间组织管理暂行办法》	《杭州市社区民间组织备案管理行办法》
出台日期	2006	2007	2007	2008
备案登记管理机构	基层民间组织所在地的区（县）民政部门	所在地的区民政局	各县（市）区民政局	社区民间组织所在地的区、县（市）民政部门
业务主管单位	未规定	所在地的街道办事处或乡镇政府。基层民间组织（村）的日常活动由所在地居（村）委员会指导和监督；会员跨社区（村）的，其日常活动由所在地街道办事处或乡镇政府指导和监督	各街道办事处、乡镇政府、社区居民委员会、村民委员会	区、县（市）各街道（乡、镇）
基层组织的界定	基层民间组织，是指在城市街道、社区或者农村乡镇、村内设立的，从事经济、科技、教育、卫生、文化、环保、慈善等活动且不具备社会团体登记条件的民间组织，包括基层民办非企业单位	基层民间组织，是指在城市街道、社区或者农村乡镇、村内设立的，从事经济、科技、教育、卫生、文化、环保、慈善等活动且不具备社会团体登记条件的社会团体	社区民间组织的备案范围为：以街道或乡镇辖区为活动区域，为社区建设服务，不以营利为目的，且不具备法定登记注册条件的具有社会团体和民办非企业单位性质的组织	社区民间组织，是指在街道（乡、镇）、社区内设立的，从事经济、科技、教育、卫生、文化、体育、环保、慈善等活动且不具备法人登记条件的社会团体和民办非企业单位

11

续表

	南京市	武汉市	济南市	杭州市
法律地位	未明确	未明确	社区民间组织为非法人单位	未明确
备案条件	基层社会团体申请备案应具备下列条件：有10人以上的会员；有章程和规范的名称；有负责人；有相对固定的活动场所。基层民办非企业单位申请备案应具备下列条件：有负责人；有与其活动相适应的从业人员；有章程和规范的名称；有办公场所	基层民间组织申请备案应具备下列条件：有10人以上的会员；有章程和规范的名称；有负责人；有相对固定的活动场所	社会团体性质的社区民间组织申请备案的基本条件：3个以上发起人或总数不少于15个会员；规范的活动场所；明确的宗旨和业务范围；固定的联系方式和联系人。民办非企业单位性质的社区民间组织申请备案的基本条件：有固定的场地；有规范的名称；有明确的业务范围；特殊行业须有相关部门的许可意见	在社区内，未达到注册登记法定条件，且已经开展活动的社会团体和民办非企业单位
备案内容	基层民间组织备案事项包括：名称、负责人、业务范围、活动地域、住所、活动资金等	基层民间组织备案事项包括：名称、负责人、业务范围、活动地域、住所、活动资金等	未规定	社区民间组织备案内容：社团名称；负责人；活动场所；章程；会员花名册（从业人员名册）；活动资金和活动地域

续表

	南京市	武汉市	济南市	杭州市
财产保护	基层民间组织财产必须用于章程规定的业务活动，基层民间组织的财产和合法权益受法律保护，任何人不得侵占、私分、挪用	基层民间组织财产必须用于章程规定的业务活动，基层民间组织的财产和合法权益受法律保护，任何人不得侵占、私分、挪用	未规定	社区民间组织财产必须用于章程规定的业务活动，社区民间组织的财产和合法权益受法律保护，任何人不得侵占、私分、挪用
治理结构	基层民间组织应建立民主议事制度，制定和修改章程、选举或变免负责人等重要事项应按章程办理	基层民间组织负责人应当具有完全民事行为能力，并对承担相应的法律责任。基层民间组织应建立民主议事制度，制定和修改章程、选举或变免负责人等重要事项应按章程办理	未规定	社区民间组织负责人应当具有完全民事行为能力，并对社区民间组织的行为承担相应的法律责任。社区民间组织应建立民主议事制度，制定和修改章程，严格按章程选举或变罢免负责人等重要事项
分支机构	基层民间组织不得设立分支机构、代表机构	基层民间组织不得设立分支机构、代表机构	社区民间组织不得设立分支机构、代表机构	社区民间组织不得设立分支机构、代表机构
配套制度	《南京市基层民间组织备案证书》、《南京市基层民间组织申请备案人备案表》、《南京市基层民间组织负责人备案表》、《南京市基层民间组织申请变更备案表》和《南京市基层民间组织申请注销备案表》	《武汉市基层民间组织备案人备案表》、《武汉市基层民间组织负责人备案表》、《武汉市基层民间组织申请变更备案表》和《武汉市基层民间组织申请注销备案表》	《济南市社区民间组织备案证明》、《济南市社区民间组织备案登记表》和《社区民间组织活动登记簿》	《杭州市社区社会组织备案证书》、《杭州市社区社会组织申请备案人备案表》、《杭州市社区社会组织申请变更备案表》和《杭州市社区社会组织申请注销备案表》

13

动地域。第五，对于财产问题，一般要求财产必须用于章程规定的业务活动，同时明确组织的财产和合法权益受法律保护，任何人不得侵占、私分、挪用。第六，对于治理结构，一般要求负责人必须具备完全民事行为能力。有些地方性规定要求建立民主议事制度，制定和修改章程、选举或罢免负责人等重要事项应按章程办理。第七，为落实制度，还制定相关示范文本和表格。

根据实践反馈，对于行政主管部门而言，备案制的推出既有利于登记管理机关及时了解社会团体的发展情况，对社会团体的结构和总量进行宏观调控，有针对性地实施工作指导；也有利于掌握基层社会团体的动态，加强有效监管；更有利于开展社会团体规范化建设活动，进一步做好培育发展社会团体的工作。而对于非法人社团而言，最为重要的是解决了组织的合法性问题，在一定程度上无需担忧"非法身份"。但是对于经备案组织的法律地位问题，这些地方性规定都未予以明确，只是笼统地认为其是"非法人单位"。对于这些组织的缔约能力、责任的承担等问题都未涉及。经过备案的组织是否可以获得相应的权利能力，例如以自身的名义从事活动，拥有自己的账号，能够具有缔约能力，能够成为诉讼主体，将直接影响到备案制度的实效以及经备案后的组织能否顺利开展活动。

二 备案的法律性质探讨

根据行政法学原理，行政备案是指行政主体依据行政法律法规，接收行政相对人按照法定程序和格式提交的备案申请材料，在法定时间内形式审查报备资料，对合法的申请进行备案，并将该材料存档以备事后监督的行政管理行为。行政备案制度不属于行政许可的范畴，也应与行政登记相区别。

诚如前文所述，1989年的《社会团体登记管理条例》（以下简称《条例》）中曾经规定了不具备法人条件的社会团体的登记制度。但是目前实践中所推行的备案制与1989年《条例》中所规定的不具备法人资格的社会团体的登记制度之间存在较大差异。首先，1989年《条例》所规定的登记内容包含了两种情况：不具备法人条件的社会团体的登记和具备法人条件的社会团体的登记。学界一般将前者称为备案制。根据该《条例》，社会团体登记不意味着法人资格的当然获得，同时，不具备法人资格的社会团体登记之后可以取得一定的民事主体资格，例如按照相关规定刻制印章和开立银行账户、根据《民事诉讼法》的相关规定获得诉讼资格等。现行实践中的备案制度则是在《条例》明确规定社会团体必须具备法人资格的规定之外所作的探索，备案之后的组织的民事资格和权利能力迄今并无明确规定。其次，1989年《条例》中规定的不具备法人条件的社会团体的登记的级别是除了全国性社会团体之外的其他各级均可，但是现行实践中的备案制则是在基层进行探索和尝试。再次，从设立条件来看，1989年《条例》中规定的不具备法人条件的社会团体的登记并未规定具体登记条件，但是目前实践中的备案制几乎都设有备案条件。

虽然备案制依然没有能够从根本上解决非法人社团问题，但是的确在一定程度上缓解了结社需求与相对苛刻的现行法律环境之间的张力。如果允许非法人社团通过备案制来获得法律上的合法地位，尽管依然没有突破"预防制"的范畴，但是毕竟降低了门槛，拓宽了准入通道。目前实践中的备案制有几个问题需要解读。

1. 备案的适用对象

从目前实践尝试来看，备案制主要是县、市一级的民政部门民间组织管理机关，对社区民间组织、农村专业技术协会、专业社和其他经济合作与联合组织予以适用。笔者认为，在管理等级上，由县、市一级民政部门民间组织管理机关实施备案制是比较妥当的，既考虑到各级民政部门之间的权限分工，也考虑到非法人社团进行备案的方便和经济。当然，对于一些农村基层、偏远地区可以进一步授权，由乡镇一级的民政机关进行备案。但是目前实践中的备案制适用对象的范围却过于狭窄，不妨将其推广至任何不欲获得法人资格，却又欲以社团名义进行活动的非法人社团。

2. 备案条件

备案是否需要设置条件直接涉及备案是否存在门槛的问题。1989年《条例》中关于社团设立的条件并没有明确规定，即使成立法人型社会团体，也只要符合《民法通则》所规定的法人条件即可，对于非法人社团的条件则没有规定。1998年《社会团体登记管理条例》则明确规定了社会团体应当具备法人资格，同时明确了成立社会团体的条件。[①] 从条文来看，所设置的门槛的确不低，从成员人数、活动资金要求等方面给社会团体的成立设置了一定障碍。

从法理上而言，备案只是将非法人社团的有关情况在登记主管部门记录在册的行为。如果经过备案的非法人社团并没有取得一定资格的话，那么不应该设置任何条件。反之，如果经过备案的非法人社团取得了一定的法律地位，那么设置必要的条件还是合理的。在这里不妨借鉴营利领域合伙的立法思路：对于一般的个人合伙无需登记，对于成立合伙企业的，则需要具备一定条件。因此笔者认为，几个人合伙从事非营利事业，应当允许；但是若要以组织的名义和形式从事活动，则要具备一定的条件。

3. 备案制是否继续适用"双重管理体制"

关于双重管理体制存废的争论一直未曾停息过。对于双重管理体制，目前学界一片反对之声，实务界也褒贬不一。双重管理体制是除了《条例》中规定的设立条件之外，对成立社团构成障碍的另

[①] 具体规定参见《社会团体登记管理条例》（1998年）第十条第一款："成立社会团体，应当具备下列条件：（一）有50个以上的个人会员或者30个以上的单位会员；个人会员、单位会员混合组成的，会员总数不得少于50个；（二）有规范的名称和相应的组织机构；（三）有固定的住所；（四）有与其业务活动相适应的专职工作人员；（五）有合法的资产和经费来源，全国性的社会团体有10万元以上的活动资金，地方性的社会团体和跨行政区域的社会团体有3万元以上的活动资金；（六）有独立承担民事责任的能力。"

一个主要因素。目前不少游离于管理体制之外的非法人社团就是因为无法找到业务主管单位而登记无门。如果在备案制中继续沿用双重管理体制,其困境依然难以解决。所以对于备案的非法人社团,不妨尝试取消双重管理体制。

4. 事先审查还是事后备案

这一问题涉及备案是否是设立非法人社团的前提条件。笔者认为,备案不应成为设立非法人社团的前提条件,但是立法可以通过授予经过备案的非法人社团一定的法律地位来鼓励非法人社团进行备案甚至登记。

三 经备案的社会团体的法律地位

对于备案制意义的解读可能有两种进路。一种进路是,备案制只是解决了未能获得法人资格的社会团体的合法性问题。其意义也仅仅局限于此。另一种进路则是,备案制不仅要解决未能获得法人资格的社会团体的合法性问题,还需要承认其一定的主体资格和权利能力。对于后者,目前研究成果不多,但是在是否允许经备案组织从事经济活动问题上却存在较大争议。有的认为经备案组织成为合法组织,只要法律没有禁止的行为,都可以从事,包括开展与其业务相对应的经济活动。但是也有持相反意见的,认为备案组织大多规模小、经济实力差、活动不经常,不能独立承担责任,因此不能开展经济活动,不能申购票据和开设银行账户和办理贷款。如果确有开展经济活动需要的,应积极申请成为社团法人。不能允许经备案组织通过备案获得与登记的法人同等的权利。[①] 笔者认为,要回答这些问题,还是得首先厘清非法人社团的法律地位问题。

---

① 参见李晴、商木林、黄明兵《基层社会团体备案制度探讨》,《学会》2007年第2期。

（一）经备案的社会团体的法律性质：非法人社团

经备案的组织因其组织性区别于自然人，又因其未能取得法人资格而区别于法人，是非常典型的非法人社团。各地民法大多在自然人、法人之外，承认有不具有法人资格，但可以以自己的名义从事民事活动的某些主体性组织存在，但对这类具有民事主体性的组织的称谓则不尽相同，德国称为"无权利能力社团"，日本称为"非法人社团"和"非法人财团"，我国台湾称为"非法人团体"，在我国大陆称为"非法人团体""其他组织"等。[①] 我国《民法通则》中并无"非法人团体"的表述，但是此后颁布的《民事诉讼法》、《行政诉讼法》、《著作权法》、《国家赔偿法》和《合同法》等法律法规及其相关的司法解释中均有"其他组织"、"其他经济组织"和"非法人单位"的称谓。尽管这些规定大多指营利领域的非法人团体，但是也说明在法人和自然人之外，我国还是承认有区别于法人和自然人的组织存在的。关于非法人社团的定义，我国学术界尚未达成共识。有的认为非法人社团是指不具有法人资格但可以以自己的名义从事民事活动的组织[②]。有的认为是介于自然人和法人之间的、未经法人登记的社会组织[③]。也有学者从广义和狭义两个角度来定义。广义的非法人社团是指介于自然人和法人之间的一切组织。狭义的非法人社团是指合法成立，有一定的组织机构和财产，但又不具备法人资格，可以以自己的名义从事相关民事活动的组织，如合伙组织、非法人的私营企业、非法人集体企业、企业集团、非法人公益团体、个人独资企业、筹建中的法人等。[④] 因此狭义的非法人社团是具有民事主体地位的组织，是介于自然人与法人之间的第三类民事主体。一般而言，非法人社团主要是从

[①] 梁慧星：《民法总论》，法律出版社，1996。
[②] 刘定华、屈茂辉主编《民法学》，湖南人民出版社，2001。
[③] 郑跟党：《试论非法人组织》，《中外法学》1996年第5期。
[④] 张胜先：《第三民事主体——非法人组织的立法思考》，《求索》2002年第4期。

狭义的角度来理解的。

(二) 非法人社团的法律地位之争

我国学界对于非法人社团的法律地位素有争论，目前尚未尘埃落定。"否定说"认为非法人社团不具备民事权利能力，不具备民事主体资格，依据在于非法人社团不符合民事主体的构成要件。"折中说"认为非法人团体是"不具有团体人格但是具有'形式上的民事资格'的组织"，即认为非法人团体的这种所谓"主体资格"仅仅具有一种形式上的意义，并不承认非法人团体具有独立的民事主体地位。[①]"肯定说"则认为非法人团体已经具备了相当的权利能力和行为能力，立法和司法实践应承认其独立的民事主体地位。[②] 当然，肯定说也要求非法人团体具备相应的条件，包括有目的的组织体、名称、能支配的财产或者经费、设有代表人或者管理人。更有学者提出主张：一方面，改善登记制度，转法人控制为合理管理，便于社团的设立；另一方面，在实务中对具备法人条件的非法人社团准用社团法人的规定。[③]

(三) 非法人社团法律地位的比较法研究

长期以来，在法律地位上，非法人社团类似于个人合伙。非法人社团可以有自己的名称，以自己的名义从事活动；可以设立自己的账号；可以在其成员内部以协议的名义约定有关事项，包括其活动原则、负责人、议事规则等。然而非法人社团没有独立于其成员的财产，因此也就无法独立承担责任。但是这样完全适用合伙规则的立法思路也造成不少困难，因此各地立法逐渐地赋予非法人社团

[①] 尹田：《论非法人团体的法律地位》，《现代法学》2003年第5期。
[②] 例如魏振瀛主编《民法》(第二版)认为："非法人组织是具有相应的民事权利能力和民事行为能力的组织体。"参见魏振瀛主编《民法》(第二版)，北京大学出版社、高等教育出版社，2007，第101页。另参见林莹《非法人团体的法律地位探讨》，《福建法学》2007年第4期。
[③] 龙卫球：《民法总论》，中国法制出版社，2001，第464页。

一定的主体资格。

例如，德国民法规定，对无权利能力社团（非法人社团在德国法上称为无权利能力社团）原则上适用关于合伙的规定。这意味着：首先，无权利能力社团，不能成为财产权的主体，社团的财产属于全体成员共有。其次，无权利能力社团，不能以自己的名义成为债务人。由于合伙不具有独立民事权利能力，合伙的债务就是合伙人的债务，合伙人对合伙债务承担无限连带责任。那么，这一规则也适用于无权利能力社团。此外，以这种社团名义对第三人所为的法律行为，行为人负有个人责任，如果行为人有数人，全体行为人承担连带责任。德国立法者之所以采取这样的立法政策，旨在鼓励社团通过在社团登记簿中的登记获得权利能力。官方就可以对所有这种社团进行一次以政治、社会政策和宗教为目的的审查。[①]

但是，无权利能力社团的成员和执行社团事务的人对社团债务承担无限责任，违反了社团成员加入社团的初衷。如果社员对社团债务真的承担无限责任，那么它就成为设立无权利能力社团和吸收新成员的一个不可逾越的障碍。所以司法判决和学说寻找各种可能性，将社员对社团的责任，限制在社团财产的范围内。目前，司法判决逐渐普遍承认，与无权利能力社团的结构形式相抵触的合伙法规定，已"悄悄地"被社团的章程所取代。除那些正是以权利能力为条件的情况外，司法判决对之已类推适用《德国民法典》中关于有权利能力社团的规定。[②]

再比如美国。原先，根据美国普通法的相关规定，一个非营利非法人社团，不是独立的法律主体。它只是个体成员的集合。在许多方面，它和商业合伙具有共同的特征。这样的法律规则也造成难题。

[①] 〔德〕卡尔·拉伦茨：《德国民法通论》，王晓晔等译，法律出版社，2004，第236页。

[②] 〔德〕卡尔·拉伦茨：《德国民法通论》，王晓晔等译，法律出版社，2004，第242页、第236页。

首先，由于不承认非法人社团的主体资格，导致其他人（包括自然人和法人）对非法人社团的财产赠与行为变为无效。为了弥补这一不合理的结果，有些法院将这种赠与行为解释为对非法人社团的主管人员的授予，授予之后由主管人员持有土地，并代表社团成员进行管理。随后，有些州的立法机关提供了更为彻底的解决方案，允许在上述情况下把非营利非法人社团视为独立的法律主体。

其次，非法人社团的诉讼资格也遭到了质疑。由于非法人社团不是独立的法律主体，因此在由非法人社团提起的，或者针对非法人社团的诉讼程序中，它的每个成员都必须作为原告或者被告参与诉讼。尽管可以适用共同诉讼来解决这一问题，但是，有些州的立法机关在其法规中制定了"起诉和被诉"条例，认可了非法人社团的诉讼主体资格。

再次，由于不是独立的法律主体，非法人社团不能为侵权、违约和其他以非法人社团名义进行的非法行为承担责任，而由非法人非营利社团的成员承担责任。在实践中，法院再次借鉴了合伙的概念，认为非法人社团的成员互为代理人，与合伙人互为代理人类似。作为彼此的代理人，非法人社团的所有成员都要承担法律责任。后来法院在判例中认为，在大型的会员制非法人非营利社团里，有些成员对决策过程并无充分的控制权或参与权，因此，把他们认作其他成员的代理人是无理和不公正的。接着相关立法机关也采取了措施，近十多年来许多州制定的法律中免除了部分符合条件的非法人社团的主管、理事、成员和志愿者的单纯过失责任。

最后，和法律责任相关的一个问题是针对非法人社团、非法人社团的成员和财产的判决强制力问题。如果非法人社团只有部分成员要承担侵权或合同责任，那么，在划分有责成员和无责成员前，针对非法人社团财产的判决就不能被执行，因为这些财产是由全体成员共同或按份所有的。有些成员没有责任，判决不能针对他们。法院再次运用"连带债务人"、"共同财产"和"共同名义"等规则提供了实际可行的解决方法。有些立法机关也直接解决了这个问题：直接规定在上述情况下，非法人社团被视为独立的法律主体，就像一个法人那样。

正是由于上述司法实践和立法的发展，美国《统一非法人非营利社团法》（UUNAA）[①] 在三个基础的和重要的方面改革了普通法：取得、占有和转让财产（特别是不动产）的权限；作为独立法律主体起诉和被诉的权限；主管和成员的合同责任和侵权责任。[②] 意图通过其规定，使非法人非营利社团在一定条件下成为独立的法律主体。[③] 当然，这并不是说，非法人非营利社团在任何情况下都具有独立的法律主体资格。

《日本民法典》对于非法人团体也未作出相应规定。日本法曾经不承认无权利能力社团的权利能力和行为能力。但是日本判例已经逐渐承认任意社团也具有权利主体资格，基本上可适用社团法人的规定。也就是说，具备成为社团实体的必要条件（即在团体内部以多数表决原则为组织活动原则）的无权利能力社团，在实务上具有一定的权利能力。正如同有学者指出的那样，"日本昔日学说亦曾主张，无权利能力社团适用合伙的规定。但今日之通说乃鉴于重个人色彩的合伙与重团体统一性的社团之本质差异，认为无权利能力社团者应准据社团

[①] 根据该法的有关解释，其适用对象不限于《国内税收法典》第501条第（c）款第（3）（4）（6）项规定的非营利组织。即不存在排除任何非营利社团的原则性规定。因此，该法适用于非法人的关于慈善事业、教育、科学和文学的俱乐部、协会、商会、政治团体、合作社、教会、医院、共同管辖区协会、小区协会和其他非法人非营利社团。它们的成员可以是自然人、法人、其他法律主体或者这些法律主体的混合体。

[②] 当然，阅读该法，我们发现它不涉及治理方式、成员资格和其他一些问题，而将它们留待普通法和其他相关法律予以调整。

[③] 该法甚至规定，采纳该法的州的法院有权决定是否运用类推方法，从而使非法人非营利社团在该法规定的情形外也具有独立的法律主体资格。

法人之规定。因此有关社团法人之各项规定，除非必以法人人格之存在为前提者外，可说皆得类推适用于无权利能力社团之中。无权利能力社团原则上不适用合伙之规定"。[1]

我国台湾地区的有关规定未对非法人团体作出规定。但是台湾民法理论非常强调其与合伙的区别。其一，非法人团体有其独立于社员个人目的之目的，构成独立单一体，成员的个性甚为薄弱，而合伙则为合伙人个人目的依相互之契约关系而结合，合伙人个性甚为显著；其二，非法人团体的团体性甚强，不因社员变更而受影响，而合伙人的入伙与退伙，均有严格限制；其三，社团性质上得设理事或其他机关，而合伙则只能选任合伙代理人；其四，非法人团体的社员对于社团财产并没有直接或间接的经济参与，在其内部关系上，以社员总会为最高权力机关，在其外部关系，得由代表人以社团名义实施法律行为。[2]

四　经备案的社会团体的权利能力

综上，经备案的社会团体应当作为一类特殊的民事主体，获得相应的权利能力。具体而言应当包括以下内容。

（一）名称权

经备案的社会团体应当与社团法人一样，对外以自己的名称活动。这个名称就是社团区别于其成员的标志，而且成员的更迭不应该影响这一标志的连续性。根据我国目前某些地方已经出台的相关办法，基层组织申请备案时必须要具备规范的名称。一旦备案，就可以自己的名称对外从事活动，并且享有名称权。

---

[1] 参见刘得宽《论无权利能力之社团》，载刘得宽《民法诸问题与新展望》，中国政法大学出版社，2002，第512页。

[2] 史尚宽：《民法总论》，中国政法大学出版社，2000，第149页。

（二）财产的归属

经备案的社会团体因为不具备法人资格，所以一般不正面承认其法律上的主体性质。即在财产归属问题上，经备案的社会团体的成员对于财产是总有关系。经备案的社会团体的成员的出资以及经过理事会的经营管理为社团取得的利益，是经备案的社会团体全体成员的共同财产。各个成员既不能支配他在全部共同财产中的份额，也不能支配属于社团财产的个别物体上的份额，而且也没有权利要求分割这些财产。属于社团财产的标的物，也只能由社团成员共同处分。当然，具有经备案的社会团体事务执行人地位的理事会可以代理社团成员。

至于财产归属的公示方法：经备案的社会团体可以有自己的账号，但是账号的名称应当与经备案的社会团体以及社团代表人的姓名一起对外公示。对于不动产登记，则一般采取个人名义的登记方法。因为如果允许经备案的社会团体以社团名义拥有不动产，会产生如同承认社团自由设立的恶果。但是，在这样的情况下，一般认定非法人的代表人以受托人的身份为社团管理财产。

（三）债务责任

由于经备案的社会团体和合伙存在本质差异，因此合伙中合伙人所承担的无限责任应用到经备案的社会团体的成员之上就显得很不妥当，因为与社团财产与社员财产分开的事实不符。所以经备案的社会团体原则上是以社团的财产对外承担责任，社团的成员原则上对其不承担个人责任。

当然，如果承认经备案的社会团体实质上以社团财产对外承担责任，那么毫无疑问会导致在责任承担上法人与经备案的社会团体不再存在差异的问题。对此，可以对经备案的社会团体经营能力予以一定的限制。更为彻底的思路则是要求能够独立承担责任的经备案的社会团体必须具备相关条件，这些条件可以直接体现为备案制度中的备案条件。

（四）内部关系和外部关系

在经备案的社会团体的内部关系上，应该适用社团法人的相关规定。会员大会是其最高权力机关。会员大会的决议对于所有会员都有约束力。经备案的社会团体中也应该有章程或者相关议事规则。在经备案的社会团体的对外关系上，由于经备案的社会团体本身也具有权力机关、执行管理机关，因此其代表机关（即理事会）原则上可以以社团名义从事各种行为。

综上，经备案的社会团体在对内和对外关系上适用社团法人的相关规定即可。

（五）当事人能力

当事人能力是指作为诉讼当事人出现在法庭上的能力。德国法原先只承认非法人团体的消极当事人的能力，并不承认其积极当事人能力。后来司法实践有条件地承认了非法人团体的积极当事人能力。日本在认定任意社团是否具备当事人资格时，会考察以下因素：具有组织机构；社团内部采取多数决方式；团体的存续与成员的变更无关；组织中代表的选举/产生方式、大会的运作、财产管理等具备作为团体的特征。

根据我国现行《民事诉讼法》的规定，公民、法人和其他组织可以成为民事诉讼的当事人。最高人民法院司法解释认为"其他组织"是指合法成立、有一定的组织机构和财产，但又不具备法人资格的组织。[①] 经民政部门核准登记并领取了社会团体登记证的社会团体也应

---

① 参见《最高人民法院关于适用〈中华人民共和国民事诉讼法〉若干问题的意见》（1992年）第40条。

该包括其中。但是在同一司法解释中,最高法院却明确认为,未登记的社会团体不能作为诉讼当事人,只能以"直接责任人"为当事人。[①]建议司法实践逐渐承认非法人社团的当事人能力。

(六) 经备案的社会团体不能拥有的权利能力

有人或许会有担忧:如此的政策选择,是否会导致大量社团不愿意取得法人资格?[②] 这就需要重申经备案的社会团体不能拥有的权利能力:一者,经备案的社会团体不能对外公示为法人以误导公众;二者,经备案的社会团体不能开展经营活动,不得设立实体;三者,经备案的社会团体不得设立分支机构;四者,经备案的社会团体不能以自己的名义享有对不动产的所有权;可以有自己的账号,但是账号的名称应当与经备案的社会团体以及社团代表人的姓名一起对外公示;五者,经备案的社会团体不享受国家给予具备法人资格的非营利社团的优惠政策。

尽管备案制未能从根本上解决非营利组织的合法性问题,但是作为一种地方制度创新,有其制度价值和现实意义。备案制所引发的问题需要重新审视经备案的社会团体的法律地位及其权利能力。有些问题需要通过立法来解决,而更多的则留待司法实践作出及时回应。

---

① 参见《最高人民法院关于适用〈中华人民共和国民事诉讼法〉若干问题的意见》(1992年) 第49条。
② 其实,类似的疑虑在德国和美国也曾出现过。美国的立法者在其立法解释中也提及:有人担心,本法会阻碍非法人社团法人化,从而剥夺法人化后该社团可以获得的法律保护。他们的回应是:显而易见,政府会干涉法人,而本法不会。

我国社会组织行政处罚制度审视

——从登记管理机关的角度*

【摘要】 目前社会组织行政处罚制度存在不少问题：相关行政机关的行政处罚权限及程序未能明确；登记管理机关行政处罚的种类与上位法的规定存在冲突；登记管理机关的行政强制措施缺乏立法依据。上述问题亟需通过立法予以完善。

【关键词】 社会组织　行政处罚　登记管理机关

社会组织的意义和功能已经越来越为公众所认知，培育和支持社会组织发展的政策也相继出台。但是近期关于社会组织的负面报道也令人忧虑。社会组织的健康规范运转是其生存之本和发展之源。根据现有法律法规，对于社会组织违反法律和严重违反章程的行为，登记管理机关有权依照法定的处罚种类和处罚程序，对社会组织或其负责人给予行政处罚。实践中，由登记管理机关对于社会组织进行行政处罚的案例并不多见，但也偶有发生。例如，中国地区开发促进会[①]、中国国有资产管理学会、中国《玛纳斯》研究会、中国艺术

---

* 原文发表于《社团管理研究》2008年第7期。

① 该组织因对分支机构疏于管理，以营利为目的将所属全部五个分支机构和两个内设机构分别交由不同企业承办运营；未按照规定办理分支机构变更登记、超出章程规定的宗旨和业务范围开展活动，被处以撤销登记的行政处罚。

摄影学会[①]等相继受到国家民政部的行政处罚。目前，社会组织行政处罚制度本身存在不少问题，诸如行政处罚权限界定不清楚，行政处罚种类设置不合理，以及缺乏必要的行政强制措施等，都对登记管理机关行使职权造成障碍。本文意图通过对现有法律规定的梳理，找出症结所在，并提出相关完善建议。

一 登记管理机关行政处罚权的相关规定

对于登记管理机关而言，社会组织行政处罚制度的法律依据主要有《社会团体登记管理条例》、《基金会管理条例》和《民办非企业单位登记管理暂行条例》这三个行政法规，当然，也散见特别法中的相关规定，例如《公益事业捐赠法》第28条和《民办教育促进法》第62条。

（一）三个行政法规的相关规定

1.《社会团体登记管理条例》的相关规定

根据《社会团体登记管理条例》，社会团体或社会团体的有关人员有该条例第32、33条规定的违法行为的[②]，登记管理机关可以根据情节轻重分别作出不同种类的行政处罚，包括警告、责令改正、责令

[①] 中国国有资产管理学会、中国《玛纳斯》研究会、中国艺术摄影学会不按照规定接受监督检查，存在未参加社会团体年度检查的违法行为或年度检查不合格，被分别处以停止活动六个月和三个月的行政处罚。根据同样的理由，分别给予中国神剑文学艺术学会和中国包装装潢印刷工业协会以撤销登记的行政处罚。

[②] 这些违法行为具体包括：①申请登记时弄虚作假，骗取登记的；②自取得《社会团体法人登记证书》之日起1年未开展活动的；③涂改、出租、出借《社会团体法人登记证书》，或者出租、出借社会团体印章的；④超出章程规定的宗旨和业务范围进行活动的；⑤拒不接受或者不按照规定接受监督检查的；⑥不按照规定办理变更登记的；⑦擅自设立分支机构、代表机构，或者对分支机构、代表机构疏于管理，造成严重后果的；⑧从事营利性的经营活动的；⑨侵占、私分、挪用社会团体资产或者所接受的捐赠、资助的；⑩违反国家有关规定收取费用、筹集资金或者接受、使用捐赠、资助的。

限期停止活动、撤换直接负责的主管人员，直至撤销登记；如果社团有违法经营额或者违法所得的，应当予以没收，可以并处违法经营额1倍以上3倍以下或者违法所得3倍以上5倍以下的罚款。另外，根据《社会团体登记管理条例》第35条的规定，未经批准，擅自开展社会团体筹备活动，或者未经登记，擅自以社会团体名义进行活动，以及被撤销登记的社会团体继续以社会团体名义进行活动的，由登记管理机关予以取缔，没收非法财产。除了上述情形外，根据《社会团体登记管理条例》第34条的规定，社会团体的活动违反其他法律、法规的，由有关国家机关依法处理；有关国家机关认为应当撤销登记的，由登记管理机关撤销登记。

法律依据	行政处罚类型	适用情形
《社会团体登记管理条例》第32条	撤销登记	①申请登记时弄虚作假，骗取登记的；②自取得《社会团体法人登记证书》之日起1年未开展活动的
《社会团体登记管理条例》第33条	由登记管理机关作出警告、责令改正、责令限期停止活动或撤换直接负责的主管人员的处罚；情节严重的，登记管理机关应当决定撤销登记；如果社团有违法经营额或者违法所得的，应当予以没收，可以并处违法经营额1倍以上3倍以下或者违法所得3倍以上5倍以下的罚款	①涂改、出租、出借《社会团体法人登记证书》，或者出租、出借社会团体印章的；②超出章程规定的宗旨和业务范围进行活动的；③拒不接受或者不按照规定接受监督检查的；④不按照规定办理变更登记的；⑤擅自设立分支机构、代表机构，或者对分支机构、代表机构疏于管理，造成严重后果的；⑥从事营利性的经营活动的；⑦侵占、私分、挪用社会团体资产或者所接受的捐赠、资助的；⑧违反国家有关规定收取费用、筹集资金或者接受、使用捐赠、资助的

续表

法律依据	行政处罚类型	适用情形
《社会团体登记管理条例》第35条	由登记管理机关予以取缔，没收非法财产	未经批准，擅自开展社会团体筹备活动，或者未经登记，擅自以社会团体名义进行活动，以及被撤销登记的社会团体继续以社会团体名义进行活动的
《社会团体登记管理条例》第34条	由有关国家机关依法处理；有关国家机关认为应当撤销登记的，由登记管理机关撤销登记	社会团体的活动违反其他法律、法规的

2.《民办非企业单位登记管理暂行条例》的相关规定

民办非企业单位违法行为受到行政处罚的情形与社会团体比较相似，《民办非企业单位登记管理暂行条例》（以下简称《条例》）第24～27条对民办非企业单位的处罚作了具体的规定。根据这些规定，民办非企业单位的违法行为[①]将招致行政机关的行政处罚，登记管理机关可以根据不同情形作出警告、责令改正、限期停止活动和撤销登记的行政处罚。如果民非单位有违法经营额或者违法所得的，应当予以没收，可以并处违法经营额1倍以上3倍以下或者违法所得3倍以上5倍以下的罚款。此外，根据该《条例》第27条的规定，未经登记，擅自以民办非企业单位名义进行活动的，或者被撤销登记的民办非企业单位继续以民办非企业单位名义进行活动的，由登记管理机关予以取缔，没收非法财产，这也可以看作民办非企业单位处罚制度的组成

---

① 这些违法行为具体包括：①申请登记时弄虚作假，骗取登记的；②涂改、出租、出借民办非企业单位登记证书，或者出租、出借民办非企业单位印章的；③超出其章程规定的宗旨和业务范围进行活动的；④拒不接受或者不按照规定接受监督检查的；⑤不按照规定办理变更登记的；⑥设立分支机构的；⑦从事营利性的经营活动的；⑧侵占、私分、挪用民办非企业单位的资产或者所接受的捐赠、资助的；⑨违反国家有关规定收取费用、筹集资金或者接受使用捐赠、资助的。

部分。除了上述情形外,根据《条例》第 26 条的规定,民办非企业单位的活动违反其他法律、法规的,由有关国家机关依法处理;有关国家机关认为应当撤销登记的,由登记管理机关撤销登记。

法律依据	行政处罚类型	适用情形
《条例》第 24 条	登记管理机关应当作出撤销登记的处罚	①申请登记时弄虚作假,骗取登记的; ②业务主管单位撤销批准
《条例》第 25 条	由登记管理机关予以警告,责令改正,可以限期停止活动;情节严重的,予以撤销登记;如果单位有违法经营额或者违法所得的,应当予以没收,可以并处违法经营额 1 倍以上 3 倍以下或者违法所得 3 倍以上 5 倍以下的罚款	①涂改、出租、出借民办非企业单位登记证书,或者出租、出借民办非企业单位印章的; ②超出其章程规定的宗旨和业务范围进行活动的; ③拒不接受或者不按照规定接受监督检查的; ④不按照规定办理变更登记的; ⑤设立分支机构的; ⑥从事营利性的经营活动的; ⑦侵占、私分、挪用民办非企业单位的资产或者所接受的捐赠、资助的; ⑧违反国家有关规定收取费用、筹集资金或者接受使用捐赠、资助的
《条例》第 26 条	由有关国家机关依法处理;有关国家机关认为应当撤销登记的,由登记管理机关撤销登记	民办非企业单位的活动违反其他法律、法规的
《条例》第 27 条	由登记管理机关予以取缔,没收非法财产;尚不构成犯罪的,依法给予治安管理处罚	未经登记,擅自以民办非企业单位名义进行活动的,或者被撤销登记的民办非企业单位继续以民办非企业单位名义进行活动的

3.《基金会管理条例》的相关规定

根据《基金会管理条例》第 40~42 条的规定,基金会如有条例所规定的违法情形的，① 会受到登记管理机关的行政处罚。行政处罚种类包括警告、责令停止活动、撤销登记、提请税务机关责令补交违法行为存续期间所享受的税收减免等；而且对于未经登记或者被撤销登记后以基金会、基金会分支机构、基金会代表机构或者境外基金会代表机构名义开展活动的，登记管理机关应当予以取缔，没收非法财产并向社会公告。

法律依据	行政处罚种类	适用情形
《基金会管理条例》第40条	登记管理机关应当予以取缔，没收非法财产并向社会公告	未经登记或者被撤销登记后以基金会、基金会分支机构、基金会代表机构或者境外基金会代表机构名义开展活动的
《基金会管理条例》第41条	登记管理机关应当撤销登记	①在申请登记时弄虚作假骗取登记的；②自取得登记证书之日起12个月内未按章程规定开展活动的；③符合注销条件，不按照本条例的规定办理注销登记仍继续开展活动的
《基金会管理条例》第42条	登记管理机关应当给予警告或责令停止活动的行政处罚；情节严重的，可以撤销登记，提请税务机关责令补交违法行为存续期间所享受的税收减免	①未按照章程规定的宗旨和公益活动的业务范围进行活动的；②在填制会计凭证、登记会计账簿、编制财务会计报告中弄虚作假的；③不按照规定办理变更登记的；④未按照本条例的规定完成公益事业支出额度的；⑤未按照本条例的规定接受年度检查，或者年度检查不合格的；⑥不履行信息公布义务或者公布虚假信息的

---

① 这些违法情形包括：①未经登记或者被撤销登记后以基金会、基金会分支机构、基金会代表机构或者境外基金会代表机构名义开展活动的；②在申请登记时弄虚作假骗取登记的；③自取得登记证书之日起12个月内未按章程规定开展活动的；④符合注销条件，不按照本条例的规定办理注销登记仍继续开展活动的；⑤未按照章程规定的宗旨和公益活动的业务范围进行活动的；⑥在填制会计凭证、登记会计账簿、编制财务会计报告中弄虚作假的；⑦不按照规定办理变更登记的；⑧未按照本条例的规定完成公益事业支出额度的；⑨未按照本条例的规定接受年度检查，或者年度检查不合格的；⑩不履行信息公布义务或者公布虚假信息的。

（二）特别法的相关规定

行政法规之外，尚有特别法的相关规定。例如《公益事业捐赠法》第 28 条规定，受赠人未征得捐赠人的许可，擅自改变捐赠财产的性质、用途的，由县级以上人民政府有关部门责令改正，给予警告。拒不改正的，经征求捐赠人的意见，由县级以上人民政府将捐赠财产交由与其宗旨相同或者相似的公益性社会团体或者公益性非营利的事业单位管理。尽管在这一规定中没有明确规定登记管理机关的处罚权问题，但是毫无疑问，这里的"县级以上人民政府有关部门"中包含登记管理机关。再如《民办教育促进法》，民办学校有该法第 62 条规定的违法行为的，[①] 审批机关或者其他有关部门有权作出责令限期改正，并予以警告、没收违法所得的行政处罚，对于情节严重的，还可以作出责令停止招生、吊销办学许可证的行政处罚。这里的"有关部门"也包含登记管理机关。

法律依据	行政处罚类型	适用情形
《公益事业捐赠法》第 28 条	由县级以上人民政府有关部门责令改正，给予警告。拒不改正的，经征求捐赠人的意见，由县级以上人民政府将捐赠财产交由与其宗旨相同或者相似的公益性社会团体或者公益性非营利的事业单位管理	受赠人未征得捐赠人的许可，擅自改变捐赠财产的性质、用途的

---

① 这些违法行为包括：①擅自分立、合并民办学校的；②擅自改变民办学校名称、层次、类别和举办者的；③发布虚假招生简章或者广告，骗取钱财的；④非法颁发或者伪造学历证书、结业证书、培训证书、职业资格证书的；⑤管理混乱严重影响教育教学，产生恶劣社会影响的；⑥提交虚假证明文件或者采取其他欺诈手段隐瞒重要事实骗取办学许可证的；⑦伪造、变造、买卖、出租、出借办学许可证的；⑧恶意终止办学、抽逃资金或者挪用办学经费的。

续表

法律依据	行政处罚类型	适用情形
《民办教育促进法》第62条	由审批机关或者其他有关部门责令限期改正，并予以警告；有违法所得的，退还所收费用后没收违法所得；情节严重的，责令停止招生、吊销办学许可证	①擅自分立、合并民办学校的；②擅自改变民办学校名称、层次、类别和举办者的；③发布虚假招生简章或者广告，骗取钱财的；④非法颁发或者伪造学历证书、结业证书、培训证书、职业资格证书的；⑤管理混乱严重影响教育教学，产生恶劣社会影响的；⑥提交虚假证明文件或者采取其他欺诈手段隐瞒重要事实骗取办学许可证的；⑦伪造、变造、买卖、出租、出借办学许可证的；⑧恶意终止办学、抽逃资金或者挪用办学经费的

（三）对于现有规定的简单评析

如上所述，三个条例都规定了行政处罚的种类和适用情形，确立了登记管理机关的行政处罚权。但是由于《社会团体登记管理条例》和《民办非企业单位登记管理暂行条例》的出台都早于《行政处罚法》，所以其中的相关规定与《行政处罚法》的协调问题尚未解决；而且法规缺乏对于社会组织特性的准确把握，在财产罚设置等问题上还需要讨论；再者缺乏对于登记管理机关行使行政处罚权的行政强制措施的规定，也导致处罚权难以落实……这些问题在一定程度上导致"登记严、监管松"（或者"重登记、轻管理"）的现象更为突出。

同时，特别法和行政法规之间的关系也有待厘清。《民办教育促进法》和《民办非企业单位登记管理暂行条例》之间存在一定的冲突，行政许可机关和登记管理机关行使行政处罚的权限也有待进一步划分。

二 相关行政机关之间处罚权的划分

从相关法律法规的规定来看，与社会组织有关系的行政机关有四种：登记管理机关、业务主管单位、有关国家机关和行政许可机关。登记管理机关的行政处罚权势必会与上述其他机关的相关权限发生一定的重叠，有必要予以厘清。

（一）业务主管单位

三个条例都没有授予业务主管单位在社会组织有违法行为时进行行政处罚的权力，只是规定了业务主管单位有协助登记管理机关和其他有关部门查处社会组织的违法行为的职权。可见单纯作为业务主管单位的行政机关并不享有对于社会组织的行政处罚权。

业务主管单位不享有行政处罚权，但是他们可以建议登记管理机关作出撤销登记的行政处罚。实践中也有案例。例如中国之友研究基金会的业务主管单位国家旅游局于2004年8月向民政部发了《关于建议撤销"中国之友研究基金会"登记的函》。民政部对业务主管单位建议函中的事项进行调查之后发现，中国之友研究基金会在1999年9月全国性社会团体清理整顿中没有如实报告捐赠款退回情况，基本存款账户上注册资金和活动资金的总额始终没有达到当时中国人民银行210万元的规定，存在弄虚作假、骗取登记的行为，且违法状态始终处于连续状态。其行为违反了《关于进一步加强基金会管理的通知》（银发〔1995〕97号）和《关于清理整顿基金会的通知》（银发〔1997〕204号）中有关注册基金和活动基金的规定。依据《社会团体登记管理条例》第32条的规定，给予撤销登记的行政处罚。[①]

[①] 当时基金会还按照《社会团体登记管理条例》的相关规定来处理。

业务主管单位建议予以行政处罚的做法正是其行使协助登记管理机关查处社会组织违法行为的职权的体现。对于这一问题将在下文中与"有关国家机关"的建议行政处罚权一起讨论。

（二）有关国家机关

《社会团体登记管理条例》和《民办非企业单位登记管理暂行条例》中规定社会团体或者民办非企业单位的活动违反法律、法规的，由有关国家机关依法处理；有关国家机关认为应当撤销登记的，由登记管理机关撤销登记。① 但是这一规定与业务主管单位建议撤销登记的规定处于同样的困境。例如，社会团体或者民办非企业单位的行为违反了税法规定，税务机关可以依法进行处罚，但是税务机关是否有权作出"撤销登记"的决定呢？

在此情况下，登记管理机关与提出撤销登记的机关（包括有关国家机关和业务主管单位）的关系非常难处理。其一，如果有关国家机关（例如税务机关）或者业务主管单位认为应当撤销登记，登记管理机关是否应当审查，是重新全面地审查还是书面审查。如果登记管理机关需要重新审查，那么这一条规定就形同虚设；如果登记管理机关不需要经过审查就作出撤销登记的决定，那么就会产生究竟哪个机关是这一行政行为的主体问题：是登记管理机关还是提出建议的机关。其二，如果登记管理机关经审查后认为不应当撤销登记的，又该如何处理，这一认定是对有关机关决定的否决吗？其三，如果登记管理机关审查后，对社会组织进行了撤销登记的行政处罚，那么社会组织在提起复议或诉讼时，谁又该作为行政复议的被申请人或诉讼的被告。

---

① 参见《社会团体登记管理条例》第34条的规定："社会团体的活动违反其他法律、法规的，由有关国家机关依法处理；有关国家机关认为应当撤销登记的，由登记管理机关撤销登记。"《民办非企业单位登记管理暂行条例》第26条规定："民办非企业单位的活动违反其他法律、法规的，由有关国家机关依法处理；有关国家机关认为应当撤销登记的，由登记管理机关撤销登记。"

官方对于这一条文的解释强调撤销登记仍然需要由登记管理机关独立判断和决定，但是对于判断和决定应当依据什么标准却语焉不详。① 笔者认为这一规定纯属多余，应该予以删除。在未能修改之前，应该由登记管理机关按照《社会团体登记管理条例》规定的情形来决定是否撤销登记。比如，某社团制售假药被卫生部门处罚，那么该社团的行为显然超越了章程规定的宗旨和业务范围，登记管理机关根据《社会团体登记管理条例》第 33 条第六项的规定可以撤销登记。如果某社团违反消防法规或者计划生育法规，即便有关国家机关作出撤销登记的建议，但是由于条例中没有明确依据，登记管理机关就不能给予其撤销登记的行政处罚。

（三）行政许可机关

有些社会组织的设立需要相关行政主管机关的许可。例如，设立民办学校事先要获得教育部门的许可②，设立民办非企业单位医疗机构需要卫生部门的行政许可③等。

这些授予行政许可的机关同时还行使业务主管单位的职责。由于业务主管单位并不具有对社会组织的行政处罚权，这里只讨论其作为行政许可机关的行政处罚权问题。例如《民办教育促进法》第 62 条规定了审批机关（即行政许可机关）的处罚权：民办学校有下列行为之一的，由审批机关或者其他有关部门责令限期改正，并予以警告；有违法所得的，退还所收费用后没收违法所得；情节严重的，责令停止招生、吊销办学许可证；构成犯罪的，依法追究刑事责任：①擅自分立、合并民办学校的；②擅自改变民办学校名称、层次、类别和举办者的；③发布虚假招生简章或者广告，骗取

---

① 参见国务院法制办政法司、民政部民间组织管理局编著《〈社会团体登记管理条例〉〈民办非企业单位登记管理暂行条例〉释义》，中国社会出版社，1999，第 89 页。
② 法律依据是《民办教育促进法》。
③ 法律依据是《医疗机构管理条例》。

钱财的；④非法颁发或者伪造学历证书、结业证书、培训证书、职业资格证书的；⑤管理混乱严重影响教育教学，产生恶劣社会影响的；⑥提交虚假证明文件或者采取其他欺诈手段隐瞒重要事实骗取办学许可证的；⑦伪造、变造、买卖、出租、出借办学许可证的；⑧恶意终止办学、抽逃资金或者挪用办学经费的。《医疗机构管理条例》第44条至第49条也分别规定了卫生部门的行政处罚权。①

根据上述规定，作为行政许可机关的教育主管部门或者卫生主管部门，在民办学校或者民间非营利性医疗机构进行违法行为时，得以根据法律法规行使相关行政处罚权，包括警告、罚款、没收非法所得、责令停止活动和吊销许可证等。那么登记管理机关与行政许可机关之间的关系应该如何处理？

其一，登记管理机关和行政许可机关的法律依据不同。登记管理机关的主要依据还是相关条例，在这两个实例中，都应该依据《民办非企业单位登记管理暂行条例》作出行政处罚；行政许可机关的法律依据则是《民办教育促进法》或者《医疗机构管理条例》；因此针对

---

① 具体条文如下：第四十四条　违反本条例第二十四条规定，未取得《医疗机构执业许可证》擅自执业的，由县级以上人民政府卫生行政部门责令其停止执业活动，没收非法所得和药品、器械，并可以根据情节处以1万元以下的罚款。第四十五条　违反本条例第二十二条规定，逾期不校验《医疗机构执业许可证》仍从事诊疗活动的，由县级以上人民政府卫生行政部门责令其限期补办校验手续；拒不校验的，吊销其《医疗机构执业许可证》。第四十六条　违反本条例第二十三条规定，出卖、转让、出借《医疗机构执业许可证》的，由县级以上人民政府卫生行政部门没收非法所得，并可以处以5000元以下的罚款；情节严重的，吊销其《医疗机构执业许可证》。第四十七条　违反本条例第二十七条规定，诊疗活动超出登记范围的，由县级以上人民政府卫生行政部门予以警告、责令其改正，并可以根据情节处以3000元以下的罚款；情节严重的，吊销其《医疗机构执业许可证》。第四十八条　违反本条例第二十八条规定，使用非卫生技术人员从事医疗卫生技术工作的，由县级以上人民政府卫生行政部门责令其限期改正，并可以处以5000元以下的罚款；情节严重的，吊销其《医疗机构执业许可证》。第四十九条　违反本条例第三十二条规定，出具虚假证明文件的，由县级以上人民政府卫生行政部门予以警告；对造成危害后果的，可以处以1000元以下的罚款；对直接责任人员由所在单位或者上级机关给予行政处分。

不同情形，注意区分应该由哪个机关行使行政处罚权。

其二，在某种情形下，两个机关都有权行使行政处罚的问题。例如擅自分立民办学校的，根据《民办非企业单位登记管理条例》是属于擅自设立分支机构的问题，可以作为行政处罚的事实依据；同时，也是《民办教育促进法》中行政许可机关予以行政处罚的事实依据。这时，两个机关可以分别作出行政处罚：许可机关吊销行政许可，登记管理机关可以撤销其登记。

其三，法律法规存在冲突的地方。例如《民办教育促进法》第64条规定："社会组织和个人擅自举办民办学校的，由县级以上人民政府的有关行政部门责令限期改正，符合本法及有关法律规定的民办学校条件的，可以补办审批手续；逾期仍达不到办学条件的，责令停止办学，造成经济损失的，依法承担赔偿责任。"但是根据《民办非企业单位登记管理暂行规定》，该民办学校就属于"非法组织"，应该予以取缔。还有关于合理回报的问题已经无数次为学者所诟病，在此不再赘述。

对于这些问题，首先得寄希望于法律法规的修改和完善，明确各个机关的行政处罚权限以及程序。但是目前对于登记管理机关而言，还是需要严格按照登记管理条例的相关规定来行使行政处罚权限，而且不必以行政许可的吊销为前置条件。

三　登记管理机关行政处罚的种类检讨

如上所述，根据现有行政法规规定，登记管理机关可以作出的行政处罚主要包括警告、责令改正、责令撤换直接负责的主管人员、责令停止活动、责令补交税收减免、没收非法财产、没收违法经营额或者违法所得、罚款和撤销登记。[①] 其中，警告、责令停止活动、没收

---

① 各种行政处罚的具体含义和处罚方法，参见国务院法制办政法司、民政部民间组织管理局编著《〈社会团体登记管理条例〉〈民办非企业单位登记管理暂行条例〉释义》，中国社会出版社，1999，第79页以下。

非法财产和撤销登记的处罚对三种形式的社会组织都适用，而责令改正、没收违法经营额或者违法所得和罚款只适用于社会团体和民办非企业单位；责令补交税收减免的处罚只适用于基金会；责令撤换直接负责的主管人员则只适用于社会团体。

与我国《行政处罚法》所规定的行政处罚的种类相比较，可以发现关于社会组织的处罚种类值得商榷。由于目前关于社会组织的立法还囿于行政法规的层次，所以并不涉及人身自由罚，主要包括申诫罚、财产罚和能力罚三大类。

其一，关于申诫罚。目前关于社会组织的申诫罚主要有警告和责令改正，警告已在《行政处罚法》中予以确认，值得讨论的是责令改正。这一问题在《行政处罚法》起草之时就争议甚多。不少学者认为对于违法行为，就是应当责令其改正，不应是一种独立的行政处罚。《行政处罚法》采纳了这一观点，该法没有将责令改正作为独立的行政处罚种类予以规定，而是在该法第23条中规定，行政机关实施行政处罚时，应当责令当事人改正或者限期改正违法行为。所以不妨在修改《社会团体登记管理条例》和《民办非企业单位登记管理暂行条例》时删去"责令改正"的表述。

其二，关于财产罚。《行政处罚法》中规定了罚款和没收非法所得、没收非法财物这两种财产罚。而相关条例规定了对于三种社会组织都可以适用没收非法财产；对于社会团体和民办非企业单位可以适用没收违法经营额或者违法所得和罚款；对于基金会还可以适用责令补交税收减免的处罚。笔者认为，这里有几个问题值得探讨：第一，对于社会组织的罚款要非常谨慎。因为社会组织的宗旨是一般社会公益或者一定范围内的社会公益。对其进行罚款，最终受损的是将社会公益；第二，关于责令补交税收减免的处罚，不应仅仅只对基金会适用，应该适用于所有享受税收优惠政策但是却违背了相关条件的社会组织；第三，对于没收非法经营额（或者非法所得）的处罚问题，有必要讨论社会组织是否可以从事经营活动，这里不能理解为从事经营性活动即为非法，而是应该理解为从事法律所不允许的经营性活动；第四，关于没收财产的处罚，目前的规定主要适用于"非法组织"（例如未登记就以组织名义进行活动的情形），笔者认为，这一问题将随着"非法组织"含义的缩小而有所调整。

其三，关于能力罚。《行政处罚法》中所规定的能力罚有责令停产停业、暂扣或者吊销许可证、暂扣或者吊销执照。社会组织的能力罚目前有限期停止活动和撤销登记两种类型。限期停止活动与"责令停产停业、暂扣许可证、暂扣执照"的处罚旨趣相同，意在让从事违法行为的组织在一定期限内不得从事活动；而"撤销登记"与"吊销许可证、吊销执照"的目的也相同，都是以行政手段终止组织的处罚。

其四，关于责令社会团体撤换直接负责的主管人员的处罚则有些不妥。除了社会团体的直接负责人存在违反了法律法规中关于资格的强制性规定的情形外，社会团体的直接负责人的选任是社会团体的内部事务，登记管理机关不该介入。

四　登记管理机关的行政强制的设定与行使

行政强制包括行政强制措施和行政强制执行。前者是指行政机关在实施行政管理过程中，依法对公民人身自由进行暂时性限制，或者对公民、法人或者其他组织的财产实施暂时性控制的措施。后者是指行政机关或者由行政机关申请人民法院，对不履行发生法律效力的行政决定的自然人、法人或者其他组织，依法强制其履行义务的行为。行政强制措施不同于行政处罚。在行政处罚决定作出之前，行政强制措施是取得直接证据、查明违法事实、查获违法当事人的行政手段，是行政机关正确处理案件比较关键的环节。但是实施行政强制措施，直接关系到公民、法人或其他组织的人身权、财产权等重要的宪法权利，所以必须慎重对待，严格依法进行。一是行政强制措施的种类、实施程序必须由法律规定；二是实施行政强制措施的行政机关必须是由法律规定的具有采取行政强制措施权力的行政机关；三是实施行政强制措施必须依照法定程序，经过批准才能采取行政强制措施。目前我国尚无行政强制法，三个条例中也没有具体规定行政强制措施和行政强制执行。《社会团体登记管理条例》第36条规定："社会团体被责令限期停止活动的，由登记管理机关封存《社会团体法人登记证书》、印章和财务凭证。社会团体被撤销登记的，由登记管理机关收缴《社会团体法人登记证书》和印章。"《民办非企业单位登记管理暂行条例》也有类似规定。① 这一条款可以被看作行政强制的一种。但是遗憾的是，过于简略、种类单一的规定势必导致执法无力的后果。从法理上看，行政强制只能由法律设定。但是对于尚未制定法律、又属于国务院行政管理职权事项的，行政法规可以设定一定范围的行政强制措施。因此，在我国尚无社会组织方面的基本法之前，不妨在行政法规层面（即在相关条例修改时）设立以下行政强制措施：对涉嫌违法的场所、设施和财物的查封，对涉嫌违法的财物的扣押，对存款、汇款、有价证券的冻结，强行进入住所检查，查阅社会组织的账簿、会议记录等资料等。

五 社会组织僵局的公权力介入

登记管理机关在进行行政处罚时务必不要干涉社团内部事务。社会组织治理结构方面的问题如果法律没有强制性规定，应该属于社团自治的范畴。但是在有些时候，会出现社会组织僵局问题，公权力的介入却会成为必要。

社会组织僵局是指社会组织因会员或者管理人员之间的利益冲突和矛盾，出现障碍，严重者会导致社会组织的运作机制完全失灵，会

---

① 参见《民办非企业单位登记管理暂行条例》第28条的规定："民办非企业单位被限期停止活动的，由登记管理机关封存其登记证书、印章和财务凭证。民办非企业单位被撤销登记的，由登记管理机关收缴登记证书和印章。"

员大会、理事会包括监事会等机关无法对社会组织的任何事项作出任何决定，组织的一切事务处于瘫痪，运作陷入僵局，就如同电脑死机。社会组织僵局的破解可以借鉴营利公司僵局的破解之道。例如，我国《公司法》第183条就规定在公司经营管理发生严重困难、继续存续会使股东利益受到重大损失、通过其他途径不能解决的，持有公司全部股东表决权百分之十以上的股东，可以请求人民法院解散公司。这一规定填补了我国在公司僵局问题上的立法空白，但是所设置的途径过于单一。递进的层次性解决方案应该更为合理。例如在美国，化解公司僵局的途径包括：法院行使直接司法管理权，任命临时董事，任命破产管理人或者监管人等。在此限于篇幅不予展开。目前实践中，登记管理机关已经遭遇一些社会组织僵局的问题，也思考着公权力介入。但是公权力的介入必须有法律依据，而且相关的程序和规则也有待进一步研究。

结　语

毋庸讳言，尽管相关条例对社会组织的行政处罚早就有所规定，但是这些规定大多处于休眠状态。对于社会组织行政处罚相关规定的审视和修订，首先，要考虑到行政处罚的目的在于确保社会组织合乎法律和章程运作。行政处罚只是手段，并非目的。其次，相关制度的设置必须具备可操作性，避免空有利器、无法施展的尴尬。最后，密切结合社会组织的自身特性，在从营利领域借鉴有关经验的同时，必须澄清规则背后的目的和原因，寻求那些与社会组织特性吻合的规则并将其固定为法律。

寻求特权还是平等：
非营利组织财产权利的法律保障
——兼论"公益产权"概念的意义和局限性*

【摘要】 非营利组织的财产在归属和使用上的特殊性因"公益产权"概念的提出显得更为清晰，但是却会导致对于法律意义上的非营利组织财产所有权的认识误区。非营利组织财产上的特性既不应该抹杀非营利组织对于其自身财产的所有权，也不应该使其取得超越其他私法主体的法律地位。

【关键词】 非营利组织　公益产权　所有权

一　问题的提出

毋庸置疑的是，根据现有法律的相关规定和学理阐述，非营利组织与营利组织在财产问题上存在诸多差异。有学者根据这些差异将非营利组织的财产界定为"公益资产"，以区别于国有资产和私有资产。王名教授早在2002年就将非营利组织的资产界定为"公益或互益资产"，属于社会。[①] 贾西津博士在其专著《第三次改革——中国非营利

---

* 原文刊登于《中国非营利评论》2008年第1期。
[①] 他在这里并非指非营利组织实行的是"社会所有制"。这里的社会是一种虚拟的范畴，可以说是一种假定。参见王名编著《非营利组织管理概论》，中国人民大学出版社，2002，第3页。

部门战略研究》中专门论述了"公益产权"问题。[①] 后来有学者在此基础上讨论非营利组织的交易成本和治理问题。[②]

"公益产权"概念的提出有其积极意义，但是笔者也担心其所可能导致的认识误区，导致对非营利组织财产权利保护认识上的偏差：其一，对于"公益产权"是否考虑采取特殊的法律保护手段；其二，"公益产权"的提法是否会导致对于非营利组织自身财产所有权的模糊，最终置非营利组织财产于不利境地。另外，已于 2007 年 10 月 1 日开始实施的《物权法》对非营利组织财产没有作出特别规定，导致有民众误认为此乃法律的空白。如此解读会进一步导致对于非营利组织财产归属和适用情况的误解，不利于实践中对于非营利组织财产权利的切实保障。本文正是为了消除这样的困惑和担忧而展开。

二 非营利组织财产的特殊性以及"公益产权"概念的提出

非营利组织财产的特殊性，得先从非营利组织的"非营利性"的界定开始阐释。具体到各国立法，一般有两种不同的路径：一种立法是限定非营利法人可以从事的活动领域，称为"功能主义方法"。例如，美国有些州的立法就具体规定了非营利组织可以从事的活动领域，大致包括以下九类：慈善、社会、娱乐、贸易、职业、教育、文化、民俗，以及宗教和科学。当然，在具体的类别上，各

[①] 参见贾西津《第三次改革——中国非营利部门战略研究》，清华大学出版社，2005，第 115~124 页。

[②] 相关论文参见王名、贾西津《基金会的产权结构与治理》，《经济界》2003 年第 1 期；李静雯：《非政府组织志愿失灵的产权分析》，《天水行政学院学报》2006 年第 4 期；崔开云：《非营利组织中的产权交易成本问题分析》，《江苏社会科学》2005 年第 3 期。

州法律罗列得非常详细。① 1998 年的日本《特定非营利活动促进法》第 2 条以及附录也采取了功能主义的立法模式，规定"本法所称'特定非营利活动'，是指附录中列明的以促进多数不特定人的利益为目的的活动。"另一种立法则被称为"经济关系方法"，即不再具体罗列非营利组织的活动领域，而是通过界定组织与其成员之间的经济关系来界定非营利目的，起先要求非营利组织不得以金钱或者利润为目的，后来发展到不去限制组织的目的，而是只要求"不打算分配公司所得"即可。例如，美国加利福尼亚州和明尼苏达州的法律都规定非营利组织的总体目标是从事合法活动，具体目标可以由组织的章程来作出具体说明，当然组织的成员对非营利法人的收入或财产没有所有权。②

非营利组织的资金来源多元，包括政府财政、社会捐助、会费以及自己从事经营活动获得的收入。尽管对于非营利组织是否可以从事经营活动创造收入这一问题还存在争议，但是一般认为，非营利组织可以从事某种程度的收益事业或者从事附带的营利事业，只要其收益用于公益目的。但是若将收益分配于其成员，那么就会违反非营利组织之本质。③ 按照上文的分析，如果采取"经济关系方法"立法，只要非营利组织不将其利润在其成员之间进行分配，就无需对其从事营业活动进行限制。但是如果对于非营利组织进行营利活动不作任何限制，就会使营利公司遭受到不平等的竞争（因为非营利组织享受税收优惠）。于是，各地立法在是否允许非营利组织从事营利活动问题上

---

① 例如得克萨斯州法律就是把其中的娱乐性社团活动领域之一规定为"自行车……钓鱼、打猎和划船俱乐部"。当然功能主义方法的缺陷也遭到学者的批评，认为其主要存在以下缺点：第一，列举的活动领域不周全；第二，列举的非营利目的，可能因为其用语的一般化而导致含义模糊不清；第三，立法机构列举的活动领域是基于其对公司目的的价值判断，而这种价值判断却会随着社会发展而变迁。参见齐红《单位体制下的民办非营利法人——兼谈我国法人分类》，博士学位论文，中国政法大学民商经济法学院，2003，第 44 页。
② 郑国安、赵路、吴波尔、李新男主编《国外非营利组织法律法规概要》，机械工业出版社，2000，第 87 页。
③ 参见尹田《民事主体理论与立法研究》，法律出版社，2003，第 168 页。

因其采取的立场不同而大有差异。

有采取绝对禁止主义的，例如菲律宾，其立法宗旨在于确保非营利组织的"目的单纯性"；有采取原则禁止主义的，即原则上禁止非营利组织从事营利活动，但是为非营利组织的生存或目的的除外，例如我国台湾地区和新加坡；有采取附条件许可主义的，目前为泰国、澳大利亚、越南等大多数国家所采用，即允许非营利组织从事商业活动，但是必须将其所得应用于更广泛的非营利目标；还有采取完全许可的，例如印度尼西亚允许非营利组织从事任何合法的商业活动。可见，大多数国家的立法允许非营利组织从事营利活动，而对于由于非营利组织从事营利活动会对营利组织产生不公平竞争的问题，则通过税收政策予以协调。例如美国并不禁止非营利组织从事营利活动，但是把非营利组织所从事的营利活动分为两类：与宗旨相关的营利活动和与宗旨无关的营利活动。前者是指与非营利组织的宗旨紧密联系的活动，例如一个艺术馆出售印有艺术图案的贺卡和纪念品，一个大学出售教科书等活动；后者是与非营利组织宗旨不相关联的活动，例如博物馆开设一家餐馆以赚取资金。根据美国《国内税收法典》第 511～514 条的规定，除非法律另有明确规定，从事与非营利组织宗旨无关的活动而取得的收入，必须依法纳税。这就是所谓的无关宗旨商业所得税。[①]

美国著名学者莱斯特·M. 萨拉蒙对全球 34 个国家非营利部门的比较研究结果表明：非营利部门的收入来源包括从事慈善事业收入、会费、其他商业收入和公共部门的支持，而仅会费和其他商业收入就占非营利部门总收入的近一半（42%）。[②] 这表明了各国政府倾向于为

[①] See Betsy Buchalter Adler, *The Rules of the Road: A Guide to the Law of Charities in the United States*, Washington, D. C.: Council on Foundations, 2007, Second edition, ChapterⅦ. 此外，美国有些州的法律规定，如果非营利法人从事营利行为，未将一定比例以上的所得用于该非营利法人成立的公益目的，该法人就不得享有税收优惠，以符合市场公平竞争原则。

[②] 数据来源参见〔美〕莱斯特·M. 萨拉蒙等《全球公民社会——非营利部门视界》，贾西津、魏玉等译，社会科学文献出版社，2007，第 35 页。

非营利组织的发展提供更好的环境和物质条件。而且从欧美国家的发展趋势来看,非营利组织在参与市场竞争方面越来越积极主动。

但是,在肯定非营利组织可以从事一定的营利活动的同时,应明确其必须遵守的"禁止分配原则"。"禁止分配原则"是确保非营利组织"非营利性"的重要阀门。"禁止分配原则"要求非营利组织的剩余利润不在分配之列,所有的剩余收益都必须留在非营利组织内部,用于支持组织从事其章程所规定的业务。[①] 我国非营利组织的政府主管部门在 2000 年《中国民间组织管理工作报告:进程与展望》中用几乎类似的语言表达了对"非营利性"的看法,即不以营利为目的,任何成员不得私分资产及所得,注销后的剩余财产应交给同类非营利组织,或者用于社会公益事业。[②] 现行的相关条例也贯彻了这一原则。例如《社会团体登记管理条例》第 29 条中规定:"社会团体的经费,以及开展章程规定的活动按照国家有关规定所取得的合法收入,必须用于章程规定的业务活动,不得在会员中分配。"《基金会管理条例》第 27 条、《民办非企业单位登记管理暂行条例》第 21 条也有类似规定。另外,《基金会管理条例》第 33 条还明确规定,基金会注销后的剩余财产应当按照章程的规定用于公益目的;无法按照章程规定处理的,由登记管理机关组织捐赠给与该基金会性质、宗旨相同的社会公益组织,并向社会公告。综上所述,非营利组织的"非营利性"的具体含义在于:第一,组织不以营利为目的,也就是非营利组织的宗旨并不是为了获取利润并在此基础上谋求自身的发展壮大,而是为了实现某种公益或者一定范围内的公益。第二,不能进行剩余收入(利润)的分配。非营利组织可以开展一定形式的经营性业务而获得剩余收入,但是这些收入不能作为利润

[①] 参见〔美〕亨利·汉斯曼《企业所有权论》,于静译,中国政法大学出版社,2001,第 332 页。

[②] 参见吴忠泽等《中国民间组织管理工作报告:进程与展望》,载时正新《中国社会福利与社会进步报告》(2000),社会科学文献出版社,2000,第 93 页。

在成员之间进行分配。这一原则即"禁止分配原则"。第三，不得将非营利组织的资产以任何形式转变为私人财产。当非营利组织解散或破产时，它们的剩余财产不能效仿企业在股东之间进行分配，而只能转交给其他部门（政府或其他非营利组织）。简而言之，非营利组织的财产最终都得用于某种公益或者互益目的（根据该组织的宗旨而有所差异）。

正是基于非营利组织财产的如此特性，学者提出了"公益产权"的概念，认为由于非营利组织的资产不存在一个完整产权的拥有者，其剩余索取权和控制权分离，非营利组织作为受托人的控制权受到限制以及受益权缺乏明确主体。基于这些因素，在非营利组织中，委托人、受托人和受益人三方面主体分离，使得其产权不同于所有权明晰的私有产权，也不同于所有权主体为国家、由代理人行使使用权的国有产权，而是一种"公益产权"。[1]

三　公益产权概念的意义

不能否认的是，"公益产权"概念的提出可以概括出非营利组织产权结构的特殊性：受益权和控制权分离造成所有者缺位，使用权的受限以及受益主体的虚拟化。在此基础之上，"公益产权"这一概念的意义在于以下几个方面。

首先，"公益产权"这一概念以简洁的表述揭示出非营利组织财产不同于营利组织财产的特性。其一，非营利组织的财产由于受到"禁止分配原则"的限制而不得向其成员分配，因此不存在同时享有剩余利益索取权和控制权的"所有人"；而营利组织的财产的目的就是为其成员谋取利益，收益要根据法律和章程的规定向其成员进行分

---

[1] 参见贾西津《第三次改革——中国非营利部门战略研究》，清华大学出版社，2005，第 115~124 页。

配，当其解散时，其剩余财产也应该分配给其成员。其成员（也就是股东）就是其财产"所有人"。其二，宗旨的公益性导致非营利组织的受益人并不确定。而在营利组织内，受益人确定无疑是股东。其三，非营利组织在使用财产时要遵从组织章程的规定和捐赠人的意愿。①也就是非营利组织的财产必须用于章程规定或者捐赠者指定的公益目的；而营利组织在使用财产时，尽管也受到章程的限制，但是只要能够为其股东谋取利益，在法律的框架内，可以自由使用其财产，更无需考量公益目的。

其次，"公益产权"的表述能够引起对非营利组织财产问题的特别关注和保护，提醒立法者和决策者对于这一具有自身特点的财产，有必要设置特殊规则。例如对于这类组织在获得财产时赋予必要的税收优惠待遇。其法律原理就是基于公共利益的考虑。非营利组织要么提供对一般公众有益的公共物品，要么向具有特殊需要的人群提供普通的商品或者服务。前者如向普通公众所提供的教育或者公共卫生服务，后者如向贫穷人群提供食物和庇护场所。除此之外，非营利组织还提供更为高级的公共利益：其一，非营利组织在提供公共物品时能够弥补市场失灵和政府失灵的缺陷，比营利组织和政府组织更有效率和效益。其二，非营利组织的存在本身就表明了多元价值和多样性，有利于体现社会的民主自由价值。从财产角度而言，由于非营利组织受到"禁止分配原则"的限制，本身并不分配财产和盈余，所以对非营利组织的税收优惠最终将惠及非营利组织的服务对象（即不确定的社会公众）。② 国家对非营利组织的税收优惠存在两个层次的措施：第一层次是对于非营利组织本身给予税收优惠政策，例如对于其符合

---

① 关于这一点，我国《公益事业捐赠法》以及《基金会管理条例》中均有明确规定。
② See Rob Atkinson, "Theories of the Federal Income Exemption for Charities: Thesis, Antithesis and Syntheses," *Stetson Law Review* (1991) Vol. XXVII.

法律规定的收入免征所得税等。① 第二层次是对向非营利组织进行捐赠的企业和个人给予税收优惠政策，即向符合条件的非营利组织所进行的捐赠，捐赠者可以在计算缴纳企业和个人所得税时扣除。② 目的就在于鼓励人们向非营利组织捐赠。再如，在非营利组织治理结构考量上，"营利法人具有与其利益攸关的股东、董事和经理，利益驱动机制成为营利法人发展的动力，而非营利法人则缺乏这种机制。与此相关，在营利法人中，通过构筑股东（股东会）、董事会、经理层、监事会之间权力分配和制衡机制来进行治理；而非营利法人所得都不得私分，利害关系人不易确定，'所有者'的观念又不如营利法人般清晰。反映在治理结构问题上，不能借助利益驱

---

① 我国对于第一层次的税收优惠并无统一规定，而是散见于众多的法律法规规章之中，内容极为丰富。例如《事业单位、社会团体、民办非企业单位企业所得税征收管理办法》中，对于这些非营利组织收入中的财政拨款、各级政府资助、捐赠收入等部分免征企业所得税；同时规定了在符合法律规定的情况下，对这些组织的营业税、增值税、关税、房产税、车船使用税、城镇土地使用税、契税等予以减免。但是相关规定的法律效力层次低，规范过于分散，执行过程中有一定难度。《企业所得税法》第 26 条第 4 项在法律层面上明确规定符合条件的非营利组织收入为免税收入。

② 对于第二层次的税收优惠，我国《公益事业捐赠法》对捐赠财产用于公益事业的情形规定了相关税收优惠措施。但是，原先的规定存在一定的缺陷：第一，由于税法所规定的可以扣除的捐赠部分占应纳税额的比例太低，在一定程度上打击了捐赠积极性。根据原《企业所得税暂行条例》的规定，企业用于公益、救急性的捐赠，在年度应纳税所得额 3% 以内的部分准予从应纳税额中扣除；而且对于企业所得税实行的固定税率也不利于鼓励企业进行公益性捐赠。第二，对被捐助的对象作出了严格限制，规定只有通过税务总局所许可的中国境内的社会团体、国家机关向教育和其他社会公益事业以及遭受严重自然灾害地区、贫困地区所作的捐赠才可以享受税收优惠。目前经过税务总局许可的类似组织只有中国青少年发展基金会、希望工程基金会、宋庆龄基金会、中国红十字会等几十家。向其他非营利组织进行捐赠的，不能享受税收优惠。这既打击了捐赠者的积极性，也导致了非营利组织在税收优惠上的不平等。而且，对于什么样的组织可以获得捐赠税前扣除资格，在财政部和税务总局颁发通知之前没有明确规定，导致一定意义上的行政随意性。新《企业所得税法》第 9 条明确规定："企业发生的公益性捐赠支出，在年度利润总额 12% 以内的部分，准予在计算应纳税所得额时扣除。"这一规定将企业税前扣除的比例从 3% 提高到 12%。

动机制"。① 当然，不能因此夸大非营利组织在治理结构方面的独特性。②

再次，"公益产权"的表述更利于非营利组织吸引社会捐赠。因为"公益产权"这一概念不断向捐赠者表明其捐赠财产的受益者并非某个特定的组织或者个人，而将惠泽社会公众，从而使众多捐赠者更愿意慷慨解囊。正如同亨利·汉斯曼教授所认为的那样，"这种所有者虚位的状态本身就是一种优势，由于没有所有人，这些机构的捐款人才会放心地继续惠顾这些机构，也就是向它们捐款"。③

正是由于这些特殊性，法律要求非营利组织在进行财产管理和处分时承担一些特殊义务也就顺理成章。一者，要求非营利组织信息公开，例如，我国《基金会信息公开办法》中明确规定，基金会应当向社会公布的信息至少包括：基金会的年度工作报告、公募基金会组织募捐活动的信息、基金会开展公益资助项目的信息。信息披露旨在确保非营利组织的捐赠者对其所捐献的财产的知情权。二者，接受政府和社会的监督。我国设有重大事项报告制度和年检制度，例如根据相关条例的规定，无论是社会团体、基金会还是民办非企业单位，都要向业务主管机关和登记管理机关报送上一年度报告，接受年度检查；而近年来媒体和公众对于非营利组织也日益予以关注，一些公益丑闻也被陆续曝光。三者，通过具体规则来确保"禁止分配原则"的落实。《社会团体登记管理条例》、《基金会管理条例》和《民办非企业单位登记管理暂行条例》无一例外地规定了任何单位和个人不得侵占、私分或者挪用非营利组织的财产，财产必须用于章程规定的业务活动，不得在会员或者其他人员中进行分配。为了确保"禁止分配原则"落实，非营利组织必须实行特定财务制度，接受审计和评估，并

---

① 参见金锦萍《非营利法人治理结构研究》，北京大学出版社，2005，第43页。
② 关于这一点，将在本文的第四部分展开论述。
③ 〔美〕亨利·汉斯曼：《企业所有权论》，于静译，中国政法大学出版社，2001，第354页。

将有关信息公之于众。

四 "公益产权"概念的局限性

也正是基于上述特点，有学者运用"公益产权"这一概念来阐释非营利组织结构的特殊性、非营利组织财务制度和信息披露制度的必要性等问题。[①] 然而，"公益产权"这一概念的提出是否会模糊非营利组织对其自身财产的法律意义上的所有权，是否会导致法律赋予非营利组织的财产权以特殊的法律地位？针对以上问题笔者认为有必要对"公益产权"概念的局限性予以阐述和澄清。

（一）非营利组织财产权方面存在的特殊性并不足以成为其治理结构方面存在特殊性的充分理由

对这一问题，亨利·汉斯曼教授在其著作《企业所有权论》中有所论及。他在比较投资者所有的企业（例如营利公司）和非营利组织的区别时，认为两者的首要区别在于是否存在"所有人"。由于他将"所有权"界定为对企业的控制权和对企业剩余利益的索取权，所以投资者所有的企业是有"所有人"的，而非营利组织不具有任何的"所有人"。理由在于非营利组织并非不能从事任何的营利活动，但是受到"禁止分配原则"的严格约束，即其不得向其组成人员（包括董事会成员、管理人员以及受托人）分配利润。正是基于这一原则的限制，非营利组织不具有"所有人"，因为在非营利组织中没有任何人[②]

[①] 参见王名、贾西津《基金会的产权结构与治理》，《经济界》2003年第1期；李静雯：《非政府组织志愿失灵的产权分析》，《天水行政学院学报》2006年第4期；崔开云：《非营利组织中的产权交易成本问题分析》，《江苏社会科学》2005年第3期。

[②] 需要指出的是，有些学者可能会把非营利组织的捐助人认定为"所有人"，认为"赞助人虽然缺乏传统的经济所有权，但是却要负起让组织成功的责任。除了经济利益之外，它可以说具备了所有权的一切特性"。参见〔美〕小约翰·科（转下页注）

能够同时参与对非营利组织的控制和对其剩余收益的分配。

非营利组织是"所有权"与经营权相分离的最极端的表现形式：在有"所有人"的企业里，投资者由于其"所有人"身份而获得对企业的控制权和剩余收益分配权，而这种控制不仅仅是形式上的，并且有实质的内容。但是在非营利组织中，并不存在如此意义上的"所有人"，因而把"所有权和控制权相分离原则"演绎到了淋漓尽致的地步。因此，我们并不能期待在这样的组织中会存在"任何参与企业剩余分配的人能够对管理层实施任何形式的有效监督"①。

但是，对于非营利组织产权结构的特殊性所导致的治理结构问题，从所有权结构来分析，非营利组织与营利组织之间并没有重大的差别。如果以一个坐标轴来表示，非营利组织只是在"所有人"监督这个坐标轴上处于一个比较远的极端，这个坐标轴的另一端就是那些由一个或多个"所有人"亲自控制的企业，这些人都会积极地参与企业的经营管理，在这两种组织形式中间的企业虽然名义上是由"所有人"所有的，但事实上这些"所有人"并没有对企业实施有效的控制，这些企业其实是控制在那些管理人员手中，所有人对它们的影响十分有限。于是，"在一个形式上有所有人的企业里，

(接上页注②)利等《公司治理：健全公司治理机制 提升企业与国家竞争力》，戴至中、陈正芬译，美商麦格罗·希尔国际股份有限公司台湾分公司，2003，第266页。笔者认为，非营利组织的捐助人是否享有对法人的所有权，答案是不言自明的。从法律意义上分析，捐助人一旦完成对非营利组织的赞助，或者财团法人的设立者一旦完成设立行为，其与非营利组织之间并不存在所有关系。当然，说捐助者不是非营利法人的所有人，并不意味着其不能通过一定途径对非营利法人施加影响。

① 于是，我们也会顺理成章地认为，与采用其他所有权形式的企业相比，非营利法人所面临的管理层的代理人成本一定是最大的。但是研究成果表明非营利法人的代理人成本并不是超乎寻常的高。大量的实证研究试图揭示非营利法人与营利法人在效率上的差别，研究结果尽管显示了非营利法人并非如营利法人那样节约成本，但是两者之间的差别并不明显——具体研究成果参见 Bradford Gray, "The Profit and Patient Care: The Changing Accountability of Doctors and Hospitals," ch·5 (1991); Mark Pauly, "Nonprofit Firms in Medical Markets," *American Economic Review* 257 (1987): 77。

随着所有人的控制权不断地被稀释，这种企业与无所有人的企业（即非营利机构）之间的差别就渐渐地消失了"。① 因此，在投资者所有的大型的上市公司的管理层与非营利组织的管理层并无二致，因为前者的股东也一样无法以表决对企业和企业的管理者实现有效的控制。因此在非营利组织中，尽管不存在"所有人"，但是其治理结构问题并不因此发生根本性变化。②

（二）"公益产权"作为法律概念的尴尬

我们首先有必要明确"所有权"（ownership）的不同含义。据上所述，经济学上的"所有权"是指企业的"所有人"所享有的以下两项名义权利：对企业的控制权和对企业剩余利润（或剩余收益）的索取权。国内经济学界对于企业所有权的界定未能逃脱从英语语境机械翻译的厄运。从严格角度上讲，简单地将英语语境中的"ownership"翻译为大陆法系中的"所有权"的确存在很大的误读，至少在法律意义上如此。

所有权概念在大陆法系中是具有确定含义的概念。即所有权是"对所有物的完全支配权"③。大陆法上的所有权是整个物权制度的基础，既是他物权得以衍生的源泉，又是交易的起点和归宿。但是，英美法中的所有权概念并没有如同大陆法系这般的确定和清晰。英国著

---

① 〔美〕亨利·汉斯曼：《企业所有权论》，于静译，中国政法大学出版社，2001，第354~355页。
② 当然，非营利组织的治理结构与营利组织的治理结构相比还是存在一定差异，具体阐述请参见金锦萍《非营利法人治理结构研究》，北京大学出版社，2005。
③ 周枏：《罗马法原论》上册，商务印书馆，1994，第299页。而在具体立法中，关于所有权的界定则有具体列举主义和抽象概括主义之分。抽象概括主义对所有权的定义以意大利注释法学派大师Bartolus的"所有权者，除法律禁止外，得对有体物享有不受限制的处分的权利"最为典型，《德国民法典》第903条即采用了抽象概括主义。而《法国民法典》第544条、《日本民法典》第206条，以及现在我国台湾地区适用的"民法典"第765条、我国大陆现行《民法通则》第71条均采用了具体列举主义，即将所有权所具备的占有、使用、收益和处分四项权能一一列举出来。

名的学者劳森和拉登在其著作《财产法》中的阐述可见一斑：

> 英国法中的绝对产权是相当少的，因此，当你使用与产权有关的所有权一词而发现它纯粹是作为占有的对应词时，你大可不必惊讶。此时，其意义并不比产权包含更多的含义，或者至多它也不比产权强到哪里去。所有者比单纯的占有者的地位要高一些。至于物的利用，则很少会发生所有权问题。基于物的所有权而派生出来的使用权和收益权是由诸多的人分享的，因而，将所有权归诸其中任何人都是不合适的。[①]

因此，将公司股东对公司的权利认定是一种"所有权"在英美法中或许可以理解，因为与大陆法系截然不同的是，所有权一词在英美法中并没有严格的法律意义，只是表明一种归属关系。但是如果在大陆法系语境中作同样的理解，就有可能被认为是一种谬误。

我们认为，法人具有自己的独立人格，对自己的财产当然享有所有权，所以从严格意义上讲，真正对法人拥有所有权的是法人本身。股东是法人的成员，股东所享有的是股东基于社员资格而享有的权利，称为股权。从法学视野审视，并不存在法人自身以外的其他任何人（包括股东）对法人的财产拥有所有权。就非营利法人而言，法人自身对于其财产同样享有所有权，只是作为成员的权利却有了明显的变化。在非营利社团法人中，社员享有的社员权利与公司股东所享有的股东权利既存在相同点，也存在不同点。相同点在于社员所享有的权利与股东所享有的股权都属于社员权，都有共益权和自益权之分。但是在具体内容上却差别很大：营利公司股东权中包含有剩余利益索取权以及与此相关联的股份分配请求权；而非营利社团法人的社员却并不享有这一权利。而对于非营利法人中的财团法人（例如基金会、民

[①] 参见〔英〕劳森·拉登《财产法》，施天涛等译，中国大百科全书出版社，1998，第114页。

办非企业单位）来讲，由于根本就不存在成员，也就无所谓社员权的问题。

尽管诚如学者所指出的那样，非营利组织并不存在同时享有剩余利益索取权和控制权的"所有人"，但是并不能否认非营利组织对于自身财产的所有权。可见，"公益产权"揭示出了非营利组织（尤其是非营利法人）中的成员并不享有对组织的剩余利益的索取权这一问题，但是并不能够成为构建非营利组织财产法律制度的基础。

（三）承认非营利组织的财产所有权，才能够真正保护其财产权利

"公益产权"这一概念不能使非营利组织的财产取得优先于营利组织财产的法律地位。非营利组织作为民事主体，也要进行民商事活动，与其他民事主体进行交易。例如，接受捐赠，租赁房屋和土地，出售物品或服务等。当非营利组织从事上述活动时，就需要与交易对方签订相关合同，包括买卖合同、租赁合同、赠与合同等。合同是平等主体之间的"法锁"，要求签约双方是平等的民事主体。"公益产权"概念的提出的确揭示了非营利组织财产的特殊性，但是非营利组织在从事上述活动时，必须遵循法律的相关规定，并不能凭借"公益产权"而凌驾于其他私法主体之上。之所以不能够赋予非营利组织的财产特殊的法律地位，理由就在于：首先，非营利组织作为私法主体，与其他民事主体处于平等的法律地位；其次，如果我们赋予非营利组织财产以特别的法律地位，那么其结果反而对非营利组织不利，由于要承担更多的交易成本和风险，其他民事主体将不愿意选择与非营利组织进行民商事活动。

我们必须在认识非营利组织财产特殊性的同时，坚守非营利组织对于其自身财产的所有权。因为作为私法主体之一的非营利组织，只有在肯定其对自己的财产享有所有权的前提之下，相关的法律制

度才能得以适用。新近通过的《物权法》中规定了国家所有权、集体所有权和私人所有权三种基本所有权形式，而且《物权法》第68条规定了企业法人和企业法人以外的法人的财产权问题，第69条又对社会团体的财产进行了特别规定。《物权法》中尽管没有直接规定非营利组织的所有权保护问题，但是，仔细分析我国现有的非营利组织类型，就可以在上述规定中找到保护依据：我国现有基金会、社会团体和民办非企业单位三种主要的非营利组织要么具备法人资格，要么不具备法人资格。具备法人资格的直接适用第68条第2款关于企业法人以外的法人的所有权规定即可；不具备法人资格的社会团体则可以依据第69条的规定找到依据。因此，非营利组织的所有权问题在《物权法》中看似没有规定，实质上都能够找到相关法律依据。

肯定非营利组织对于自身财产的所有权是对非营利组织的财产进行有效保障的前提。在法律框架内，权利归属明确方可定分止争。非营利组织具有与营利组织（例如商业公司或者合伙企业）同样的民事权利能力和行为能力，那么关于民事主体能够享有的保护其财产权利的所有法律规定，非营利组织也可以适用。例如我国《民法通则》《物权法》《合同法》等法律规定都可以直接适用。非营利组织作为私法主体在自己的财产受到侵害的情况下，就可以直接依据相关法律规定获得救济，以非营利组织的名义要求对方承担侵权责任、违约责任、缔约过失责任等。而"公益产权"概念却会在一定程度上削弱非营利组织自身对于财产的所有权，导致对非营利组织过多的不必要的干涉，甚至有将非营利组织财产化为公有之虞。

（四）非营利组织所有权概念的明确并不助长其财产使用处分上的恣意

值得注意的是，主张"公益产权"的学者往往会认为若强调非营利组织的财产所有权可能会导致非营利组织对于这些财产的肆意使用和处分，这一担忧并非完全没有道理。从现实来看，的确出现了令人愤怒的慈善腐败现象。例如近期的"全国牙病防治指导组事件"，根据该基金会向国家民间组织管理局提供的2005年度报表，其当年公益事业支出占上年度总收入的17.32%，工作人员工资福利和行政办公支出却占总支出的73.42%。这与该基金会章程中所规定的"发展我国牙病防治工作，提高人民口腔健康水平"的宗旨难以吻合。而且从理论上讲，法律意义上的所有权是最完整的物权，所有权人对于其所有的财产享有占有、使用、收益和处分的权利。如果强调非营利组织的财产所有权，是否就承认了非营利组织对于其财产的绝对占有、使用、收益和处分的权能，是否还可以对非营利组织使用、处分其财产设置必要的限制。例如，法律规定财产只能用于章程规定的目的，再如捐赠者指定意图的捐赠财产还必须尊重捐赠者的意愿，用于其指定的对象。

　　这些担忧并不足以构成否定非营利组织财产所有权的理由。因为在法律语境下，任何组织和个人行使所有权都存在边界和限制。这些限制既可以来自法律的规定，也可以来自当事人之间的约定。① 所以，对于非营利组织的财产只能用于章程确定的宗旨和目的的法定规则，完全可以视为是出于公共利益的考量而对非营利组织财产所有权所作的限制；关于捐赠者指定意图的捐赠财产只能用于其指定目的的约定，也完全符合法理，因为这完全可以视为附条件的捐赠合同。事实上，关于非营利组织的管理人员滥用非营利组织财产的现象，并不能通过确认"公益产权"就得到遏制，而是应该求助于良好的监督机制的构建。值得注意的是，非营利组织的监督机制的构建在很大程度上借鉴了上市公司的相关制度和规则。或许也可以从另外一个角度说明"公益产权"在这一问题上与私人产权并不存在殊异。

---

① 对于所有权的限制主要包括：出于公共利益需要的征收和征用；基于相邻关系、善意取得制度、取得时效制度、他物权制度等的限制。

结　语

　　综上所述,我们并不否认非营利组织所享有的政府所给予的特殊待遇(例如税收方面的优惠)和因此所承担的特殊义务(例如禁止分配原则的适用和信息披露义务等),这也正是"公益产权"概念的意义所在。但是必须强调的是,这种特殊性既没有抹杀非营利组织对于自身财产的所有权,也没有赋予非营利组织在民商事活动中的超然地位。对于非营利组织财产权利的法律保护,首要的是认可非营利组织自身对其财产所享有的所有权。一言以蔽之,对于非营利组织的财产而言,与其追求超然的地位,不如寻求平等的保护。

论非营利法人从事商事活动的现实及其特殊规则[*]

【摘要】 非营利法人从事商事活动是一种既存现实，也是非营利法人生存与发展的需要。正确解读"非营利性"的含义，并根据最终目的来区分营利法人和非营利法人。与其禁止非营利法人的商事活动，不如坚守"禁止分配原则"的底线，同时要求其从事商事活动时，除了不得违背一般规则之外，还得遵循一些特殊规则。

【关键词】 非营利法人　商事活动　"禁止分配原则"

一　问题的提出

非营利法人是与营利法人相对而言的。"天下熙熙，皆为利来；天下攘攘，皆为利往。"[①] 当营利成为理性经济人重要特质的时候，非营利却成为了非常态。营利法人与非营利法人是传统民法根据法人设立时目的的不同对私法人进行的分类。前者指从事经济行为，并以将所获得的利益在成员之间进行分配作为目的的法人；后者则指不将其收益在成员中予以分配的法人。日本和我国台湾地区都承认了这一分类，《德国民法典》中也将社团区分为经济性社团和非经济性社团。

---

[*]　原文刊登于《法律科学》2007年第5期。
[①]　司马迁：《史记·货殖列传》。

针对根据不同目的创设的法人，法律规定了不同的规则，主要体现在设立程序和管理要求上。① 对于它们在行为能力（尤其是商行为能力）上的区别，学界一般认为：营利法人可从事各种营利性事业；非营利法人无权从事以向其成员分配利益为目的的营利性事业，否则构成违法。私法上作如此区别规定的意义在于：非营利法人一般享受税收优惠等政府支持，吸收社会捐赠，事关公共利益，所以法律在对非营利法人的规制上采取了较为严格的态度。②

尽管现行民事法律并没有承认营利法人和非营利法人的区分，我国学者对此分类却深表认同，而且《基金会管理条例》中第一次使用了"非营利法人"的表述。③ 正是基于非营利法人目的的"非营利性"，传统商法在界定商主体时，一般都将非营利法人排斥在外。综观商法学界各种主张，尽管对于商主体的界定莫衷一是，但是，在对于非营利法人是否属于商主体问题上却出乎意料的一致。无论是主观主义、客观主义还是折中主义，对于商主体构成要件的认定，"以营利为目的"都是商主体的本质特征之一。④ 而非营利法人，顾名思义，

---

① 其一，在设立准则上，营利法人一般依特别法如公司法的规定设立；而非营利法人除有特别法外，一般依民法的规定而设立；例如日本和我国台湾地区。其二，设立程序上，营利法人的设立，采取准则主义，除有特别规定外，一般不需要得到主管机关的许可；非营利法人的设立则采取了许可主义。其三，在法律形式上，营利法人只能采取社团法人的形式；非营利法人既可采取社团法人形式又可采取财团法人形式。参见黄立《民法总则》，中国政法大学出版社，2002，第125页。
② 魏振瀛主编《民法》，北京大学出版社、高等教育出版社，2000。当然有些规制也是为了保护非营利法人的利益。例如我国担保法对于公益性机构的保证人资格的限制。
③ 2004年的《基金会管理条例》第2条明确基金会是以从事公益事业为目的的"非营利法人"。该条规定，本条例所称基金会是指利用自然人、法人或者其他组织捐赠的财产，以从事公益事业为目的，按照本条例的规定成立的非营利法人。
④ 相关论述请参见张民安、刘兴桂主编《商事法学》（第二版），中山大学出版社，2002，第29页；顾肖荣、张国炎、徐澜波、黄来纪等：《商法的理念与运作》，上海人民出版社，2005，第15页；施天涛：《商法学》，法律出版社，2003，第56～57页。范健、王建文：《商法的价值、源流及本体》，中国人民大学出版社，2004，第179页；顾功耘主编《商法教程》，上海人民出版社，2001，第34～35页等。

就是不以营利为目的的法人，当然不属于商主体范畴。例如，有学者就认为商主体只包括营利性的社团法人，作为非营利法人的财团法人抑或非营利性社团法人均非商法人。[①] 更有学者明确指出非营利组织所从事的市场交易活动不是商行为，因其"不以营利为目的"，不能适用商法。[②]

笔者并没有试图将非营利法人纳入商主体之中的意图。诚如学者所言，非营利法人与营利法人的区别就在其目的上。但是，在法人目的究竟属于"营利"还是"非营利"的认定上，应该是以最终目的而言。例如，有的营利法人虽然也从事公益事业，但是仍然被视为营利法人；反之，非营利法人尽管也通过募捐、公演戏剧或者开展览会收取费用，但只要其没有将所得利益分配给成员，仍旧为非营利法人。所以从这一意义上来讲，非营利法人也可以从事营利性的商事活动。而且现实中，非营利法人的确也从事着此类交易活动。那么，非营利法人从事商事活动时是否应该遵循商事规则？为了厘清这一问题，本文从非营利的含义入手，在肯定非营利法人从事商事活动的现实及其合理性的基础上，探讨其从事商事活动时所应该遵循的特殊规则。

二 "非营利"的含义

对于"非营利"的界定是立法的难点所在。《美国示范非营利法人法》[③]（修订版）对此没有作出界定，理由是实在找不到令人满意的

[①] 董安生、王文钦、王艳萍：《中国商法总论》，吉林人民出版社，1994，第105~106页。

[②] 范健、王建文：《商法的价值、源流及本体》，中国人民大学出版社，2004，第179页。

[③] 在美国，非营利法人属于州立法的范畴，因此各州都有非营利法人法。美国律师协会制定了《美国示范非营利法人法》，但是该法没有法律效力，只是为各州立法提供了范本。

定义。① 纵观各国立法,一般有两种不同的路径。

第一种立法类型是限定非营利法人可以从事的活动领域,被称为"功能主义方法"。例如美国有些州的立法就具体规定了非营利法人可以从事的活动领域,各州所认可的非营利法人的活动领域大致包括以下九类:慈善、社会、娱乐、贸易、职业、教育、文化、民俗,以及宗教和科学。在具体的类别上,各州法律罗列得非常详细。② 1998 年的日本《特定非营利活动促进法》第 2 条规定"本法所称'特定非营利活动',是指附录中列明的以促进多数不特定人的利益为目的的活动。"而在附录中具体罗列了活动领域。③

在德国法上,根据是否以经济性的经营活动为目的,将社团区分为经济性社团和非经济性社团。学界对于这种区分存在疑问,认为其并不是很贴切,理由就在于经营性活动只是手段而非目的。德国的新旧学说在这一问题上存在分歧:旧学说认为,区分标准在于界定社团的目的或主要目的是否通过经营性活动,即对外进行的有计划的和长期性的营利活动,以获取经济利益,并将其归属于社团本身或者以某种方式归于社员所有,从而将追求营利目的作为经济性活动的特别标

---

① 起草委员会在此问题上的看法在于,法律不应该主观地界定事物的本质,而应该以事物的本质作为立法的基础。非营利组织具有多种本质,如果采用某一经济或者哲学理论来阐释、界定非营利组织的地位或因此将某些非营利组织排斥在非营利领域之外,将会危及社会的多元性。See Aristotle and Lyndon Baines: Thirteen Ways of Looking at Blackbirds and Nonprofit Corporations—The ABA's Revised Model Nonprofit Corporation Act, 39 c Case W. Res. 751, 756 (1989).
② 例如美国得克萨斯州法律就是把其中的娱乐性社团活动领域之一规定为:"自行车……钓鱼、打猎和划船俱乐部"。
③ 这些活动领域包括:①促进健康、医疗或者福利事业的活动;②促进社会教育的活动;③促进社区发展的活动;④促进文化、艺术或者体育的活动;⑤环境保护活动;⑥灾害救援活动;⑦促进社区安全的活动;⑧人权或者促进和平的活动;⑨促进国际合作的活动;⑩促进形成一个两性平等参与的社会的活动;⑪促进对青年的健全培养的活动;⑫对上述活动的组织进行行政管理,或者提供与上述活动有关的联络、咨询或者协助的活动。参见北京大学法学院非营利组织法研究中心主编《国外非营利组织立法译汇》(内部资料),2000 年 9 月,第 23~24 页。

志。新学说则引入了一个新概念：企业性活动。这首先是指社团在外部（或者内部）市场上"有计划长期地和有报酬地提供产品或者劳务"；其次指"参与社团企业的那些分散的部门性的职能活动"。将社团是否从事企业性活动作为决定性的标准，如果社团的企业活动在依社团宗旨所进行的全部活动中仅占次要地位，则不予考虑（德国法上称为"次要目的特权"）。可是德国学者也发现这一学说没有能够避免可能带来的问题。① 在界定非经济性社团的时候，则倾向于认为其是以教育、体育、社交、慈善、政治、地方自治或者社会福利为目的的社团②。

另一立法类型则被称为"经济关系方法"，即不再具体罗列非营利法人的活动领域，而是以界定法人与其成员之间的经济关系来界定非营利目的。起先要求非营利法人不得以获取金钱或者利润为目的，后来发展到不去限制法人的目的，而是只要求"不打算分配公司所得"。例如美国加州 1931 年的非营利法人法就明确：非营利法人可以为"任何合法目的"，只要不分配法人所得即可。该州法律后来经过多次修改，但是在非营利目的的界定上始终关注法人的利润是否分配给其成员。③ 美国明尼苏达州的法律也规定非营利法人的宗旨只要是从事合法活动即可，具体宗旨可以由法人章程来作出具体说明。④

---

① 德国学说一般认为，非以营利性事业为宗旨的社团，在追求其非营利性宗旨的过程中经营某项营利性副业，并无不利影响，而且也是必不可少的。见〔德〕迪特尔梅迪库斯著《德国民法总论》，邵建东译，法律出版社，2000，第 831~832 页。
② 〔德〕卡尔·拉伦茨：《德国民法通论》（上册），王晓晔等译，法律出版社，2003，第 202~205 页。
③ 1980 年生效的加州非营利法人法第 5111 条就规定，非营利公共利益法人可以为任何公共或慈善目的而成立，但是要求其章程必须记载"本法人为公共利益法人，不是为任何人的私利而成立。是按照非营利公共利益法人法，为公共或慈善目的设立。"该法第 7111 条又规定互益非营利法人也可以为任何合法目的而设立，只要法人不可撤回地将资产用于慈善、宗教、公共利益，并且按照法律或法人章程在法人解散时将资产交给从事慈善、宗教或公共目的的人。
④ 郑国安、赵路、吴波尔、李新男：《国外非营利组织法律法规概要》，机械工业出版社，2000，第 87 页。

比较以上对于非营利的界定方法，笔者更倾向于经济关系方法，因为传统的功能主义方法①存在缺陷：第一，立法无法穷尽非营利法人的活动领域，也无法预见新出现的活动领域（这是由立法者认识的有限性和立法的滞后性决定的）；第二，一概禁止非营利法人从事营利活动是不切实际和不合理的。对此，本文将在下一部分予以阐述。

笔者认为非营利法人的"非营利性"的具体含义应该是：第一，从法人的目的来说，是不以营利为目的，也就是非营利法人的宗旨并不是为了获取利润并在此基础上谋求自身的发展壮大，而是为了实现某种公益或者一定范围内的公益。当然，这一目的是从最终意义上来讲的。第二，不能进行剩余收入（利润）的分配。非营利法人可以开展一定形式的经营性业务而获得剩余收入，但是这些收入不能作为利润在成员之间进行分配。这一原则即"禁止分配原则"。第三，不得将非营利法人的资产以任何形式转变为私人财产。尽管非营利法人的产权目前还存在分歧，②但是各国法律对非营利法人的剩余财产的态度却基本一致：当非营利法人解散、终止时，它们的剩余财产不能效仿企业在股东之间进行分配，而只能转交给其他公共部门（政府或其他非营利法人）。③如此界定"非营利"就不排除非营利法人从事商事活动的可能性，而

---

① 功能主义方法因其存在以下缺陷遭到学者的批评：第一，列举的活动领域不周全；第二，列举的非营利目的，可能因为其用语的一般化而导致含义模糊不清；第三，立法机构列举的活动领域是基于其对公司目的的价值判断，而这种价值判断却会随着社会发展而变迁。参见齐红《单位体制下的民办非营利法人——兼谈我国法人分类》，博士学位论文，中国政法大学民商经济法学院，2003，第44页。

② 例如王名教授就将非营利组织的资产界定为"公益或互益资产"，属于社会。他在这里并非指非营利组织实行的是"社会所有制"。这里的社会是一种虚拟的范畴，可以说是一种假定。参见王名编著《非营利组织管理概论》，中国人民大学出版社，2002，第3页。

③ 例如《南非1997年非营利组织法》第12条、日本的《特定非营利活动促进法》第11条、《捷克公益法人法》第4条中都有类似规定。我国的《社会团体登记管理条例》、《基金会管理条例》和《民办非企业单位登记管理暂行条例》中都有类似规定。

且从实践来看,非营利法人的确活跃在广泛的商业领域中。

三 非营利法人能否从事商事活动[①]

非营利法人的资金来源可以依赖政府财政、社会捐助等,那么非营利法人是否可以从事商事活动创造收入,并服务于其宗旨呢?

(一) 各地立法的不同立场

学者一般认为非营利法人可以从事某种程度的营利事业或者从事附带的营利事业,但是要求其收益必须用于公益目的,若将收益分配于其组织成员的,那么就会违反非营利法人之本质。[②] 按照上文的分析,如果采取的是经济关系的立法方式的话,那么只要非营利法人不将其利润在其成员之间进行分配,就无需对其从事商业活动进行限制。但是如果对于非营利法人进行营利活动不作任何限制的话,就会使营利法人遭受到不平等的竞争(因为非营利法人享受税收优惠)。于是各国立法在是否允许非营利法人从事商业活动问题上因其采取的立场不同而大有差异。

第一种态度是绝对禁止主义,也就是禁止非营利法人从事任何营利活动,菲律宾是典型代表。其立法宗旨在于确保非营利法人的"目的单纯性"。

第二种态度相对比较缓和,即原则禁止主义,也就是原则上禁止非营利法人从事营利活动,但是为非营利法人生存目的的除外。例如我国台湾地区规定:禁止非营利法人参与任何具有商业目的的活动或

[①] 非营利法人从事商事活动也涉及公共服务中引入市场机制的问题。非营利法人(尤其是公益性法人)向社会提供的是公共物品,而根据研究表明,最有效率的公共物品供给机制还是市场机制。参见句华《公共服务中的市场机制:理论、方式与技术》,北京大学出版社,2006。这一问题的确很有研究价值,限于本文篇幅,不予展开。

[②] 尹田:《民事主体理论与立法研究》,法律出版社,2003,第168页。

者商业活动，但为非营利法人生存目的的除外；其法律实务也认为"财团法人所逐行公益事业目的，系指终局之目的而言，查财团法人固以逐行公益事业为目的，不得以营利为目的，惟兹所谓目的系指终局目的而言，故苟投资于营利事业，但仍将所得利益用于公益事业者，似尚不失为公益法人，与其目的似尚无抵触。"① 新加坡也仅禁止非营利法人从事与非营利目的无关的商业活动。

第三种是附条件的许可主义，目前为大多数国家所采用。例如，泰国、澳大利亚、越南允许非营利法人从事商业活动，但是必须将其所得应用于更广泛的非营利目标；韩国允许非营利法人从事商业活动，除了应将其所得用于更广泛的非营利目标之外，还必须事先获得相关政府部门的批准；日本尽管对非营利法人采取了功能主义的立法模式，但是其《特定非营利活动促进法》仍规定：第一，特定非营利活动法人可以从事以取得用于特定非营利活动的经费为目的的活动（以下简称"收益活动"），但是该收益活动不得影响非营利活动的进行。第二，收益活动的账目必须与该特定非营利活动法人所从事的特定非营利活动的账目互相独立，并且作为特别账目管理。② 对于非营利法人从事收益活动得到的收入，通常要纳税，但是比公司的税率要低。根据1996年的《建立和指导非营利团体管理的标准》，公益团体的营利活动必须符合以下条件：第一，营利活动的规模不应超过公益活动的比例。主管机关一般要出一个指导方针，通常是商业活动所得利润不得超过该公益团体收入的一半；第二，公益团体所承担的营利活动不能有损于其社会信誉；第三，这类活动中获得的超过正常活动管理费用的收入必须用于公益活动；第四，营利性活动不可妨碍公益活动。③

---

① 请参照中国台湾司法行政主管部门1963年"台五二函第四五一二号函"。
② 参见日本《特定非营利活动促进法》第5条的规定。
③ 具体内容参见郑国安、赵路、吴波尔、李新男主编《国外非营利组织法律法规概要》，机械工业出版社，2000。我们还注意到，德国的相关法律也将非营利法人的营利活动分为相关商业活动和无关商业活动，前者是指与实现非营利法人的非营利目的相关的活动，无需纳税；而后者则要纳税。

美国并不禁止非营利法人从事商业活动，但是把非营利法人所从事的商业活动分为两类：相关的商业活动与不相关的商业活动。前者是指与非营利法人的宗旨紧密联系的，例如一个艺术馆出售印有艺术图案的贺卡和纪念品，一个非营利大学出售教科书等活动；后者是与非营利法人的宗旨不相关联的，例如博物馆开设一家餐馆以赚取资金。[①] 根据美国《国内税收法典》第 511~514 条款的规定，除非法律另有明确规定，从事与非营利组织宗旨无关的活动而取得的收入，必须依法纳税。这就是所谓的无关宗旨商业所得税。[②] 但是从事无关宗旨的商业活动不会影响非营利法人作为免税组织的地位。

印度尼西亚的条件是最为宽泛的，即允许非营利法人从事任何合法的商业活动。

可见，大多数国家的立法允许非营利法人从事营利活动，而对于由于非营利法人从事营利活动会对其他营利法人产生不公平竞争的问题，则通过税收政策予以协调。美国著名学者莱斯特·M.萨拉蒙对全球 34 个国家非营利部门的比较研究结果表明：非营利部门的收入来源包括从事慈善事业收入、会费和公共部门的支持，而仅会费和其他商业收入就占非营利部门总收入的近一半（42%）。[③] 这样的政策选择表明了各国政府倾向于为非营利法人的发展提供更好的环境和物质条件。而且从欧美国家的发展趋势来看，非营利法人在参与市场竞争方面越来越积极与主动。[④]

[①] 但是对于相关与不相关的界定也不是一清二楚的，例如收费服务，有的认为是相关收入，有的却认为只有接受捐赠才是相关收入，其他一概属于不相关收入。

[②] See Betsy Buchalter Adler, *The Rules of the Road: A Guide to the Law of Charities in the United States*, Washington, D.C.: Council on Foundations, 2007, Second edition, ChapterⅦ.

[③] 数据来源参见〔美〕莱斯特·M.萨拉蒙等《全球公民社会——非营利部门视界》，贾西津、魏玉等译，社会科学文献出版社，2007，第 35 页。

[④] 非营利法人参与商事活动的原因在于：一者，重商的时代精神使营利行为在非营利世界中容易被接受。人们越来越相信竞争和追求利润对促进效率和变革的作用。二者，许多非营利组织和领导人都在寻求以新的方式提供社会产品和服务，（转下页注）

（二）我国现行法律所采取的原则禁止立场

我国现行法律对于"非营利"的界定还不是非常明确，至于非营利法人是否可以从事经营活动，采取的还是原则禁止主义。由于我国目前的非营利组织以社会团体、基金会和民办非企业单位的形式存在，所以下文分别予以阐述。

对于社会团体法人，《社会团体登记管理条例》第 29 条规定了社会团体可以开展章程规定的活动取得符合国家有关规定的合法收入，这一规定并非一律禁止商事活动。但是该法第 33 条第 6 项却对"从事营利性活动"作了禁止性规定，可以由登记管理机关给予警告、责令改正，可以限期停止活动，并可以责令撤换直接负责的主管人员；情节严重的，予以撤销登记；构成犯罪的，依法追究刑事责任。《民政部、国家工商行政管理局关于社会团体开展经营活动有关问题的通知》（1995 年）中却肯定了具有社会团体法人资格的社会团体（基金会除外）可以开展经营活动，尽管设置了种种条件限制："可以投资设立法人，也可设立非法人的经营机构，但不得以社会团体自身的名义进行经营活动"；必须经过工商行政管理部门登记注册，并领取《企业法人营业执照》或者《营业执照》；"其经营范围应与社会团体设立的宗旨相适应"。

对于基金会的规定更为严格，原先的《基金会管理办法》（1988 年）第 6 条明确规定："基金会不得经营管理企业。"第 7 条规定："基金会可以将资金存入金融机构收取利息，也可以购买债券、股票等有价证券，但购买某个企业的股票不得超过该企业股票总额的

(接上页注④)而不使受益人产生依赖心理。三者，非营利组织领导人正在寻找解决财务可持续性发展问题的钥匙。四者，非营利组织可利用的资金来源正在向更商业化的渠道倾斜。五者，来自营利公司的公益性行为所造成的竞争也促使非营利组织的管理者考虑将商业性融资作为传统资金来源的替代品。参见〔美〕J. 格雷戈里·迪斯《非营利组织的商业化经营》，载〔美〕里贾纳·E. 赫兹琳杰等《非营利组织管理》，中国人民大学出版社、哈佛商学院出版社，2000，第 133~136 页。

20%。"2004年的《基金会管理条例》第28条没有具体规定基金会所能从事的营利活动，而只是原则性地规定基金会应按照合法、安全、有效的原则实现基金的保值、增值。这里的"合法"要求是指基金会必须符合以下规定：1990年8月的中国人民银行总行颁发的《基金会稽核暂行规定》要求各地对基金会"以盈利为目的的经营活动，如直接投资、经商办厂、借贷资金等"进行检查纠正。1995年4月中国人民银行总行下发的《关于进一步加强基金会管理的通知》中要求"凡经营管理企业及其他营利性经济实体的基金会，要限期清理并作出适当处置"；而且"基金会基金的保值及增值必须委托金融机构进行"。

关于民办非企业单位，①《民办非企业单位登记管理暂行条例》对于其能否从事营利活动并无明确规定。但是该条例第21条规定，民办非企业单位开展章程规定的活动，按照国家有关规定取得的合法收入，必须用于章程规定的业务活动。② 民办非企业单位属于非营利组织的一种，尽管其出现得比较晚，但是近些年来发展势头迅猛，而且根据相关数据，民办非企业单位主要活跃在教育、劳动技术培养、医疗卫生、体育等领域，③ 也就是传统的社会事业领域。同时不可否认的是，民办非企业单位与社会团体法人或者基金会的不同之处就在于，民办

---

① 这一概念是我国首创的，首次出现于1996年中共中央办公厅、国务院办公厅《关于加强社会团体和民办非企业单位管理工作的通知》（中办发［1996］22号）。当时，中央从完善我国社会组织管理格局的角度出发，决定把民办事业单位交由民政部门进行统一归口登记，称为民办非企业单位（简称"民非"）。1998年的《民办非企业单位登记管理暂行条例》中第一次从法律上规定了民办非企业单位，特指由企业事业单位、社会团体和其他社会力量以及公民个人利用非国有资产举办的，从事非营利性社会服务活动的社会组织。
② 《民办非企业单位登记暂行办法》第4条中罗列了其所能从事的行业：教育事业、卫生事业、文化事业、科技事业、体育事业、劳动事业、民政事业、社会中介服务业、法律服务业以及其他。
③ 相关数据参见民政部民间管理局网站，http://www.chinanpo.gov.cn/web/showBulletin.do?id=20154&dictionid=2204，最后访问日期：2007年5月1日。

非企业单位直接提供社会服务。这些社会服务一般都是等价有偿的，但是民办非企业单位的创办人及其成员不得分配利润。[①] 目前，民办非企业单位所从业的领域都是急需国家资金注入的教科文卫事业。例如民办学校、私营的医疗机构、劳动技术培训机构、体育锻炼场馆等。

这些原则禁止性规定的积极意义在于使非营利法人更为纯粹，但是却在某种意义上对非营利法人的发展造成不必要的障碍。细细研读这些法律规范，它们也为非营利法人从事营利性经营活动留下了空间。《社会团体登记管理条例》中规定的"可以开展章程规定的活动"并没有排斥"营利性经营活动"；《民政部、国家工商行政管理局关于社会团体开展经营活动有关问题的通知》中的"经营活动"也没有排斥"营利性经营活动"。这就意味着社会团体可以开展与其章程相关的商事活动，只要其收入没有在其成员中进行分配即可。对于基金会而言，目前的规定要求基金会要实现资产的增值、保值，还可以委托金融机构进行投资。至于民办非企业单位，向社会提供教育、医疗、卫生、体育等方面的服务时，都允许其收取相应的费用。这些活动如果不是"商事活动"，又作何解？法学理论可以简单地将其排斥在商事活动之外不予考虑，但是现实却需要我们作出及时回应。

从我国目前非营利组织的生存环境考虑，许可非营利法人从事与其宗旨一致的营利活动有其积极意义：既可以为开展公益事业筹集资金，也在一定程度上填补了国家在提供公共物品方面的欠缺。或许，严格遵循"禁止分配原则"比规范其行为本身更为重要。当然对于非营利法人从事相关营利活动也应该有相应的限制性规定。因为非营利法人如果从事投资风险过大的营利活动，势必会由于投资失败而遭受损失，进而影响到其所担负的目的（尤其是公益目的）的实现。[②]

---

① 需要指出的是，《民办教育促进法》中规定了合理回报。
② 金锦萍：《非营利法人治理结构研究》，北京大学出版社，2005，第22页。

（三）我国非营利法人从事商事活动的形式

财政部于 2004 年发布的《民间非营利组织会计制度》已经于 2005 年 1 月 1 日起开始实施。该会计制度中对于民间非营利组织收入的界定是：民间非营利组织开展业务活动取得的、导致本期净资产增加的经济利益或者服务潜力的流入。收入应当分为捐赠收入、会费收入、提供服务收入、政府补助收入、投资收益、商品销售收入等主要业务收入和其他收入等。值得讨论的是提供服务收入、投资收益和商品销售收入。根据该条例，"提供服务收入"是指民间非营利组织根据章程等的规定向其服务对象提供服务取得的收入，包括学费收入、医疗费收入、培训收入等；"投资收益"是指民间非营利组织因对外投资取得的投资净损益；"商品销售收入"是指民间非营利组织销售商品（如出版物、药品）等所形成的收入。可见，在我国，相关的非营利法人也从事着特定领域内的营利活动。而且这些收入也为相关主管部门所认可。实践中，非营利法人从事商事活动的主要方式包括：一者，直接提供经常性的社会服务。例如民办非企业单位所从事的大量社会服务活动是以等价有偿为特征的。民办学校、私营医疗机构、健身场所、劳动技能培训中心等。它们向社会提供服务并收取费用。二者，非营利法人运作基金、进行投资。一些基金会的章程中关于收入来源方面都会在募集捐赠和政府拨款及赞助之外，将运作基金的收益、投资收益作为收入来源。三者，开展与非营利法人宗旨相关的一些活动并赚取利益。例如中华环境保护基金会章程中就明确将开展环境保护项目和活动的收益作为收入来源之一。

分析显示，当非营利法人从事上述营利活动时，其行为符合商行为的基本特征：第一，非营利法人所从事的这些活动也是以赚取利益为目的，尽管因此所得的利益要用于章程所规定的非营利的宗旨或者目的；第二，其所从事的商业活动是某种营业性行为，即至少在一段期间内连续不断地从事某种同一性质的营利活动；第三，非营利法人在特定领域内也要求具有行为能力方可从事这些活动。于是，我们是否可以得出这样的结论：非营利法人尽管并非严格意义上的商主体，但是也可以（甚至正在）从事商业活动？如果这一结论成立，接下来的问题就是：商事活动的基本规则是否适用于从事营利活动的非营利法人？是否存在特殊规则？

四　非营利法人从事商事活动的特殊规则

学者普遍认为，商行为的营利性是决定商事活动规则的重要因素。从商主体身份的确定到商行为重要规则的确立，都必须考虑营利性特征。而商法所特有的体现灵活、迅捷等特征的原则和规则也无不以营利性特征作为出发点。[①] 商法正是"通过对商事主体对交易的意思表示、交易标的的状况的说明及责任、标的交付的方式及其时间和地点、交易价款的收付、经营投资和流动资金的流转、交易辅助商事活动的调整，确立商事交易行为的规则"。[②]

根据上文的分析，非营利法人可以从事以赚取利益为目的商事活动，尽管其所获得的利益不得在其成员中进行分配。那么，毫无争议的是，当非营利法人在从事商事活动时，也应该遵循商法的相关规定，包括主体登记制度、商事能力制度、商业账簿制度等。在从事商事活动中涉及票据、证券、信托等行为，也应该适用相关的商事规则。同理，法律对于垄断或者限制性贸易行为以及不正当竞争行为的法律控制、对消费者权益保护的特别规定也应该适用于从事商事活动的非营利法人。

从某种意义上讲，选择营利还是非营利是设立法人的民事主体

---

① 参见范健、王建文《商法的价值、源流及本体》，中国人民大学出版社，2004，第179页。
② 参见顾肖荣、张国炎、徐澜波、黄来纪等《商法的理念与运作》，上海人民出版社，2005，第35页。

的一种自由选择，是对所有权的一种处理和安排。只是一旦选择非营利法人的组织形式，其从事商事活动除了需要遵守商事活动的一般规则之外，还要符合非营利法人在从事商事活动中所应该遵循的特殊规则。

（一）规则一：主要从事与宗旨相关的特定领域内的商事活动

这是基于非营利法人的宗旨而言的。对于营利法人而言，无论其业务范围如何，都是以营利为目的。"公司是股东借以获取营利最大化的工具。"[①] 营利法人的设立目的就是使其成员能够获得利润的分配，公司的出现使个人追求财富的欲望得到有史以来的最大满足。尽管对于营利法人超越经营范围行为的效力问题依然存在争议，但是现在营利法人在登记注册时所确定的业务范围越来越宽泛，以至于营利法人实际上能够从事所有合法的营利活动。对于非营利法人而言，在注册登记时，也都有各自非常明确的"宗旨和业务范围"。例如以教育为宗旨，或者以提供医疗服务为宗旨。

那么非营利法人能否超越章程所明确的目的事业范围开展商事活动呢？各国态度截然不同。例如美国法上没有一概禁止非营利法人从事与宗旨无关的商事活动，而是对于与宗旨相关的商事活动和与宗旨无关的商事活动的收入采取不同的税收政策。但是更多的国家和地区则一般采取原则禁止的态度。正如本文第三部分所述，根据目前相关法律法规的规定，我国还是明文禁止非营利法人从事与其宗旨无关的商事活动的。这样的政策考量主要基于预防非营利组织过多注意和追逐营利，阻碍实现其设立时的特定宗旨。但是，几乎同时，非营利法人投资有价证券的行为并没有被禁止。这一行为应该属于与宗旨无关的商事活动。可见，目前，除极个别情况之外，非营利法人所能从事

---

① 江平主编《法人制度论》，中国政法大学出版社，1998，第229页。

的还是与宗旨相关的商事活动。

(二) 规则二：降低风险规则

有商事活动，就存在商业风险。收益与风险成正比。与营利法人相比较，非营利法人在从事商事活动时应该尽可能避免风险。这是因为对于非营利法人而言，追逐利润并非其最终目的，其从事商事活动获取收益的目的还是在于更好地实现章程所规定的社会公益（或者互益）目的。因此非营利法人在进行投资时最应该关心的，是如何降低投资风险。这一要求具体体现在相关投资的限制性规定上。例如，我国的基金会实现基金的保值、增值的途径主要有：银行储蓄、投资国债、投资其他有价证券、委托理财等。银行储蓄和投资国债的风险很小，但是其收益相对也少；投资其他有价证券的风险比较大，而委托有资格的金融机构代为理财也是一种选择，但是投资的安全性在很大程度上依赖于该金融机构的理财水平。

降低风险规则同时还体现在非营利法人理事的谨慎投资义务上，要求在充分掌握相关信息资料基础上作出投资决策。我国目前尚无明文规定。美国的谨慎投资人规则可资借鉴。其主要内涵在于：第一，合理注意的要求，要求受托人在作出投资决策之前，需要调查标的的安全性和可能的收益，他可以运用他人所提供的资料或者听取专家意见，但是仍然需要作出自己的判断；第二，应有的技能要求，除了谨慎的调查与评估之外，受托人行为还需要符合专业技能的要求；第三，谨慎的要求，受托人要谨慎行事，尽量避免投机性的冒险行为，降低投资风险。[1] 另外，关于根据谨慎投资人规则要求，受托人在考虑投资组合和风险时应该考虑众多因素。[2]

---

[1] 陈春山：《证券投资信托专论》，台湾五南图书出版公司，1997，第334页。
[2] See John H. Langbin and Lawrence W. Waggoner, *Uniform Trust and Estate Statutes*, 2005–2006 edition, Foundation Press, 2006, p. 530.

（三）规则三：区别收益纳税规则

我国现行法律法规规定非营利法人可以享受到国家的税收优惠。例如《基金会管理条例》第 26 条规定，基金会及其捐赠人、受益人按照法律、行政法规的规定享受税收优惠。相关法律明确基金会所获得的国家财政拨款、捐赠收入、银行存款利息免征企业所得税。《社会团体登记管理条例》和《民办非企业单位登记管理暂行条例》中尽管对此并无明确规定，但是国家税务总局《事业单位、社会团体、民办非企业单位关于企业所得税征收管理办法》中明确了下列收入免征企业所得税：财政拨款和政府资助、社会团体所收取的会费、社会团体和民办非企业单位所获得的捐赠收入。但是其他收入应该征收企业所得税。同理，《国家税务总局关于基金会应税收入问题的通知》（1999 年 2 月 25 日）中规定，开展社会公益活动的非营利性基金会，包括推进社会研究的、文化教育事业的、社会福利性和其他公益事业等基金会，对这些基金会在金融机构的基金存款取得的利息收入暂不作为企业所得税应税收入；对其购买股票、债券（国库券除外）等有价证券所取得的收入和其他收入，应并入应纳企业所得税收入总额，照章征收企业所得税。可见，根据现有规定，非营利法人从事商事活动（无论是否与宗旨相关）所获得的收益都被征收企业所得税。

（四）规则四：严格遵循"禁止分配原则"

"禁止分配原则"是指非营利法人的内部人员不得为自己或者他人从非营利法人的任何净收益中获取利益。这一规则是非营利法人的底线，也是其区别于营利法人的最本质特征。因此为各国立法所普遍采纳。例如美国《国内税收法典》501（c）（3）条款特别要求"私人股东或个人均不能从慈善组织的任何净收益中获益……"。我国相关法律也对此原则予以肯定。例如《社会团体登记管理条例》、《基金会管理条例》以及《民办非企业单位登记管理暂行条例》中都有禁止性规定。

"禁止分配原则"意味着非营利法人从事商业活动所获得的利益只能用于非营利法人章程所规定的内容,不得在其成员中进行分配。而且在非营利法人终止时,其剩余财产也依然不得进行分配,而需要适用近似原则,转移给具有最相类似的宗旨的其他非营利组织。

论我国非营利组织所得税优惠政策及其法理基础[*]

【摘要】 非营利组织所得税优惠制度在我国已具雏形。国内学界对于这一制度法理基础的论证尚未开始。理论基础的缺位导致非营利组织所得税优惠制度在现实中难以得到认同。希冀国外相关基础理论的引入将在一定程度上填补理论空白；国内相关制度发展脉络的梳理呈现出在基本问题上逐渐明朗的态势。所有这些努力将有助于正确解读、理性审视和贯彻落实现有非营利组织所得税优惠制度。

【关键词】 非营利组织　税收优惠　辅助理论　公益捐赠税前扣除

国家通过税收政策促进社会公益事业发展，已经为各国实践证明是最为有效的支持措施之一。近期，我国非营利组织的所得税优惠政策逐步实现突破，《企业所得税法》及其实施条例中对于非营利组织税收政策的特殊规定便是有力佐证。非营利组织欣喜地获得了更好的发展契机和更为良性的法律环境。但是法律在文本上的规定并非意味着法律在实际生活中被遵循。现实中存在各级财税机关对于非营利组织所得税优惠政策的质疑；非营利组织自身也缺乏能够真正享受这些优惠政策的自信。更为迫切的是，迄今为止，国内法学界尚未对非营

---

[*] 原文刊登于《求是学刊》2009年第1期。

利组织所得税优惠政策的法理基础作出令人信服的阐释。目前,关于非营利组织税收问题的研究多停留在给予我国的非营利组织以怎样的税收优惠待遇的层面,尚无相关研究涉及给予这些组织所得税优惠的合理性论证。本文拟尝试论证之。

一 非营利组织所得税优惠政策的法理基础

非营利组织在全球范围的兴起,已经成为20世纪以来的社会现象。从比较法视野考察,各国对于非营利组织一般都实施了比营利组织更为优惠的税收政策。在所得税方面,主要体现在对非营利组织的收入免征所得税和允许向符合条件的非营利组织进行捐赠的组织和个人在缴纳所得税前予以税前扣除两个方面。相关研究也表明,有利于非营利组织的法律框架是促使非营利组织蓬勃发展的重要因素。"因为这些法律、法规通过减免税收的方式保证了捐助者的经济利益,同时规范着非营利组织的活动,以确保其资金用于公益事业。"[1] 不可否认的是,创业者在选择自己所从事事业的组织形式时,对于非营利组织模式的选择往往考虑到非营利组织能够受到来自公众和政府的支持。其中,吸收社会公众捐赠和享受相应税收优惠政策是很重要的考量因素。但问题在于赋予非营利组织所得税优惠政策的理论基础是什么?非营利组织是否值得被赋予这样的特殊待遇?国内有学者对此有所探寻,但是未能作出系统阐述。[2] 美国学者围绕这一问题发展出多种理论。本文选择其中最为典型的几种理论进行分析。

(一)传统的补贴理论(Subsidy Theory)

这一理论最早源于对于美国的国内税法典中关于非营利组织免

---

[1] 参见〔美〕贝希·布查尔特·艾德勒等《通行规则:美国慈善法指南》,金锦萍、朱卫国、周虹译,中国社会出版社,2007,第1~2页。
[2] 张守文:《略论对第三部门的税法规制》,《法学评论》2006年第6期。

税问题规定的解释。非营利组织之所以可以享受税收优惠政策是基于公共利益的考虑。非营利组织的活动让社会公众受惠。它们要么提供对一般公众有益的公共物品，要么向具有特殊需要的人群提供普通的商品或者服务。前者如向普通公众所提供的教育或者公共卫生服务，后者如向贫穷人群提供食物和庇护场所。既然非营利组织向社会提供这类本应该由政府提供的公共物品，也就意味着为政府减轻了负担，那么赋予其免税待遇就有了正当性。所得税优惠政策可以被看做政府对非营利组织的间接补贴。[1] 而且由于非营利组织受到"禁止分配原则"的限制，本身并不分配财产和盈余，对非营利组织的税收优惠最终将惠及非营利组织的服务对象（即不确定的社会公众）[2]。

但是辅助理论并非无懈可击。虽然辅助理论有效地解释了公益组织的税收优惠政策问题，但是并不能解释互益组织为何可以享受税收优惠政策（当然，对于一个组织是公益组织还是互益组织也很难作出判断）。而且也有学者将其与政府的其他直接辅助手段比较，发现免税待遇的效率值得怀疑。而且更为麻烦的是，由于辅助理论认为税收优惠政策建立在非营利组织为政府分忧解难的基础之上，所以政府有权决定非营利组织的哪些活动的确减轻了其负担，当政府对非营利组织的某些行为不满意或者不感兴趣时，就可以废止这些优惠政策。

（二）资本结构理论（Capital Formation Theory）

资本结构理论是 Hansman 教授基于"禁止分配原则"提出来的。

---

[1] See Rob Atkinson, "Theories of the Federal Income Tax Exemption for Charities: Thesis Antithesis and Syntheses," *Stetson Law Review*, Vol. 27 (1991): 402 – 403.

[2] 美国最高法院在 Trinidad v. Sagrada Orden de Predicadores 一案中曾经有这样的表述："免税待遇的授予是因为意识到社会公众从非营利组织的活动中受惠，所以要帮助这些并非为任何私人利益的组织。"参见 Trinidad v. Sagrada Orden de Predicadores, 263 U. S. 578, 581, N. 15 (1924)。这一表述不断地被以后的类似案例所援引。

"禁止分配原则"是指非营利组织成员不得对其财产和盈利进行分配。正是基于这一原则,非营利组织能够弥补"合约失灵"的缺憾。因为在有些领域,消费者往往缺少足够的信息来评估服务的质量。要么是因为服务购买者并不是最终消费者,要么是由于接受服务的人只是契约的受益人,而非缔约人。例如托儿所、养老院等。在这些机构接受服务的是孩子和老人,而作为缔约人的孩子的父母或者老人的子女自身不接受服务,也就无从评估服务质量。在这些领域,如果是由非营利组织来经营,就比较容易获得信赖,因为既然营利不是其目的,因此消费者所享受服务的质量应该比营利性机构提供的要好得多。[①] Hansman 教授还认为,所得税优惠政策可以弥补非营利组织资本增值投资方面所存在的严重不足,而且非营利组织由于融资渠道受到限制(例如在不动产上不能为其债务设置抵押权),因此给予其税收优惠将在一定程度上补偿其在筹措资金方面的缺陷。

(三) 利他主义理论

利他主义理论是 Rob Atkinson 教授提出来的。他认为,非营利组织除了直接向社会提供本应该由政府提供的利于社会公众的公共物品外,还提供超越了这些直接的公共物品的更为高级的公共利益:一者,非营利组织在提供公共物品时能够弥补市场失灵和政府失败的缺陷,比营利组织和政府组织效率更高、效益更大;二者,非营利组织的存在本身就表明了多元价值和多样性,有利于体现社会的民主自由价值。Rob Atkinson 教授认为,非营利组织所创造的公共利益还促进了志愿精神和多元化,有助于思想创新和实践精神。所有这些都使非营利组

---

① See Henry Hansmann, "The Role of Nonprofit Enterprise", *Yale Law Journal*, Vol. 89, pp. 835, 840 – 845 (1980). 他后来又发表了一篇名为《改革非营利公司》的文章,再次重申了合约失灵理论。See James J. Fishman & Stephen Schwarz, *Nonprofit Organization: Case and Materials*, Second Edition, New York: Foundation Press, 2000, pp. 43 – 47.

织应该享受税收优惠政策。[1]

（四）税基定义理论（Base – defining Theory）

税基定义理论也称为收入定义理论（Income Definition Theory），也是一个比较流行的观点。该理论是由学者 Bittker 和 Rahdet 提出来的，试图从另外一个角度提供理论支持。他们认为辅助理论只能消极地解释非营利组织能够享受税收优惠，但是从积极的角度来看，非营利组织的收入本身并非税基。他们通过论证认为，非营利组织的收入本身并不应该被课税，理由就在于所得税只能是针对营利行为发生的。这可以从收入和支出两个方面来审视。在收入方面，非营利组织的会费和捐赠应当被视为营利组织收入还是赠与？他们认为应该被看作后者，那么在财务制度中，这些所得不应该计入组织的毛收入。从支出方面来看，既然非营利组织的支出都是用于不营利的项目活动，那么其支出就应该都被当作成本，或者就应该可以被等同于营利组织的捐赠而获得税前扣除。无论从哪个角度看，非营利组织的应税所得应该为零。这一理论不仅解释了公益性组织可以享受税收优惠政策，也为互益型的非营利组织享受税收优惠政策提供了合理基础。[2]

（五）捐赠理论（Donation Theory）

捐赠理论最初是由 Mark A. Hall 教授和 John D. Colombo 教授在对上述理论进行批评之后提出来的。这一理论主张非营利组织是否能够享受税收优惠取决于其财产来自受赠的比率，如果捐助人愿意捐赠给非营利组织，那么可推知社会大众也愿意给予其税收优惠。即

---

[1] See Rob Atkinson, "Theories of the Federal Income Tax Exemption for Charities: Thesis, Antithesis and Syntheses," *Stetson Law Review*, Vol. 27 (1991): 402 – 404.

[2] See Boris I. Bittker & George K. Rahdet, "The Exemption of Nonprofit Organizations from the Federal Income Taxation," 85 *Yale L. J.* 299, 1976.

只有那些为慈善捐赠所充分支持的非营利组织才可以享受税收优惠政策。[1] 捐助理论很好地解释了公共支持的非营利组织的税收优惠政策,却无法解释由特定组织或者个人支持的非营利组织的税收优惠问题,更无法解释运作型非营利组织(例如民办非企业单位)的税收优惠问题。

除此之外,还有其他理论诸如风险补偿理论(Risk Compensation Theory)[2]、社区收入理论(Community Income Theory)[3] 和多元性理论(Diversity Theory)[4] 等。

综上所述,各种理论都试图为非营利组织何以获得税收优惠政策提供基础理论支持,并且也都在一定程度上实现了这一目标。这些理论中最易为我国接受的是辅助理论和税基定义理论。例如,张守文教授提出:国家对第三部门的免税与第三部门的非营利性和公益性直接相关。而且,他认为:"从基本的税收原理来看,国家征税实际上就是参与社会财富的分配和再分配的过程。在社会上创造财富的是那些以营利为目的的市场主体,而社团或者无力从事营利活动,或者法律不允许其进行营利活动,因而当然也就不能向它征税。同时,由于第三部门往往又具有一定的公益性,在一定程度上又帮助政府提供公共物品,因而应鼓励其发展,对其予以免税。"[5] 这与辅助理论和税基定义理论的创立者"英雄所见略同"。

尽管我国学界没有对非营利组织的所得税优惠政策作深入研究和

---

[1] See Mark A. Hall & John D. Colombo, The Charitable Status of Nonprofit Hospitals: Towards a Donative Theory of Tax Exemption, 66 *WASH. L. REV.* 307, 328 – 31 (1991).

[2] NINA J. CRIMM, "An Exemption of the Federal Income Tax Exemption for Charitable Organizations: A Theory of Risk Compensation," *Florida Law Review*, 1998, (7).

[3] JOHNNY REX BUCKLES, "The Community Income Theory of the Charitable Contributions Deduction," *India Law Journal*, Fall, 2005.

[4] DAEID A. BRENNEN, "A Diversity Theory of Charitable Tax Exemption—Beyond Efficiency, Though Critical Race Theory, Towards Diversity," *Pittsburgh Tax Review*, Fall 2006.

[5] 张守文:《略论对第三部门的税法规制》,《法学评论》2006 年第 6 期。

阐释，但并不妨碍相关制度在实践层面的推进。但是相关制度的完善却需要基础理论研究提供足够的支撑。

二 我国非营利组织所得税优惠政策现状和问题

改革开放以来，我国对非营利组织的税收优惠政策呈现出渐进式的发展轨迹，政府对于非营利组织的认识越来越全面和充分，所提供的税收优惠政策也越来越主动和积极。

20世纪80年代中后期，我国立法逐步确认了基金会、社会团体等非营利组织，但是并未因其组织形式给予所得税优惠政策。《基金会管理办法》（1988年）、《外国商会管理暂行规定》（1989年）和《社会团体登记管理条例》（1989年）相继出台，表明非营利组织的特殊性在我国逐步得到认知并在立法上予以体现。但是，在相关规定中，除了《基金会管理办法》中规定国外捐赠给基金会的物资免征关税之外，并没有对非营利组织所得税优惠政策作出明确规定。而且根据可查资料，尽管对于非营利组织的税收优惠政策可以追溯到1985年的《关于残废人组织和个人所需的进出口货物和物品予以税收优惠的通知》，但是该通知也仅仅明确了对残疾人组织直接进口供残废人组织和个人所需的货物和物品给予较多的减免税优惠。可见，在这一阶段，仅仅对于残疾人组织和基金会给予了关税方面的优惠，税收优惠政策零散而随机性强，并且没有任何规定对非营利组织的所得税予以特别优惠。原因在于当时有关非营利组织的规范刚刚起步，对其性质和特征了解不够。

20世纪90年代，税法的修正在一定程度上赋予非营利组织所得税优惠政策。首先，税法赋予了向公益事业组织捐赠的个人和企业在缴纳所得税之前享受税前扣除的待遇。《个人所得税法》和《企业所得税暂行条例》分别于1993年和1994年修改之后增加了关于企业和个人向公益事业的捐赠得以税前扣除的规定①。《企业所得税暂行条例》第 6 条第 2 款第 4 项规定："纳税人用于公益、救济性的捐赠，在年度应纳税所得额 3% 以内的部分，准予扣除。"该条例实施细则第 12 条对于"公益性、救济性捐赠"进行了界定。此后，国家税务总局根据这些规定陆续对特定基金会和社会团体授予了捐赠人的税前扣除资格。但是由于这些税前扣除的资格都是国家财税部门逐个审查通过的，因此不可避免地具有一定的行政随意性，并且因为税收优惠在程度上的人为差异，导致慈善资源向个别非营利组织过度集中的不公平现象。其次，初涉非营利组织自身收入的所得税减免问题。1997 年财政部和国家税务总局根据《企业所得税暂行条例》及其实施细则，结合事业单位和社会团体的有关特点颁布了《关于事业单位、社会团体征收企业所得税有关问题的通知》，这一规定后被 1999 年国家税务总局颁布的《事业单位、社会团体、民办非企业单位企业所得税征收管理办法》几乎全盘接受。上述相关规定对于社会团体、民办非企业单位的不同收入实施不同的税收政策：来自政府的财政拨款和财政资助、社会团体收取的会费和社会各界的捐赠收入免征企业所得税；其他收入依法计征企业所得税。1999 年国家税务总局还针对基金会出台了《关于基金会应税收入问题的通知》，规定基金会在金融机构的基金存款取得的利息收入，暂不作为企业所得税应税收入；对其购买股票、债券（国库券除外）等有价证券所取得的收入和其他收入征收企业所得税。至此，我国相关税收优惠政策体现出由非营利组织本身、由向组织捐赠的组织和个人分别享受的两个层次。规定非营利组织税收优惠政策的法律效力等级也从行政法规上升到法律层面。从一定意义上说，对于非营利组织的税收优惠政策初具体系化。

进入 21 世纪之后，一方面，我国政府在社会保障方面的投入步伐

---

① 具体参见经修改后的《个人所得税法》第 6 条。关于可以扣除的捐赠的认定和比例则由该法实施细则第 24 条予以规定。

加快，对于特定领域的非营利组织采取了更为积极的税收优惠政策。另一方面，对于原来的非营利组织优惠政策进行梳理和反思，试图作出相关调整。这一阶段的特征包括：首先，对于活跃在公共卫生、科学研究、教育等领域的非营利组织所得税优惠政策予以重申。但遗憾的是，相关规定都只是援引性地明确有关组织可以享受所得税优惠政策，鲜有明确细致的规定①。唯一的例外是2001年财政部、国家税务总局《关于非营利性科研机构税收政策的通知》，该通知不仅将科研机构进行了"营利"和"非营利"的区分，并且细致详尽地规定了非营利性科研机构享受的税收优惠政策②。根据该规定，经科技行政部门核定的"非营利性科研机构"③ 可以享受的税收优惠政策中包含了与宗旨相关收入为免税收入的规定，即从事技术开发、技术转让业务和与之相关的技术咨询、技术服务所得的收入，按有关规定免征营业税和企业所得税④。其次，由于非营利组织的价值和功能逐渐获得政府和民众的认可，使得对非营利组织的税收优惠政策进行审视和反思成为可能。同时，结合《企业所得税法》修改的良好契机，相关规定日臻完善。

---

① 例如2000年国务院体改办等部门《关于城镇医药卫生体制改革的指导意见》和民政部等部门《关于加快实现社会福利社会化意见》，以及2001年的卫生部（现为国家卫生和计划生育委员会。——编者注）、财政部等部门的《全国结核病防治规划（2001~2010）》。

② 2004年的《民办教育促进法实施条例》则将要求合理回报和不要求合理回报的民办学校作了区分，也体现出对于非营利性的坚持。

③ 根据该规定，非营利性科研机构要以推动科技进步为宗旨，不以营利为目的，主要从事应用基础研究或向社会提供公共服务。非营利性科研机构的认定标准，由科技部会同财政部、中编办、国家税务总局另行制定。非营利性科研机构需要书面向科技行政主管部门申明其性质，按规定进行设置审批和登记注册，并由接受其登记注册的科技行政部门核定，在执业登记中注明"非营利性科研机构"。

④ 但是从事与其科研业务无关的其他服务所取得的收入，如租赁收入、财产转让收入、对外投资收入等，应当按规定缴纳各项税收。另外非营利性科研机构从事上述非主营业务收入用于改善研究开发条件的投资部分，经税务部门审核批准还可抵扣其应纳税所得额，就其余额征收企业所得税。非营利性科研机构自用的房产、土地，免征房产税、城镇土地使用税。

从一般意义上而言，国家对非营利组织的税收优惠存在两个层次的措施：第一层次是对于非营利组织本身给予税收优惠政策，例如对于其符合法律规定的收入免征所得税等。第二层次是对向非营利组织进行捐赠的企业和个人给予税收优惠政策。即向符合条件的非营利组织所进行的捐赠，捐赠者可以在缴纳企业和个人所得税时予以税前扣除。在《企业所得税法》实施之前，我国对于第一层次的税收优惠并无统一规定，而是散见于众多的法律法规规章之中，内容极为丰富。但是相关规定的法律效力层次低，规范过于分散，执法机关执行过程有一定难度。对于第二层次的税收优惠，我国以相关税法规定和《公益事业捐赠法》对捐赠财产用于公益事业的情形规定了相关税收优惠措施。但是，相关规定存在一定的缺陷：第一，由于税法所规定的可以扣除的捐赠部分占应纳税额的比例太低，在一定程度上打击了捐赠积极性。第二，对被捐助的对象作出了严格限制，只有通过税务总局许可的中国境内的社会团体、国家机关向教育和其他社会公益事业以及遭受严重自然灾害地区、贫困地区所作的捐赠才可以享受税收优惠。但是没有明确规定什么样的组织可以获得捐赠税前扣除资格以及获得资格的申请批准程序，导致一定意义上的行政随意性。第三，对于被捐助对象的不同税前扣除比例的规定导致了公众捐赠向少数非营利组织过于集中的现象，不利于社会慈善资源的合理配置。

针对这些问题，2007年1月8日，财政部、国家税务总局联合发布了《关于公益救济性捐赠税前扣除政策及相关管理问题的通知》，对于申请捐赠税前扣除资格的非营利的公益性社会团体和基金会所应具备的条件和遵循的程序作出了统一规定。尽管这一通知在实践中没有得以实施，但是通知中所规定的认定"非营利性的公益性社会团体和基金会"的相关条件基本上被随后出台的《企业所得税法实施条例》吸收。而2008年开始实施的《企业所得税法》则不但将企业公益性捐赠税前扣除的比例从3%提高至12%；而且第一次明确规定符合条件的非营利组织的收入为免税收入。为了明确法律实施中的问题，同期实施的《企业所得税法实施条例》中对这两条有了明确解释。但是，对于这些规定，我国的《社会团体登记管理条例》、《基金会管理条例》和《民办非企业单位登记管理暂行条例》中都有类似规定。解读却依然存在困惑。

三 我国非营利组织所得税优惠政策解析

如上文所述，目前，我国的非营利组织的税收优惠政策体系基本形成。两个层面的税收优惠政策都有了明文规定。但是尚有不少问题未作解答。对这些问题作出具体解释就需要借助基础理论。

（一）"符合条件的非营利组织的收入"是免税收入

根据《企业所得税法》第26条第4项规定，"符合条件的非营利组织的收入"是免税收入。但是对于"符合条件的非营利组织的收入"的理解存在歧义：一种理解认为只要是符合条件的非营利组织，其所有的收入都属于免税收入；另一种理解认为"符合条件的"不仅仅修饰"非营利组织"，还修饰"收入"，因此只有符合条件的非营利组织的符合条件的收入才是免税收入。《企业所得税法实施条例》（以下简称《实施条例》）第84和85条无疑支持后一种主张。

1. 对于"符合条件的非营利组织"的理解

《实施条例》第84条对"符合条件的非营利组织"，即《企业所得税法》第26条第4项所称符合条件的非营利组织进行了界定。其罗列了七项条件，但归纳起来，不外乎两个条件：非营利组织的合法性和非营利性。

（1）非营利组织的合法性。非营利组织的收入要获得税收优惠，首先得具备合法性。合法性是一个非常复杂的概念，广义的合法性"表明某一事物具有被承认、被认可、被接受的基础，至于具体的基础是什么（如某条法律、规则、习惯、标准或逻辑），则要看实际情境而定"。[1] 而狭义的合法性往往就是指对现行法律的遵循。《实施条例》中的合法性主要是指该组织需要依法履行登记手续，也就意味着那些未经登记的非营利组织不能享受税收优惠政策。在我国，要成立一个非营利组织，必须分别根据《社会团体登记管理条例》、《基金会管理条例》和《民办非企业单位登记管理暂行条例》到登记管理机关办理登记[2]。

（2）非营利组织的非营利性。非营利组织的收入要获得税收优惠，还需具备非营利性。判断一个组织是营利组织还是非营利组织，并非依据其是否从事营利活动，而是根据下述三个标准：第一，从组织的目的上来说，是不以营利为目的，也就是非营利组织的宗旨并不是为了获取利润并在此基础上谋求自身的发展壮大，而是为了实现某种公益或者一定范围内的公益。第二，非营利组织不能进行剩余收入（利润）的分配。非营利组织可以开展一定形式的经营性业务而获得剩余收入，但是这些收入不能作为利润在成员之间进行分配。这一原则即"禁止分配原则"。第三，不得将非营利组织的资产以任何形式转变为私人财产。当非营利组织解散、终止时，它们的剩余财产不能效仿企业在股东之间进行分配，而只能转交给其他公共部门（政府或其他非营利组织）[3]。

要真正实现非营利性，还得防止变相的利益分配。变相的利益分配最常见的途径是：高额的薪酬福利待遇和利益冲突交易。在实践中，有些非营利组织尽管没有通过分配红利的方式使其成员获得利益，却通过给予本组织的决策层人员、成员以高额的薪酬和优厚

---

[1] 苏力、葛云松、张守文、高丙中：《规制与发展——第三部门的法律环境》，浙江人民出版社，1999，第311~312页。
[2] 目前有些地方已经关于尝试非营利组织的备案制度，例如南京、青岛、上海等地。
[3] 例如，《南非1997年非营利组织法》第12条、日本的《特定非营利活动促进法》第11条、《捷克公益法人法》第4条中都有类似规定。

的福利待遇，或者通过利益冲突交易进行变相的"利益分配"。我国目前立法没有明确的衡量非营利组织薪酬和福利的标准。这一立法空白使得有些非营利组织沦落为为某些特定个人牟取私利的载体和工具。例如2007年的"全国牙病防治指导组事件"中，根据该基金会向国家民间组织管理局所提供的2005年度报表，该基金会当年公益事业支出占上年度总收入的17.32%，工作人员工资福利和行政办公支出却占总支出的73.42%。这与该基金会章程中所规定"发展我国牙病防治工作，提高人民口腔健康水平"的宗旨难以吻合。2004年颁布实施的《基金会管理条例》中明确规定公募基金会每年用于从事章程规定的公益事业支出，不得低于上一年总收入的70%；非公募基金会每年用于从事章程规定的公益事业支出，不得低于上一年基金余额的8%；基金会工作人员工资福利和行政办公支出不得超过当年总支出的10%。但是如果缺乏具体的操作规则，这些规定依然会流于形式。《实施条例》第84条第7项的规定显然对此问题有所警觉，明确规定非营利组织的"工作人员工资福利开支控制在规定的比例内，不变相分配该组织的财产"。但是依然缺乏操作性。在这个问题上，美国的经验值得我们借鉴。在美国，非营利组织在进行免税资格申请时，必须说明该组织向其理事、高级职员、财务总管等所提供的薪酬是在充分考虑以下因素之后所确定的：提供类似服务的纳税或者免税组织的类似情况下支付的报酬，由独立的中介专业机构开展的关于当下薪酬调查的资料，或者其他类似组织征聘相关成员的书面材料——以确保其薪酬是合乎公平的市场标准的。我国目前立法没有明确利益冲突交易的相关规则，导致相关人员通过利益冲突交易达到非营利组织的利益向某些私人输送的目的。在相关法律没有明确规定的情况下，税法也就难有建树[1]。

---

[1] 当然在相关规则建构之前，可以通过制定相关申报表格的途径对此予以一定程度的抑制。

2. 对"符合条件的收入"的理解

《实施条例》第85条规定,《企业所得税法》第26条第4项所称符合条件的非营利组织的收入,不包括非营利组织从事营利性活动取得的收入,但国务院财政、税务主管部门另有规定的除外。这一规定与原有规定如出一辙。根据我国原有规定,基金会所获得的国家财政拨款、捐赠收入、银行存款利息免征企业所得税[1]。社会团体、民办非企业单位的下列收入也免征企业所得税:财政拨款和政府资助、社会团体所收取的会费、社会团体和民办非企业单位所获得的捐赠收入,其他收入应该征收企业所得税。可见,税法修改前后,非营利法人从事营利性活动(无论是否与宗旨相关)所获得的收益都将被征收企业所得税。

在非营利组织从事营利性活动的收入是否可以成为免税收入这一问题上,的确存在公共政策上的矛盾,一方面,立法允许非营利组织从事经营性活动是出于促进非营利组织发展的考虑。美国著名学者莱斯特·M.萨拉蒙对全球34个国家非营利部门的比较研究结果表明:非营利部门的收入来源包括慈善事业、会费和公共部门的支持,而仅会费和其他商业收入就占非营利部门总收入的一半以上(53%)[2]。这样的政策选择表明了各国政府倾向于为非营利法人的发展提供更好的环境和物质条件。而且从欧美国家的发展趋势来看,非营利法人在参与市场竞争方面越来越积极与主动。我国现行立法也没有禁止非营利组织从事营利性活动。例如《社会团体登记管理条例》中规定的"可以开展章程规定的活动"并没有排斥"营利性经营活动";民政部等部门《关于社会团体开展经营活动有关问题的通知》中的"经营活动"也没有排斥"营利性活动"。这就意味着社会团体可以开展与其章程相关的商事活动,只要收入没有在其成员中进行分配即可。对于基金会而言,目前的规定要求基金会要实现资产的增值、保值,还可

---

[1] 参见国家税务总局《关于基金会应税收入问题的通知》(1999年2月25日)。
[2] 〔美〕莱斯特·M.萨拉蒙等:《全球公民社会——非营利部门国际指数》,陈一梅等译,北京大学出版社,2007,第35页。

以委托金融机构进行投资。至于民办非企业单位，向社会提供教育、医疗、卫生、体育等方面的服务时，都允许其收取相应的费用。另一方面，如果允许非营利组织从事任何营利性活动并享受免税待遇，会导致对营利部门的不公平竞争。为了避免这一点，立法有两种路径可以选择：其一，允许非营利组织从事任何营利活动，对于其从事与宗旨相关的营利性活动的收入免予征税，反之，对于与宗旨无关的营利性活动的收入要予以征税。其二，只允许非营利组织从事与自身宗旨相关联的营利性活动，不得从事与宗旨无关的营利性活动。但是我国非营利组织与宗旨相关联的营利性收入（例如非营利性民办学校的学费收入、非营利性医疗机构的医疗费用收入）是否也可以成为免税收入的问题，目前尚无明确规定，只能寄希望于"国务院财政、税务部门的另有规定"了。

（二）可以享受税前扣除资格的公益性社会团体的认定

本部分主要涉及前文所阐述的第二层次的税收优惠问题。根据《企业所得税法》第 9 条的规定，企业发生的公益性捐赠支出，在年度利润总额 12% 以内的部分，准予在计算应纳税所得额时扣除。《实施条例》第 51 条规定，这里的"公益性捐赠"是指企业通过公益性社会团体或者县级以上人民政府及其部门，用于《中华人民共和国公益事业捐赠法》规定的公益事业的捐赠。对于"公益性社会团体"，《实施条例》规定公益性社会团体是指同时符合下列条件的基金会、慈善组织等社会团体：①依法登记，具有法人资格；②以发展社会公益事业为宗旨，且不以营利为目的；③全部资产及其增值为该法人所有；④收益和营运结余主要用于符合该法人设立目的的事业；⑤终止后的剩余财产不归属任何个人或者营利组织；⑥不经营与其设立目的无关的业务；⑦有健全的财务会计制度；⑧捐赠者不以任何形式参与社会团体财产的分配；⑨国务院财政、税务主管部门会同国务院民政部门等登记管理部门规定的其他条件。这些条件与享受所得税减免的

"符合条件的非营利组织"所应当满足的条件相比较更为苛刻：其一，宗旨只能是公益目的，而不能为互益性组织；其二，增加了具备健全的财务会计制度的条件。除此之外，还有一个兜底条款，给相关主管部门设立其他条件留下了余地。我们暂且把符合这些条件的组织称为"公益法人"。但是具体由哪个机关来对提出申请的非营利组织进行公益法人的认定呢？《实施条例》没有回答这一问题。但是最后兜底条款却隐含着财税部门和民政部门都有成为认定机构的可能性。

《企业所得税法》第9条将公益性捐赠的税前扣除比例从3%调整为12%，那么原先经过财税部门通过单个审查授予的税前扣除资格是否依然有效？在新税法颁布实施之前，已经有70个左右的组织获得不同程度的捐赠人税前扣除的资格：税前全额扣除、10%税前扣除或者3%税前扣除。新税法实施后，其比例是否都需统一到12%的水平？迄今为止，财税部门还没有及时作出回应。笔者认为，应当将比例统一调整到12%，国家对于某些领域的非营利组织实施特别优惠政策的除外。理由在于：其一，财税部门作出的决定不得与《企业所得税法》及其实施条例相抵触；其二，从原先的实施效果来看，这种人为设置的税收优惠政策的不平等导致了慈善资源向个别非营利组织集中的现象。

可见，在理论缺位的情况下，我国现有非营利组织所得税优惠政策虽然在立法上已经初具雏形，但是在具体问题的实施方面还亟待相关配套制度的出台。在制定相关规则和解释相关问题，尤其就某些争议问题提出最终解决途径时就不得不期待基础理论的深化。对此，学界责无旁贷。

社会企业的兴起及其法律规制*

【摘要】 文章首先介绍了社会企业在全球范围的兴起,接着论述了社会企业原有的营利或者非营利的组织属性不会因为社会企业标识的改变而有所改变,随之分析了社会企业在设立程序和特殊政策上的法律规定,进而阐述了社会企业的目的限制问题。文章认为,一个实体成为社会企业,其组织本身所具有的法律地位不会因此而受到影响,但是会因为获得这样一个识别性的符号而获得额外的包括税收利益在内的支持政策。社会企业的提出或许可以回应对于纯商业企业承担社会责任的过多苛求,同时还让创业者多了一种可选择的途径。

【关键词】 社会企业 企业社会责任 社会公益公司 三重底线

一 社会企业的兴起及问题的提出

社会企业作为术语最早是由经济合作与发展组织在其1994年的书面报告中提出的,特指那些既利用市场资源又利用非市场资源以使低技术工人重返工作岗位的组织。时至今日,社会企业更多地被界定为以企业战略和社会目的为共同特征的实体[①]。美国学界对于社会企业

---

* 原文刊登于《经济社会体制比较》2009年第4期。
① Jacques Defourny, "Introduction: From Third Sector To Social Enterprise." in Carol Borzaga and Jacques Defourny, eds., *The Emergence of Social Enterprise*, London & New York, 2001.

的界定非常广泛，认为它包括了从事社会公益事业的营利公司、以追求商业利润和社会目标为双重宗旨的组织以及从事商业活动的非营利组织。美国实务界则将这一概念更多地用来指称从事商事活动并获得收入的非营利组织，意在描述非营利组织的商业化倾向。在欧洲，社会企业的组织类型包括合作社、社区公司、社区小型产业以及从事慈善的企业[1]。尽管目前在社会企业是否一定要采取非营利组织的模式问题上仍存在争议，但是在社会企业的特质问题上却不难达成共识，即它们既具有企业的倾向，直接向社会提供各种商品和服务并因此而获得收入，同时又具有社会目标，因为它们在追求经济效益的同时，还密切关注社会与环境的改造。

社会企业的出现带来了崭新的理念：传统商业企业的底线在于获取利润，社会企业却具有双重或者三重底线。它也跟商业企业一样需要进行商业活动并获取收益，但是经济上的发展并非其唯一底线。社会企业的第二个底线就是达成社会目标，无论是为残疾人或者长期失业者提供就业机会和增强他们的能力，还是为社区提供服务[2]。有的社会企业甚至还有第三个底线：维护环境的永续发展或文化的完整性。因此，社会企业具有"双重底线"或者"三重底线"。这意味着社会企业的创业者在创业伊始就选择了一种将经济目标和社会目标融合在一起的组织形式。

社会企业在西方社会的兴起与福利国家危机相伴随。在美国，社会企业最初被用来定义那些为弱势群体创造就业机会而开展商业活动的非营利组织。自1970年代末开始，美国联邦政府在扶贫、教育、卫生保健、社区发展、环境和艺术等领域的投入削减导致非营利组织资金匮乏。这就迫使非营利组织谋求依靠自身力量得以生存和发展。它们往往

---

[1] See Kerlin, Janelle A., 2006. "Social Enterprise in the United States and Europe: Understanding and Learning from the Differences." Voluntas. 17 (3).

[2] 典型的例子是英国的 Bromley – by – Bow 社区。参见查尔斯·里德比特《社会企业家的崛起》，环球协力社编译，英国大使馆文化教育处内部资料。

会选择从事商业活动获取收入来填补这一缺口。随后，这一术语不断地被填充新的内容，以致用来表达所有为实现社会目标而进行的商业活动。与此不同的是，1970年代到1990年代的欧洲，经济发展速度放缓和失业率的上升导致政府无法解决涌现出来的大量社会问题。新出现的社会企业就是为了试图解决福利国家所不能解决的社会问题，诸如人口老龄化、长期失业者与残疾人的就业和住宅匮乏等。[①] 所以，欧洲的社会企业也是为了弥补福利国家的公共政策缺憾而产生的，而且各国社会企业活跃的领域也不尽相同。

我国的法律体系框架内并没有社会企业这一术语，但是并不意味着不存在类似组织。如果从其内涵分析，我国的社会企业由来已久。现在最为典型的就是社会福利企业和民办非企业单位。社会福利企业是指依法在工商行政管理机关登记注册，安置残疾人职工占职工总人数25%以上，残疾人职工人数不少于10人的企业。对于社会福利企业，在工商部门登记之后还需要到民政部门申请资格认定，在符合相关条件的情况下，方能获得福利企业资格。[②] 民办非企业单位则是指企业事业单位、社会团体和其他社会力量以及公民个人利用非国有资产举办的，从事非营利性社会服务活动的社会组织。[③] 民办非企业单位在民政部门登记，必须坚持"禁止分配原则"[④]。社会福利企业的发展在我国是由盛转衰，而民办非企业单位则异军突起，近年来发展迅猛。自1998年《民办非企业单位登记管理暂行条例》颁布实施起，截至2008年底，全国登记注册的民办非企业单位已经突破18万个。如果说社会福利企业是具有社会目标的营利组织，那么民办非企业单

[①] See Kerlin, Janelle A., 2006. "Social Enterprise in the United States and Europe: Understanding and Learning form the Differences." Voluntas. 17 (3).

[②] 具体内容参见民政部《福利企业资格认定办法》（2007年）。

[③] 参见《福利企业资格认定办法》第2条和《民办非企业单位登记管理暂行条例》第2条。

[④] "禁止分配原则"是指民办非企业单位可以开展一定形式的经营性业务而获得剩余收入，但是这些收入不能作为利润在成员之间进行分配。

位则是从事经营活动的非营利组织。

于是，相关法律问题不断地被业界提及并期待法学界的及时回答：社会企业到底是营利组织还是非营利组织，如果无论是营利组织还是非营利组织都可以称为社会企业，那么社会企业的出现是否意味着打破了营利和非营利之间的界限？社会企业是否具有特殊的设立程序以及是否能够享受特殊政策？与纯商业企业比较，选择社会企业形式对创业者而言意味着什么？第一个问题关乎社会企业的组织形式，第二个问题关乎对社会企业应该采取怎样的公共政策，第三个问题则是社会企业的内部治理问题。

二　社会企业：营利还是非营利

有学者指出，社会企业的出现似乎使营利领域和非营利领域之间的界限模糊了[①]。事实是否真的如此？

需要澄清的是，判断一个组织是否为非营利组织，并非依据其是否从事营利活动，而是根据下述三个标准：第一，从组织的目的上来说，是不以营利为目的，也就是非营利组织的宗旨并不是为了获取利润并在此基础上谋求自身的发展壮大，而是为了实现某种公益或者一定范围内的公益。第二，非营利组织不能进行剩余收入（利润）的分配。这一原则即"禁止分配原则"。第三，不得将非营利组织的资产以任何形式转变为私人财产。当非营利组织解散、终止时，它们的剩余财产不能效仿企业在股东之间进行分配，而只能转交给其他公共部门。区分营利组织和非营利组织的法律意义在于法律规制的差异：设立营利组织的行为是投资行为，而设立非营利组织的行为则是法律意义上的捐赠行为；营利组织都存在股东，享受剩余利益的索取权，而

[①] See Johanna Mari and Emesto Nobro, "The Emergence of Social Enterprises and Their Place in the New Organizational Land Scape," *IESE Working Paper* No. D/523.

非营利组织的成员都不得请求分配利润；非营利组织能够享受优于营利组织的税收优惠政策；当然，与享受税收优惠政策相对应，非营利组织要承担更多的信息披露义务和问责义务。

无论是营利组织还是非营利组织，只要同时具备经济目标和社会目标都可以被界定为社会企业。但是，一个国家的社会企业采取营利组织形式还是非营利组织形式，与各国在是否允许非营利组织从事商事活动问题上的立场有密切关系。在为非营利组织从事商事活动留下一定空间的国家，社会企业就可以直接采用非营利组织的组织形式，例如美国；但是在禁止或者限制非营利组织从事商事活动的国家，社会企业只能采用非营利组织之外的其他形式——例如合作社或者公司的形式，如瑞典、西班牙等。芬兰的社会企业所能采用的组织形式没有特殊限制，从商业公司形式、合作社、非营利社团到合伙，无所不包[①]。意大利也于近期通过相关立法，在社会企业的组织形式上，现存的任何组织形式（诸如公司、非营利社团、基金会、合作社）都可以成为社会企业。英国新近出现的社会公益公司也是典型的社会企业。我国的社会福利企业本身就是营利性的企业，因此可以从事任何形式的商业活动，其利润也可以分配给股东；与之相反的是，我国的民办非企业单位却严格受到禁止分配原则的规制。可见，社会企业在中国可以采取营利或者非营利两种模式，即社会企业不会改变这一企业本来的营利或者非营利的所有权结构选择。

社会企业还在一定程度上满足了非营利组织自身持续发展的需要：当非营利组织外来的资源（包括财政支持、公众捐赠等）不能够为组织的持续发展提供足够后续支持时，社会企业可以帮助非营利组织免除经济方面的担忧。对于营利组织而言，采取社会企业的形式促使其在追求经济利益的同时兼顾社会目标的实现。可是，营利和非营利的

[①] See Pekka Pattiniemi, "Case Find: Development on Legal Framework for Social Enterprises in Finland," *Zagreb* 28.9.2006.

界限本来就是非营利组织可以获得税收优惠和公众捐赠并因此也担负公众问责义务的原因所在。社会企业作为同时兼备两者特点的组织形式,该如何适用相关规则呢? 这需要深入的探讨。

三 对社会企业的法律规制

(一) 社会企业的设立

社会企业的设立是否需要特殊的设立程序与社会企业的内涵相关。在美国,设立社会企业无需进行特殊登记。但是,在有些国家,社会企业的登记有特别的程序。例如,在英国若要注册为社会公益公司,须经过独立的主管机构——英国贸易和工业部批准。芬兰要求社会企业在其劳动部进行登记。意大利立法也有类似规定。

社会企业的设立需要满足一定的条件。芬兰《社会企业法》(2003) 要求社会企业除必须向劳动部登记注册之外,还需符合下列条件:第一,须是为残疾人或者长期失业者的就业而成立的企业;第二,须以市场为导向,并且向市场提供自己的产品和服务;第三,其职员的 30% 必须是残疾人或者是长期失业者;第四,根据集体劳动合同的约定,须向所有雇员发放报酬,无论其是否是残疾人。意大利于 2006 年通过的关于社会企业的法律要求社会企业必须满足以下条件:第一,社会企业必须是私法意义上的组织,自然人和为单个自然人控制的组织不可以成为社会企业;第二,必须提供有社会效益的物品或者服务,且要求社会企业要么从事的活动应当在福利、卫生、教育、文化、环境保护等领域,要么其雇员的 30% 是残疾人或者贫困人口;第三,必须是为公共利益而运作[①]。英国于 2005 年

[①] See Antonio Fici, "the New Italian Law on Social Enterprise." Presented at the Seminar "Emerging Models of Social Entrepreneurship: Possible Paths for Social Enterprise Development in Central – eastern and Southeast Europe," September 28 – 29, 2006.

通过的《社会公益公司规则》并没有创设一种新的独立于原先公司类型的组织。社会公益公司可以股份有限公司、担保有限公司或者具有股本的担保有限公司的形式设立。所有的公司都可以申请成立社会公益公司。但是一旦申请成立为社会公益公司之后，就需要同时受到公司法和《社会公益公司规则》的规制。不过值得注意的是，社会公益公司不能同时成为慈善组织。慈善组织想转化为社会公益公司，必须先放弃其慈善地位。而且，英国的社会公益公司必须符合"社会公益验证标准"[①] 和"资产锁定"[②] 的规定。这些限制旨在确保社会公益公司的成立目标是服务于社会，而且其资产和营利也将最终用于社会公益事业。

中国的社会企业的设立程序因其组织形式的不同而有所差异。如果采取福利企业的形式，则需要满足的条件包括：①企业依法与安置就业的每位残疾人职工签订1年（含）以上的劳动合同或者服务协议，并且安置的每位残疾人职工在单位实际上岗从事全日制工作，且不存在重复就业情况；②企业提出资格认定申请前一个月的月平均实际安置就业的残疾人职工占本单位在职职工总数的比例达到25%（含）以上，且残疾人职工不少于10人；③企业在提出资格认定申请的前一个月通过银行等金融机构向安置的每位残疾人职工实际支付了不低于所在区县（含县级市、旗）最低工资标准的工资；④企业在提出资格认定申请前一个月为安置的每位残疾人职工按月足额缴纳所在区县（含县级市、旗）人民政府根据国家政策规定缴纳的基本养老保险、基本医疗保险、失业保险和工伤保险等社会保险；⑤企业具有适

[①] "社会公益验证标准"是从一个理性的人评定公司所进行的（或者拟进行的）活动是否以社会利益为出发点。与慈善组织相比，这一公益验证标准比较宽松，且富有弹性。

[②] "资产锁定"规则是为了确保社会公益公司的资产只能用作社会公益用途，所以社会公益公司一般不得向股东派发股息。个别情况下，社会公益公司向股东派发股息的，要受到两方面的限制：其一，股息设有上限；其二，该股东也只能是受到"资产锁定"的机构（例如一家慈善组织）。

合每位残疾人职工的工种、岗位；⑥企业内部的道路和建筑物符合国家无障碍设计规范。① 如果采取民办非企业单位的形式，则需要满足的条件包括：①经业务主管单位审查同意；②有规范的名称、必要的组织机构；③有与其业务活动相适应的从业人员；④有与其业务活动相适应的合法财产；⑤有必要的场所。② 无论是福利企业还是民办非企业单位，都需要向社会提供服务。但是在是否禁止利润分配问题上则大相径庭：福利企业无此限制，民办非企业单位则要求利润不得进行分配③。

以上各国的规定可通过表 1 予以比较。

表 1　各国立法对于社会企业设立条件的比较

	是否具有社会目标	是否向市场提供自己的产品或服务	是否要求持续地提供产品和服务	是否受到禁止分配原则的限制	组织属性：营利组织还是非营利组织
美国社会企业	是	是	是	是	非营利组织
芬兰社会企业	是	是	是	否	营利组织
意大利社会企业	是	是	是	是	非营利组织
英国社会公益公司	是	是	是	否/但有限制	难以确定
中国的福利企业	是	是	是	否	营利组织
中国的民办非企业单位	是	是	是	是	非营利组织

由此可见，尽管各国具体法中关于设立条件的规定千变万化，但是实质意义上不外乎三个条件：其一，该组织是否具有社会目标（或公益目标）；其二，该组织是否持续地向市场提供自己的产品和服务；其三，是否受到禁止分配原则的限制。前两个条件是必备条件，第三个条件则视组织属性而有所差异，如果采取非营利组织形式，则其利

---

① 参见民政部《福利企业资格认定办法》第 4 条。
② 参见《民办非企业单位登记管理暂行条例》第 8 条。
③ 参见《民办非企业单位登记管理暂行条例》第 21 条。

润不得进行分配,如果采取营利组织形式则可对利润进行分配。

(二)适用于社会企业的特殊政策

尽管欧洲各国并没有认为社会企业是法律意义上的一种新的组织形式,但是还是设置了相关规则给予社会企业一定的特殊对待。当然,获得社会企业的登记并不因此而当然获得税收政策支持。例如,英国的社会公益公司不会因为其取得这一法律登记地位而获得优厚的税收政策支持。尽管它们可以通过特定的项目或者计划来获得税收的豁免。以"社区投资税收减免计划"为例,这一计划为投资于社区发展机构的个人和法人提供税收优惠。无独有偶,在芬兰,社会企业可以获得一些优惠政策,例如在设立登记时就可以享受到商业企业所享受不到的一些诸如获得贷款的公共服务,而且经登记的社会企业还可以在为其雇员申请就业补助和其他补助时享受更为简便的登记程序。例如它们只需要三年申请一次,而其他企业可能需要半年或者一年就申请一次。而且社会企业可以享受到最高等级的就业补助。美国并不要求社会企业的设立履行特殊程序,但是把非营利组织所从事的商业活动分为两类:有关宗旨的商业活动与无关宗旨的商业活动。前者是指与非营利组织的宗旨紧密相关的商业活动,例如一个艺术馆出售印有艺术图案的贺卡和纪念品;后者是与非营利组织的宗旨不相关联的商业活动,例如博物馆开设一家餐馆。根据美国税法规定,从事与非营利组织宗旨无关的活动而取得的收入,必须依法纳税,即所谓的无关宗旨商业所得税[1]。但是从事无关宗旨的商业活动不会影响非营利组织免税组织的地位。可见,美国社会企业的出现并没有使营利组织和非营利组织的界限出现模糊,也没有因此而导致法律规则适用上的变化。我国对于福利企业的税收优惠政策则在近期进行了调整,将对企业的

---

[1] See Betsy Buchalter Adler, *The Rules of the Road: A Guide to the Law of Charities in the United States*, Council on Foundations, Washington, D.C., 2007, Second edition, chapter Ⅶ.

比例优惠政策调整为根据某特定福利企业实际安置的残疾人的数量予以确定。而对于民办非企业单位的优惠政策则通过行政法规予以笼统规定。

可见,社会企业的设立并没有创设出一类独立于营利组织或者非营利组织的其他组织。社会企业可以被视为在现存各种组织形式(无论是营利还是非营利)的基础上,致力于解决社会问题、进行经营活动并获得收益的一种组织形态。组织本身所具有的法律地位不会因此而受到影响,但是会因为获得这样一个识别性的符号而获得额外的包括税收利益在内的支持政策。

四 社会企业的目的限制

社会企业在其创设之初就明确以追求经济利益和社会利益作为双重目标。这一点将体现在关于社会企业的立法和社会企业的章程之中。

(一)作为非营利组织的社会企业的目的限制

如果该社会企业以非营利组织形式运营,例如美国法上从事商事活动的非营利组织,或者在我国以民办非企业单位的组织形式存续的社会企业,就要受到禁止分配原则的严格限制。非营利组织不存在股东,只存在利益相关者,其权利能力也受到一定的制约,即受到章程所确定的宗旨的制约和限制。所以,以非营利组织形式存在和活动的社会企业,其目的限制将来自两个方面:"非营利性"和组织的宗旨。其中,"非营利性"的限制来自法律的强制性规定,并且有具体的规则和制度作为保障;而组织的目的限制则来自于章程,即创办者在创办社会企业时所确定的组织的宗旨:立足于促进残障人士的就业或者社区环境的改善。

(二)作为营利组织的社会企业的目的限制

如果社会企业以营利组织的形式运营,那么其权利能力问题就更加扑朔迷离。对于一般商业企业而言，目的限制主要来自企业的经营范围。不过随着企业经营范围的日益宽泛，对于企业的目的限制日渐式微。但是作为社会企业的营利公司则有所不同，其除了要受到自己经营范围的限制之外，还要受到其设立时确立的社会目标的限制，即要求其为了某种社会利益而设立，并致力于某种社会利益的实现。

这一问题的提出，无疑与企业的社会责任有一定的关联，却又存在本质的不同。企业社会责任多有歧义。一般而言，是指企业不能仅仅关注实现股东的利益，还需要对社会上的利益相关者负有一定的责任。这里的利益相关者包括企业的雇员、债权人、消费者、社区居民以及一般公众（即整个社会）。对于企业社会责任是否应该在法律的层面予以界定和规制，学界有截然不同的看法。尽管我国新近修改的《公司法》中增加了关于企业社会责任的规定①，但是并没有让这一争论划上句号。因为这类组织在创设之初就追求经济目标和社会目标。

有学者认为，对于企业社会责任的过分强调会动摇自由市场经济的根基，背离企业作为组织形式的初衷。商业企业是以营利为目的的组织体，追求股东利益的最大化。企业社会责任却要求企业兼顾股东和利益相关者。因此，从这一概念提出伊始，就引发了激烈的争论，从早期的"贝利—多德论战"②到近期的对企业社会责任的各种见解。反对者的意见集中体现为以下理由：其一，企业社会责任有违企业的本质；其二，企业社会责任内涵模糊；其三，企业社会责任的义务对象缺位③。当然，倡导者也不遗余力地论证其合理性，力主企业法律制度中应该吸纳企业社会责任，须在企业的利润目标和公益目标两个

---

① 《中华人民共和国公司法》第5条规定："公司从事经营活动，必须遵守法律、行政法规，遵守社会公德、商业道德，诚实守信，接受政府和社会公众的监督，承担社会责任。"

② 即1930年代美国的两位经济学家（贝利和多德）就公司的管理人员究竟是谁的受托人所进行的讨论。

③ 这是韩国商法学者李哲松的观点。参见卢代富《国外企业社会责任界论述评》，《现代法学》2001年第3期。

维度中维持平衡。并试图通过各种方法界定这一术语①。企业社会责任的倡导者意在矫正因过分逐利行为而导致的社会问题。但是分别以古典经济学和新古典经济学为基础的自由市场经济理论和企业理论为反对商业企业的社会责任提供了丰富的理论资源②。可见，法律强制要求商业企业承担社会责任的理论困境就在于违背了商业企业的本性。此外，商业企业承担这样的社会责任也的确力不从心。因为社会问题的解决需要金钱，但是金钱并不能从根本上解决社会问题，更需要的是可持续的变革。然而，可持续的社会变革不可能成为商业企业的目标。

社会企业的出现似乎可以解决这一理论困境，因为社会企业从其诞生之日起对于目标的界定就并非以经济利益为唯一目标。从这一点而言，社会责任因与社会企业的宗旨相吻合而免于陷入上述尴尬境地。

五　简短的结语

与商业企业不同，社会企业本身就融合着经济利益目标和社会公益目标。这并不是一种新型的企业组织形式，反而是在现存各种组织形式（无论是营利还是非营利）的基础上，对于致力于解决社会问题的、进行经营活动并获得收益的组织进行的一种识别。组织本身所具有的法律地位不会因此而受到影响，但是会因为获得这样一个识别性的符号而获得包括税收利益在内的支持政策。本文无意批判要求纯粹的商业企业承担社会责任的思潮。对于商业公司的各种规制已经在很

---

① 例如美国经济开发委员会在滴事公司的社会责任中列举了多达 58 种旨在促进社会进步的行为，并倡导公司予以执行贯彻。也有学者将其划分为四种责任：企业经济责任、法律责任、道德责任和社会责任。
② 正如米尔顿·弗里德受（1962）所主张的那样，"仅仅存在一种、而且是唯一的一种商业企业的社会责任——只要它遵守职业规则，那么它的社会责任就是利用其资源，并且从事那些旨在增加加其利润的活动，换言之，在没有虚伪和欺诈的情况下，从事公开、自由的竞争"。

大程度上限制着公司不顾他者利益埋头攫取利润的企图。社会企业这一类型是企业自愿选择的结果，因此会有所"失"：例如需要安排一定比例的残疾人，需要提交年度报告。但是也因此会有所"得"：例如享受一定的非基于社会企业这一组织形式、而是因为社会公益而获得的政策支持。对我国现阶段而言，福利企业和民办非企业单位都可以被界定为社会企业，但是由于各自的组织属性迥异，规制规则也应该有所不同。毕竟社会企业的出现给了身处这个社会中的人一种崭新的选择途径：既可以通过企业化经营的方式去实现社会公益目的，也可以以某种社会公益事业作为组织发展的载体。但是必须明确的是，社会企业的出现并没有冲击原先的组织分类，也没有混淆三个部门之间的界限。

论公益信托制度与两大法系[*]

【摘要】 我国现行法律关于公益信托的规定依然属于纸上谈兵。作为非营利组织可选择的组织形式之一，公益信托有别于非营利法人和非营利非法人社团，也有别于传统民法上的财团法人。由于功能上的不可替代性，公益信托有必要移植，且存在的障碍可以被跨越。公益信托有望成为公众从事公益事业可选择的途径之一。

【关键词】 公益信托　非营利法人　财团法人

引言　问题的提出

"穷则独善其身，达则兼济天下"。[①]法律应该为慈善理念提供实现的形式和途径。公益信托在英美法国家被证明是民众从事慈善事业行之有效的途径。我国于2001年通过的《信托法》规定了公益信托的基本规则，包括公益信托的设立程序、公益事业管理机构的权限和设置信托监察人的强制性要求等。但直至2008年5月，尚无成功实践个案。2005年初，中融国投曾有意推出国内第一个公益信托"中华慈善公益信托计划"。[②] 但是这一计划最终未能实施。实践中也曾有另外一种模式的尝试，即云南国际信托投资有限公司分别于2004年和2006

---

[*]　原文刊登于《中外法学》2008年第6期。
① 《孟子·尽心篇》。
② 参见中融信托投资有限公司2005年年报。

年发行的"公益信托"产品——"爱心成就未来稳健收益型集合资金信托计划"和"爱心稳健收益型集合资金信托计划"。① 但是这一信托并非实质意义上的公益信托。它将社会公益事业与集合资金信托计划的投资理财功能相结合。购买这一产品的委托人首先是投资者,受益超过约定的部分作为捐赠。该信托中,委托人的首要目的在于投资和营利,只是附带了一个捐赠合同。所以将其认定为附带捐赠合同的私益信托更为适宜。公益信托制度是信托制度的构成部分,滥觞于英美,近期逐渐为大陆法系各国所采纳。我国是否有必要、有条件移植这一制度? 本文试图厘清公益信托与其他非营利组织的关系,并审视这样一种具有浓厚英美法色彩的法律制度在大陆法系被移植和应用的必要性和可能性。

一 公益信托的起源与发展

对于信托的起源问题,存在争议。有学者认为信托最早出现于罗马法时期的遗产信托(Fedei Commissum)。② 但是更多的学者倾向于赞

---

① 第一个信托计划"爱心成就未来稳健收益型集合资金信托计划"第一年度收益率为3.72%,第二年度收益率为4.9114%,两年累计向云南省青少年发展基金会捐赠资金208449.68元,并分别在石屏县和大姚县修建了两所公益信托希望小学。第二期公益信托产品目前已在云南省内发行,计划规模为200份信托合同,个人、机构、企事业单位、社会团体都可以购买。加入该计划的最低金额为5万元人民币,并可按1万元的整数倍增加。该计划预期收益为2.475%(银行一年期存款利率为2.25%,税后1.8%),投资收益超过2.475%部分将捐赠给云南省青少年基金会,用于修建信托希望小学,救助云南省内失学儿童,支持公益事业发展。资料来源:http://www.yn.xinhuanet.com/newscenter/2006 - 04/20/content_ 6802075.htm,最后访问日期:2008年5月7日。
② 参见江平、米健《罗马法基础》(修订本第三版),中国政法大学出版社,2004,第428页。他们认为:"现代信托制度源于罗马法,而罗马法的信托又源于继承。"同样的观点见于周枏《罗马法原论》(下册),商务印书馆,1994,第572页。但是也有学者提出不同的看法,认为尽管罗马法上的遗产信托与英国的信托之间存在明显的相似之处,但是遗产信托不能在活人之间设立,而且遗产信托 (转下页注)

同信托起源于中世纪的英国。诚如有学者所言:

> "尽管罗马人有他们自己的遗产信托,但是总是囿于私人性质的信任关系,其更像是一种具有绅士风度的行为,而并非可以通过司法程序对其权利义务进行固定和予以执行的信托。他们伟大的拱形建筑、道路和廊柱大厅,常常是执政官捐赠给大众的,但是不具备与我们的信托相类似的任何有关条件和管理方式。"①

根据梅特兰的观点,信托起源于13世纪的用益(use)制度,②并且是英国法律制度中的伟大创造。他在《衡平法》一书中说道:"如果有人要问,英国人在法学领域取得的最伟大、最独特的成就是什么,那就是历经数百年发展起来的信托理念,我相信再没有比这更好的答案了。"③ 作为一种具有强大弹性和普遍性的制度,信托具有很强的灵活性。④ 用益制度源于当时法律禁止苦行僧或方济各会的修道

(接上页注②)受托人的地位也不同于受托人的地位。一方面,当遗产信托要求立即转让遗产时,遗产信托受托人的地位只是形式上的和过渡性的;另一方面,当遗产信托设立了一定的沉淀期时,受托人则取得全部的受益人利益。参见〔英〕巴里·尼古拉斯《罗马法概论》,黄风译,法律出版社,2000,第285页。主张信托起源于中世纪的英国的观点还参见张淳《信托法原论》,南京大学出版社,1984,第2页。笔者之所以持后者观点,是因为认为两者观点的分歧并不在于现代信托制度的起源,而在于英国的信托制度是否源于罗马法。这一分歧并不影响本文的展开和分析,所以暂且将此问题束之高阁,留待以后继续深究。

① See Mark A. Barwise, "The Modern Charitable Trust," 9 *Me. l. Rev.* 1915 – 1916, p. 226.
② 梅特兰认为,use 一词并非来源自拉丁文中的"usus",而是源自拉丁文中的"opus"。早在公元七、八世纪,拉丁文中的"ad opus"是"on his behalf"(为他人的利益)的意思。See Frederic William Maitland, *Equity: A Course of Lecture*, Cambridge: the university Press, 2nd ed., 1936, p. 24。
③ See Frederick W. Maitland, *Selected Essay*, Cambridge, 1936, p. 129.
④ 他甚至认为信托是英国法律人富有特色的创造的组成部分。几乎成为其文明的实质,因为其他任何外国法中都没有类似的制度。See Frederick W. Maitland, *Equity: A Course of Lectures*, John Brunyate, 2d ed., 1936, p. 23。

士（Franciscan Friars）持有不动产的规定。① 为了规避这一禁止性规定，教会通过他人来为修道士持有不动产。② 这无疑是公益信托的雏形。早期没收法的实施使得为宗教机构的利益而向某人转移财产的做法变得普遍起来。事实上，这种做法非常普遍以至于1391年英国国会专门颁布一部新的没收法来制止这种将土地的用益授予宗教组织的做法。③

但是公益用益成为用益制度的一种特定类型却是16世纪宗教改革之后的事情。那时，亨利八世颁布的用益法禁止了以迷信为目的的用益，公益（或者慈善）这一术语才成为法律上明确界定的概念，被用来修饰一种特定类型的用益，以区别迷信用益。自此公益用益才成为一种特定类型的用益，并且受到法律规则的调整。需要指出的是，15世纪之前，用益制度并没有被普通法所认可。到亨利五世时期，衡平法院对用益制度（包括公益信托）实施管辖，其管辖权在亨利六世和爱德华四世期间得到全面确立。④ 从那时起，公益信托的使用日渐频繁。

可见，1601年之前的英国，公益信托由衡平法庭来认可和执行。到16世纪末17世纪初，慈善机构存在逐渐被滥用的趋势，1601年《公益用益法》（Statute of Charitable Uses）⑤ 的颁布，明确规定了公益

---

① 苦行僧是不能拥有任何财产的，因为这会违背教义中的贫穷忠告（Vows of Poverty），在天主教修道制度中，认为"福音忠告"包含贫穷、忠诚和顺从的三重誓言。

② See Frederic William Maitland, *Equity*, Cambridge: the University Press, 2nd ed., 1936, p. 25.

③ 这无疑是教会与世俗之间的利益争斗。中世纪英国的教会法庭有一种指导思想：只要有可能，法庭就判决为敬神或出于慈善意图进行的捐赠有效。但是土地一旦由教会拥有，教会又享有永久营业权，封建贵族就失去了土地上的租税。因此世俗立法就反对将土地赠与给教会的做法。

④ See Edith L. Fisch, Doris Jonas Freed and Esther R. Schachter, *Charities and Charitable Foundations*, Lond Publications, 1974, p. 151.

⑤ 该法典也被称为《伊丽莎白法典》，被认为是现代慈善法的前身。See Keeton GW and Sheridan, *LA The Modern Law of Charities*, 4th Edition, Northern Ireland Legal Quarterly Inc., Belfast, 1992, p. 10.

目的，以防止公益信托被滥用。该法明确规定公益信托的目的包括以下十项：老人、残疾人、病人和贫民的救济；伤病士兵的救助；学校设备的维护；桥梁、港湾、道路、教会建筑、堤防的维修；孤儿的教育和辅导；感化院的维护；贫困女子婚姻的协助；创业青年以及弱者的协助；囚犯、战俘的救济；贫民租税、出征费（安家费）的援助等。该法所界定的"公益目的"日后成为公益信托实务和法院判决的根据。

19世纪伊始，公益信托又被用来作为逃税的工具。这一现象使得公权力对公益信托的监管势在必行。1853年，英国通过了《公益信托法》(The Charitable Trusts Act)，并根据该法成立了慈善委员会(Charity Commission)作为专门的监督检查机关。第二次世界大战之后，英国国会于1950年成立了公益信托法制与运营委员会，专门研究公益法律问题。十年后，他们制定了1960年《慈善法》，该法于1987年、1993年、2006年被大幅度修改，至今有效。现行慈善法对公益信托作出了一些重要规定，以期对其进行合理规制。其中规定了慈善委员会为公益信托的监督机关，同时设立了公营公益受托保管人，明确规定了作为慈善组织的公益信托的登记制度和公益信托受托人的权利义务等问题。

在法律渊源上与英国一脉相承的美国，公益信托的发展可谓一波三折。[①] 美国为英国殖民地时期，殖民者把英国本土的普通法和制定法带到这一新大陆，其中包括关于公益信托的法律制度。[②] 独立战争结束后，国内民族主义抬头，对从英国来的法律制度舶来品在一定程度上予以抵制。有些州，诸如纽约、密歇根、明尼苏达、马里兰、弗吉尼亚等州的法院甚至把公益信托视为英国普通法的一部分，

[①] 关于美国独立战争之后公益信托相关政策规范的变迁，请参见 Edith L. Fisch, Doris Jonas Freed and Esther R. Schachter, *Charities and Charitable Foundations*, Lond Publications, 1974, pp. 141 – 171。

[②] See Fowler, *Law of Charitable Uses, Trusts and Donations in New York*, 1896, p. 43.

直接宣布其无效。所以 18 世纪后期到 19 世纪初期，公益信托在美国停滞不前。有学者分析，以下几个因素阻止了这一时期公益信托在美国的发展。

第一，对英国《公益用益法》的错误解释和废除。Baptist 案件标志着《公益用益法》在美国的废止。这主要由于美国最高法院对英国《公益用益法》的错误理解。《公益用益法》授权衡平法院法官通过特定委员会对公益信托进行调查并且对违反公益信托的行为进行处理。但是需要指出的是，早在《公益用益法》出台之前，衡平法院法官已经拥有对公益信托的管辖权。《公益用益法》并没有创制衡平法官对公益信托的管辖权，也没有扩张或者限制衡平法官原先享有的权力。但是由于这一法律所明确的"公益目的"含义，常常被衡平法院法官用来检测某一信托的目的是否为公益，所以就被错误地认为衡平法官对于公益信托的管辖权源于此法。不幸的是，这一错误观点被最高法院在维持 Trustee of the Philadelphia Baptist Association V. Hart's Executors 一案的判决中得以采用。① 那些废止或者从未采纳《公益用益法》的州采纳了最高法院在这一案件中所阐述的理论，否认了公益信托的效力。尽管后来最高法院在 Vidal V. Girard's Executors 一案重新审视了中世纪衡平法院对公益信托的管辖，推翻了 Baptist 一案。但是为时已晚。在将近 25 年的时间内，弗吉尼亚、马里兰和哥伦比亚地区早已采纳了 Baptist 一案的原则，并且通过制定法固定下来。②

第二，纽约州信托法废除了所有未经该法明确规定的明示土地信

---

① 在这一案件中，最高法院被要求确认一位维吉尼亚州人遗嘱的有效性，该人意图设立一个奖学金，为明确表示愿意做牧师的浸信会年轻人的教育提供奖学金。这一遗嘱被认为是一个以非法人社团为受托人的公益信托。既然立遗嘱人死亡前三年，弗吉尼亚州废止了《公益用益法》，这一遗赠就被认定为是无效的。因为最高法院的结论认为：法院对公益信托的管辖只能来源于这一法律，衡平法无法授权对这类信托方进行管辖。

② 当然这些州在 20 世纪通过制定法纠正了这一问题。

托。尽管各种类型的明示信托在该法中得以规定，但是就土地的公益信托没有任何的涉及。这一法案后来为密歇根、明尼苏达和威斯康星所照搬。这四个州的法院都认为这一法案废除了除了法案明确界定的信托之外的所有其他信托，公益信托也未能成为例外。[1]

第三，美国法院对衡平法院支持公益信托的权限存在疑问，对近似原则性质有错误理解。英国的衡平法院通过两种途径行使近似原则：一者，衡平法官对公益信托进行管辖而实施司法意义上的近似原则；二者，衡平法官作为英国国王的代表实施特权意义上的近似原则。但是美国的法院没有意识到存在这两种不同的途径，错误地认为近似原则就是源于特权。毫无疑问，特权与美国的民主制度格格不入。出于对英国王权的反感和抵制，美国法院从整体上否定了近似原则。除此之外，对英国慈善组织的敌意也在一定程度上导致了这一结果。那个时期的美国民众认为，英国的慈善组织在很长的历史时期主张罪恶和滥用权利。[2]

19世纪中期以后，反英思潮渐息，社会对公益信托的需求促使法院反思对公益信托的态度。最为著名的是19世纪末期纽约州的蒂尔登事件。塞缪尔·蒂尔登（Samuel Tilden）是一个大律师，他愿意为设立一座公共图书馆提供巨额遗产。但是上诉法庭认为他的遗嘱必须有确定的受益人才能被认为有效。民众的不满和怒潮般的抗议最终导致州议会不得不重新制定认可公益信托效力的法律，该法后被称为《蒂尔登法》（Tilden Act, 1893）。时至今日，各州对公益信托执行力的认定基于不同的法律基础：例如大多数州把英国的《公益用益法》吸纳为其本州普通法的一部分；有的州尽管也承认该法的效力，但是认为公益信托的可执行力是建立在维持公益信托的与生俱来

---

[1] See Edith L. Fisch, Doris Jonas Freed and Esther R. Schachter, *Charities and Charitable Foundations*, Lond Publications, 1974, pp. 159–160.

[2] See Edith L. Fisch, Doris Jonas Freed and Esther R. Schachter, *Charities and Charitable Foundations*, Lond Publications, 1974, p. 152.

的衡平权上；在另外一些州，不承认这一法律的效力或者对这一法律的效力尚存在很大争议。① 但是不管怎样，当今美国所有的州都承认了公益信托。

二 公益信托在当代美国：非营利组织之一种

在美国，从事公益活动有三种可供选择的组织形式：非营利法人、公益信托和非营利非法人社团，其中约有三分之一的公益活动是以公益信托的方式进行。尽管在美国税法中没有提及信托的形式，但是该法所规定的"基金"或者"基金会"中包含了信托形式。② 我们有必要来考察这三种组织形式各自的特点。

（一）非营利法人

非营利法人是指不将其收益在成员中予以分配的法人。③非营利法人可以开展一定形式的经营性业务而获得剩余收入，但是这些收入不能作为利润在成员之间进行分配。这一原则即"禁止分配原则"。非营利法人必须遵守"禁止分配原则"，不得向控制法人的人员分配利润，即剩余利润不在分配之列，所有的剩余收益都必须留在非营利组

---

① See Edith L. Fisch, Doris Jonas Freed and Esther R. Schachter, *Charities and Charitable Foundations*, Lond Publications, 1974, pp. 153 – 154.

② 这一点已经为美国的法院所确认，See Fifth – Third Union Co. V. Commissioner, 56 F. 2d 767 (6th Cir. 1932); G. C. M. 15778, XIV – 2 C. B. 118 (1935)。

③ 美国并不禁止非营利法人从事营利活动，但是把非营利法人所从事的营利活动分为两类：相关的营利活动与不相关的营利活动。前者是指与非营利法人的宗旨紧密相关的，例如一个艺术馆出售印有艺术图案的贺卡和纪念品，一个非营利大学出售教科书等活动；后者是与非营利法人的宗旨不相关联的，例如博物馆开设一家餐馆等。从事相关的营利活动所获得的利润是不需要缴税的，但是从事不相关的营利活动则需要纳税。美国有些州的法律规定，如果非营利法人从事营利行为，未将一定比例以上的所得用于该非营利法人的公益目的，则该法人就不得享有税收优惠，以符合市场公平竞争原则。

织内部，用于支持组织从事其章程所规定的活动。[①] 法人是具备主体资格的组织体，能够独立地享受权利、承担义务和责任。美国关于非营利法人的制度规定一般由各州来具体规定。但是由美国律师协会起草的《美国非营利法人示范法》，目前已为各州所采纳。非营利法人也成为美国非营利组织最主要的组织形态。

（二）非营利非法人社团

非法人社团因其组织性而有别于自然人，因其不具备独立人格而有别于法人。因此在法律地位上，非法人社团类似于个人合伙。非法人社团可以有自己的名称，以自己的名义从事活动；可以设立自己的账号；可以在其成员内部以协议的名义约定有关事项，包括其活动原则、负责人、议事规则等。但需要注意的是，根据美国普通法的相关规定，一个非营利非法人社团，不是独立的法律主体。它只是个体成员的集合。在许多方面，它和商业合伙具有共同的特征。这样的法律规则造成不少难题。

首先，由于不承认非法人社团的主体资格，所以导致其他人（包括自然人和法人）对非法人社团的财产赠与变为无效。[②] 为了弥补这一不合理的结果，有些法院将这种赠与行为解释为对非法人社团主管人员的赠与，赠与之后由主管人员持有土地，并代表社团成员进行管理。随后，有些州的立法机关提供了更为彻底的解决方案，允许在上述情况下把非营利非法人社团视为独立的法律主体。

其次，非法人社团的诉讼资格也遭到了质疑。由于非法人社团不是独立的法律主体，因此在由非法人社团提起的或者针对非法人社团的诉讼程序中，它的每个成员都必须作为原告或者被告参与诉讼。尽

---

① 〔美〕亨利·汉斯曼：《企业所有权论》，于静译，中国政法大学出版社，2001，第332页。

② 例如，在司法实践中就出现了这样的判例：向"萨默塞特社会俱乐部"（一个非法人非营利社团）赠送土地无效，因为在法律上不存在受让土地产权的主体。

管可以适用共同诉讼来解决这一问题，但是，有些州的立法机关在其法规中制定了"起诉和被诉"条例，认可了非法人社团的诉讼主体资格。

最后，由于不是独立的法律主体，非法人社团不能为侵权、违约和其他以非法人社团名义进行的非法行为承担责任，而是由非法人非营利社团的成员来承担责任。在实践中，法院再次借鉴了合伙法的概念，认为非法人社团的成员互为代理人，与合伙人互为代理人类似。作为彼此的代理人，非法人社团的所有成员都要承担法律责任。后来法院在判例中认为，在大型的会员制非法人非营利社团里，有些成员对决策过程并无充分的控制权或参与权，因此，把他们认作其他成员的代理人是无理和不公正的。接着，相关立法机关也采取了措施，近十多年来许多州制定的法律中免除了部分符合条件的非法人社团的主管、理事、成员和志愿者的单纯过失责任。另外，和法律责任相关的一个问题是，能否强制执行非法人社团或者其成员的财产？如果非法人社团只有部分成员要承担侵权或合同责任，那么，在划分有责成员和无责成员前，针对非法人社团财产的判决就得不到执行。因为这些财产是由全体成员共同或按份所有的。有些成员没有责任，判决就不能针对他们。法院再次运用"连带债务人"、"共同财产"和"共同名义"等规则创造了实际可行的解决方法。有些立法机关也直接解决了这个问题：直接规定在上述情况下，非法人社团被视为独立的法律主体，就像一个法人那样。

正是由于上述司法实践和立法的发展，1996年美国《统一非法人非营利社团法》（UUNAA）[①] 从下述三个基础的和重要的方面改革了

[①] 根据该法的有关解释，其适用对象不限于《国内税收法典》第501条第（c）款第（3）（4）（6）项规定的非营利组织。即不存在排除任何非营利社团的原则性规定。因此，该法适用于非法人的关于慈善事业、教育、科学和文学的俱乐部、协会、商会、政治团体、合作社、教会、医院、共同管辖区协会、小区协会和其他非法人非营利社团。它们的成员可以是自然人、法人、其他法律主体或者这些法律主体的混合体。

普通法：非法人非营利社团取得、占有和转让财产（特别是不动产）的权限；其作为独立法律主体起诉和被诉的权限；其主管和成员的合同责任和侵权责任。意图通过其规定，使非法人非营利社团在一定条件下成为独立的法律主体。① 当然这并不是说，非法人非营利社团在任何情况下都具有独立的法律主体资格。可以说，美国非法人非营利社团在"法案所表明的目的范围之内"被视为主体，并且赋予了发起成员有限的责任。但是目前采纳此法的州尚属少数。

（三）选择从事公益事业的组织形式要考虑的因素

毫无疑问，当某个人或者组织意欲从事公益事业时，首先要决定的一个问题就是以何种形式来进行。非营利法人、非营利非法人社团抑或是公益信托？这里要考虑的因素可以划分为两大类：第一类是税收上的考虑。根据国内税法，享有税收优惠的组织形式以及需要满足的条件。第二类是非税收因素。主要包括：成立组织所需要花费的时间，设立人是否承担有限责任，资金来源，设立人的目的和意欲从事的公益活动类型。当然组织成立之后所具备的法律地位也是重要考虑因素：是否可以拥有财产，是否可以成为缔约主体，是否有起诉和应诉的资格，对第三人的责任如何承担，组织是否可以永久存续，解散的难易程度，治理结构上的要求，等等。②

在税收因素的考量上，根据美国《国内税收法典》501（c）（3）条款的规定，一个非营利组织若想要获得税收优惠，就必须采用法人、信托或者非法人社团的形式，不可以采取自然人或者合伙形式。既然采取法人、信托或者非法人社团形式从事公益事业都可以获得税收优惠，那么主要考量就在非税收因素上。

---

① 该法甚至规定，采纳该法的州的法院有权决定是否运用类推方法，从而使非法人非营利社团在该法规定的情形外也具有独立的法律主体资格。
② James J. Fisheman & Stephen Schwarz, *Nonprofit Organizations: Cases and Materials*, The Foundation Press, 2000, p. 60.

1. 选择非法人非营利社团组织形式的考量

很多小型非营利组织会选择非法人非营利社团的形式。[1] 最常见的是一些劳工组织和政治组织。而且一些处于设立非营利法人过程中的组织也会考虑先选择非法人社团方式。这种组织形式还非常适合前景并不明朗、存续期间较短以及设立人对活动或者项目的成就并不在意的非营利组织。

目前，法律对这一组织形式没有过多的要求。因为在美国，法院最初借用合伙的概念，认为非营利非法人社团的成员是该社团事业的共有人，如合伙人是合伙事业的共有人一样，对社团事业负有个人责任。当两人或两人以上以营利为目的成为某一事业的共同所有人，合伙就成立了。可见合伙的成立不需要向政府或有关机关提交任何文件，更无需登记。非营利非法人社团，与合伙类似，也无需登记成立。所以，非营利非法人社团的优势在于其非正式和灵活性。与非营利法人不同的是，这种组织形式无需任何的政府许可就能成立或者解散。如果它们不寻求税收优惠的话，甚至都不需要章程和章程细则。[2]

但是，非法人非营利社团的组织形式弊大于利。尽管1996年的《统一非法人非营利社团法》由统一法律委员会通过，但是并没有被广泛采纳。该法第6条规定了社团成员的有限责任也很少被遵循，更多的法院倾向于适用代理法的规定来处理其中的法律关系。所以社团成员还是很有可能承担个人责任。同时，社团不能以自己的名义接受或者持有财产；当社团解散时，如果社团章程没有相反规定，社团成员就可以按比例地分得财产。而且由于非法人非营利社团并不是一个独立法人，所以当社团被起诉时，社团成员也得前去应诉。[3] 更为重要

---

[1] 但是这一点并不绝对。有些大型组织也采取了这一形式，例如美国律师协会至今还是非法人非营利社团。

[2] 因为根据美国联邦税务局的解释，一个自然人或者松散的集合，如果没有组织机构、治理规则和经常性选择产生的职员，就不能成为《国内税法典》第501（c）（3）条款规定下的免税主体。

[3] 当然这一点并不是主要原因，因为大多数州在起诉和应诉资格上已经认可非法人社团具有这样的资格。

的不利之处在于，银行等金融机构、债权人和其他市场主体，由于更熟悉与法人打交道，所以不太愿意与非法人非营利社团从事交易活动。

2. 选择非营利法人组织形式的考量

在美国，以法人形式从事公益事业的优点在于非营利法人的制度构建可以在很大程度上参照营利法人的模式。① 正如有学者所表述的那样：

> "以公司形式建立慈善组织之所以流行，在很大程度上归因于这种法律组织形式在美国商业活动中的流行以及慈善组织的设立者对公司运行模式的熟悉。公司之所以在这个国家里大行其道，因为其提供了这样一种途径：从投资者手中集中大量的资金，而将他们的所有权与管理责任和组织的债务相分离。"②

当然，与非法人非营利社团和公益信托相比较，非营利法人的成立和解散更为正式和规范，法律对此规定比较详尽。成立一个非营利法人，必须获得政府的批准。法律明确授权法人可以随时修改章程，增加或者变更法律要求或者允许的事项，或者删除法律不要求的事项。但是需要经过特定的程序。而且非营利法人可以自己接受和拥有财产，以自己的名义起诉和应诉。其在治理结构上也更为规范。③ 还有，其

---

① James J. Fisheman & Stephen Schwarz, *Nonprofit Organizations: Cases and materials*, The Foundation Press, 2000, p. 64.

② See Marion R. Fremont-smith, *Governing Nonprofit Organizations: Federal and State law and Regulation*, The Belknap Press of Harvard University Press, 2004, pp. 149–150.

③ 美国非营利法人的治理结构是由成员大会、董事会和高层经营人员（首席执行官）组成的执行管理机构和独立会计师等三部分组成。成员大会是非营利法人的最高权力机构，董事会是公司的法定代表机关和最高决策机关。内部没有设立监事会，但是由法人聘请由独立会计师组成的审计事务所来承担审计监督职能。也就是说，对管理层进行约束和监督在很大程度上并不是由所有人来完成的，而是借助于其他制度和因素。即依靠大量的制度：严格的会计准则、全面的强制披露制度、禁止内幕交易制度、鼓励派生诉讼的程序规则以及发达的新闻监督制度等。为了弥补这些制度在组织上存在的缺陷，独立董事也因此被提出来。——参见金锦萍《非营利法人治理结构研究》，北京大学出版社，2005。

董事会成员只承担有限责任，董事所应承担的注意义务的标准稍低于公益信托的受托人。

3. 选择公益信托形式的考量

公益信托具有风险分割和资产保护功能。信托将信托财产的所有权分割为名义上的所有权和实质上的所有权。但是其独立于委托人、受托人和受益人的固有财产，由受托人管理信托财产，并根据信托条款的规定将受益转移给符合资格的受益人。这一点是非法人社团所无法比拟的。

与非营利法人相比，公益信托在结构上更为简单和灵活，内部管理也更为简单，不需要经常性职员，存续期间也比较灵活（可以永久存续，也可以约定期间）。总体而言，采用公益信托更为经济。例如在成立上，只要信托财产移转，信托即可成立，不需要政府部门的许可。公益信托的成立要件与私益信托如出一辙，只是不需要满足"确定的受益人"这一条。当然委托人需要明确公益目的。

4. 小结

综上所述，非法人非营利社团、公益信托和非营利法人都有各自的优势和劣势。这三类组织形式的差异可以以表格的形式来体现。

表 1　美国非营利组织三种组织形式比较

项　　目	非法人非营利社团	非营利法人	公益信托
集合体还是实体	不被视为独立的主体，常常被视为个人的集合体	是独立法人	不是一个独立的主体，而是"权利义务束"
能够适用的法律原则和模型	常常适用代理法的有关规定，也借用合伙法	适用关于法人的法律和关于非营利法人的特别法律	适用信托法的相关规定
组织的形式要求	没有什么特殊要求	要求进行登记；要求提交年报；必须有公司章程和章程细则；还要求有会议制度	设立公益信托很少被要求进行登记。不过一般有信托文件来规定信托目的、受托人的权利义务等

续表

项　　目		非法人非营利社团	非营利法人	公益信托
持有财产的能力		没有以自己名义持有财产的能力	有以自己的名义享有财产的能力；法人终止时，应当根据法律和章程规定来处理剩余财产	受托人拥有名义上的财产所有权，受益人享有实质上的所有权
缔约能力		无缔约能力	有以自己的名义缔约的能力	在经营信托过程中，受托人常常可以因明示或者暗示的授权而具有缔约能力
起诉和应诉能力		社团起诉或者应诉时，其成员作为共同当事人	有起诉和应诉的能力	信托不是一个实体，所以不能起诉或者应诉，应该由受托人起诉或者应诉
存在的持续性		取决于其成员的存续	除非章程另有规定，非营利法人可以永续存在	不受不得永续规则的限制；公益信托可以永续存在，也可以因为符合信托条款的规定、信托目的实现或者失败而终止
管理		决策由社团成员会议作出；管理人员与一般成员界限模糊	管理方面与营利公司非常相似，常设有董事会以及经理	由受托人根据法律和信托条款的规定进行管理
对第三人的责任	合同责任	社团的所有成员有可能承担连带责任	无论是合同责任还是侵权责任，非营利法人都以自己的名义承担责任。特殊情况下，董事以及经营人承担个人责任的，也可以依照规定享受豁免或者购买责任保险	经营公益信托期间与第三人签订的合同，由受托人承担责任
	侵权责任	社团成员承担连带责任		在任职期间，受托人应该就自己及其代理人对他人造成的损害承担责任

经过上述比较，我们不难发现，首先，鉴于非法人非营利社团不具有风险分割功能，即其成员有可能要就非营利社团的责任承担个人责任，所以除非该类组织不会导致重大责任或者有足够的责任保险来分散风险，一般不推荐采取这一方式。尽管这一形式成立简单，运营经济，但是考虑到其成员的连带责任和组织管理的模糊松散，明显弊大于利。正如前文所述，一般也仅仅适用于刚刚成立还在处于登记程序中的非营利组织，或者规模小、存续期间不确定且前景不明朗的非营利组织。其次，公益信托有确定的经营主体（受托人），明确的法律规定以及成立和管理上的便利等特征。但是，也存在让受托人承担个人责任的风险。而且这一方式不是很适合设立人想发挥关键作用的场合。最后，作为非营利法人，无疑具备完全的行为能力，其成员也免予个人责任。但是其烦琐的成立程序和昂贵的运营成本也让不少人望而却步。[①] 总之，很难笼统地去说某一种组织形式优于另一种组织形式。只有根据意欲从事公益事业的当事人自身的特殊情况来选择适合的组织形式。也正因为如此，公益信托目前与非营利法人、非营利非法人社团等成为美国民众从事公益事业活动可选择的三种组织形式。

三 移植公益信托制度的理论困境与克服

大陆法系国家引入公益信托制度在理论上的主要障碍在于：其一，公益信托中的信托财产的归属问题应该如何确定？其二，受益人权利的性质究竟如何界定？

（一）公益信托的信托财产归属

传统的大陆民法体系很难接受英美法上的"双重所有权"概念。

[①] Harry G Henn and Michael George Pfeifer, "Nonprofit Groups: Factors Influencing Choice of Form", *Wake Forest Law Review*, Vol. 11 No. 2, June 1975.

于是在信托财产所有权的归属上，有了五种截然不同的观点：受托人享有信托财产所有权[①]、受益人享有信托财产所有权[②]、委托人享有信托财产所有权[③]、附条件享有所有权[④]以及信托财产作为法律主体享有所有权[⑤]。这些观点的争论都是从大陆法系的缘由体系出发，试图在现有的框架内寻求对信托财产所有权的合理解释。每一种观点都有其一定的合理性，却也掩饰不住其无法自圆其说的一面。以受托人享有所有权为例，委托人和受益人无法实现对其的监督；再者，如将所有

[①] 这种观点为日本、韩国和我国台湾地区的信托相关制度所采纳。主要强调在信托存续期间，信托财产所有权归受托人所有，受益人享有受益权。通过对受托人所有权的限制达到对受益人权益的保护。例如日本信托法第1条规定："本法所称信托，是指将财产权转移或处分，使他人依一定目的管理或处分其财产。"韩国信托法第1条规定：本法中的信托，是指以信托人与受托人之间的特别信任关系为基础，信托人将特定财产转移给受托人，或经过其他手续，请受托人为受益人的利益或特定目的，管理或处理其财产的法律关系。台湾地区相关制度规定，信托者，谓委托人将财产权移转或为其他处分，使受托人依信托本旨，为受益人之利益或其他目的，管理或处分信托财产之关系。

[②] 这种观点主要为一些德国学者所主张，认为信托财产的所有权为受益人所有，受益人以所有权人的身份享有利益。受托人在此仅仅是代理人，享有代理权限。信托财产形式上归属于受托人，但是实质上并非如此，信托方式是受托人隐藏代理关系的一种手段。——参见何孝元《信托法之研究》，《中兴法学》1987年第1期。

[③] 例如我国信托法的规定。

[④] 此也为德国学者所主张，认为信托实质是一种附解除条件的法律行为，信托财产归受托人所有，但是附有解除条件，该解除条件就是指导致信托终止的种种事由。条件成熟时，信托财产所有权归受益人。——参见周小明《信托制度比较法研究》，法律出版社，1996，第34页。

[⑤] 这种主张为部分日本学者所持有，认为信托的产生实现了财产从委托人向受托人的转移，但是信托财产在本质上又不属于受托人。信托财产独立于委托人，也独立于受托人，信托自身成为财产所有人。受托人对信托财产所享有的只是一种财产管理权。加拿大魁北克省就采取了这一方式，将信托财产视为独立财产。《魁北克民法典》第1260条规定："信托产生于信托人的设立行为，依此行为，信托人从其财团中移转一定的资产于他设立的另一财团，他将此等财产用于特定目的，受托人以其接受行为保有并管理此等财产。"第1261条规定："信托财团由移转于信托的财产组成，构成具有信托目的的、独立的并与信托人、受托人或受益人的财产相区分的财产，上述人对此等财产不享有任何物权。"——参见徐国栋主编《魁北克民法典》，孙建江、郭站红、朱亚芬译，中国人民大学出版社，2005，第160页。

权赋予受益人，那么势必导致其对受托人的经营管理活动造成过多的干扰，而且使受托人外观上的完全的权限受到质疑。有意思的是，这种在立法或者学理解释上的不同并没有导致各国在构建相关具体法律制度时的大相径庭。因为无论采用哪一种主张，在确定信托财产的归属之后，通过相关的配套制度设计出一系列完备规范，都可以达到其目的，正可谓殊途同归。可见，大陆法系国家在移植英美信托制度时既要让其继续发挥信托的独特功能，同时也得考虑在本国早已成型的法律体系中如何妥善安置信托制度，的确颇费周折。从日韩两国的立法实践来看，他们的努力主要在于：其一，仍然依照传统大陆法的物权—债权的两分模式来构造信托财产。受托人享有所有权，同时受益人享有受益权。前者是物权性质，后者的性质则偏向债权（例如受益人原则上只能向受托人行使权利；受托人违反信托义务时，受益人也仅仅享有撤销处分的权利）。其二，将信托法作为民法特别法，在基本上认可受托人享有所有权的情况下，对信托财产之上的权利义务进行构建，以排除民法上关于物权债权的规则在信托财产上的适用。主要通过对受托人进行受益权剥离和信赖义务规制的双重制约，以限制其所有权；同时通过对受益人赋予某些物权性质的权利，例如受托人破产时的别除权、受益人的监督权、受益人在信托终止后信托文件无明确规定时的信托财产的归属权等，以扩张受益人的"债权"。

  我国立法中，关于信托财产的归属规定得比较模糊。《信托法》第 2 条定义信托时，使用了"委托人将其财产权委托给受托人"的表述，这就使得信托财产的法律性质难以明确。专家学者认为应该将此条理解为信托财产的所有权依然为委托人所享有。[①] 更有学者认为这

---

① 例如，江平教授认为："这次信托立法里做了一个非常大的修正，与世界各国不一样的是没有明确规定财产的所有权或财产权属于受托人，……可以看到这一特征告诉我们必须同时兼顾两方面的利益，一是受托人对于财产应该享有完全分配的权利；另外一方面又要考虑到受益人对于这部分信托财产本身所获得利益的保（转下页注）

一模式"揭示了信托成立的基础——委托人基于信任将自己的财产委托受托人管理、处分,同时又避免了信托财产所有权的归属问题,克服了财产权转移模式的缺陷,体现了很高的立法艺术,具有一定的科学性"。① 但是也有学者持相反观点,认为这一做法存在明显缺陷,既不可能为遗嘱信托情形下信托财产所有权的归属提供法律依据,而且更没有也不可能为受托人处理信托财产提供处分依据。② 除此之外,也有学者提出,公益信托是"公共产权"或者"公益产权"的观点。③ 学者提出这一主张的目的不外乎考虑到公益信托作为非营利组织,其产权不属于任何组织或者个人,公益信托只是作为受托人来行使公益资产的所有权。而且当公益信托消灭的时候,其剩余财产一般不是在其成员中进行分配,而是移交给类似的公共部门。

笔者认为,信托财产无论在性质上如何认定,都应该肯定其独立性,即信托财产独立于委托人、受托人及受益人等当事人的其他财产或者固有财产。而这一独立财产又具有一定的目的,于公益信托而言,就是一定的公益目的。信托财产一旦从委托人财产中分离出来,那么在其之上就实现了权、利的分离:受托人对信托财产享有占有、使用、处分等权能,而受益人对信托财产享有信托利益。所以笔者认为,对于信托财产,笼统地去界定其归属意义并不大,而应该在肯定权、利分离的基础上构建具体的规则。可以说信托是一种财产

(接上页注①)障,而单纯地强调某一方面都不符合信托法的原则。"江平:《论信托法的基本原则》,《市场报》2001年5月24日。

① 伍坚:《海峡两岸信托法制之比较研究》,《台湾法研究学刊》2002年第2期。
② 参见周小明《信托制度比较法研究》,法律出版社,1996,第13页。持同样观点的学者还有张淳教授,参见其论文《〈中华人民共和国信托法〉中的创造性规定及其评析》,《法律科学》2002年第2期。
③ 例如,王名教授就将非营利组织的资产界定为"公益或互益资产",属于社会。他在这里并非指非营利组织实行的是"社会所有制"。这里的社会是一种虚拟的范畴,可以说是一种假定。——参见王名编著《非营利组织管理概论》,中国人民大学出版社,2002,第3页。赖源河、王志诚:《现代信托法论》,中国政法大学出版社,2002。

管理的特殊构造。

（二）公益信托受益人权利的界定

在信托构造上，由于信托财产的权利和利益处于分离状态，大陆法系对于受益人权利的性质认定有众多争议，归纳起来大致有"债权说"[①]、"兼具物权和债权性质说"[②]、"所有权权能说"[③]和"独立权利说"[④]。另有台湾地区学者认为，受益权是类似以信托财产为担保的法定留置权或准物权，是信托制度赋予受益人的权利，他人不得予以否认，在性质上类似于海商法上的船舶优先权，可以行使物权的追及权以及撤销权，如经过登记公示，即可足以保护第三人利益。[⑤]

笔者认为，对于受益权性质的认定还是得回到信托制度的功能及其基本构造上来。信托制度在赋予受托人以极大的管理权限的同时也得保障受益人的受益权。所以各国信托法对于受益人一般赋予以下权限：受益人有权促使受托人忠实地处理信托事务、管理信托和分配信托利益；受益人可以采取适当措施制止受托人违反其义务，并请求受托人负担民事责任；受益人还享有知情权。但是受益人一般不得参与信托事务的具体决策。根据我国《信托法》的相关规

---

① 该学说认为，在信托关系中，受托人对信托财产享有所有权，而受益人仅仅对受托人享有取得信托收益的债的请求权。

② 该学说认为，受益权兼具债权和物权的双重性质，受益人对受托人享有取得信托收益的债的请求权，同时受益人还享有撤销受托人违反信托目的和违背管理职责的处分信托财产的行为并向第三人追索财产的权利，这一权利无疑具有物权特征。

③ 该学说主张信托财产的所有权由受益人享有，所以受益权是受益人以所有权人身份所享有的权利。受托人则是代理受益人对信托财产进行经营管理而已。

④ 该学说认为，信托关系无法纳入大陆法系传统的财产权概念体系，受益权不仅具有物权性质，还具有债权性质，甚至具有一些不能为物权和债权概念所包含的内容，例如受益人对信托事务的监督权、知情权等。所以认为受益人的受益权是一种特殊的民事权利。

⑤ 参见何孝元《信托法之研究》，《中兴法学》1987年第1期。

定，受益人所享有的权利包括以下内容：其一，在信托存续期间，享受信托财产收益的权利。这是受益人最主要的权利。其二，在信托终止时，除非信托文件另有规定，享有剩余信托财产。根据《信托法》第54条规定，信托终止的，信托财产归属于信托文件规定的人，信托文件未规定的，信托财产首先属于受益人。其三，监督受托人管理、处分信托财产的权利，主要包括：①知情权：有权了解信托财产的管理运用、处分及收支情况、并有权要求受托人作出说明，有权查阅、抄录或者复制与信托财产有关的账目以及处理信托事务的其他文件；②特殊情况下要求受托人调整信托财产管理方法的权利；③适当情形下，请求撤销受托人处分行为的权利；④特定情况下解任受托人的权利；⑤共同受托人意见不一致，信托文件未有明确规定时，有决定的权利；⑥对非法强制执行信托财产的异议权；⑦对信托报酬及其增减的同意权；⑧对受托人辞任的同意权；⑨新受托人的委任权；⑩放弃信托利益的权利；⑪转让及其继承人继承受益权的权利。笔者认为机械地把受益权硬塞到大陆法系关于物权和债权的两个框架中去有"削足适履"的嫌疑。我们可以发现，受益权有债权的特征，但是也兼具物权的对世效力。从这一意义上而言，笔者倾向于将受益权视为一种特殊的权利。

甚至对于公益信托究竟是否存在受益人也有争论。例如日本通说就认为，公益信托是以一般的社会利益为目的，但是一般社会不能成为权利义务的主体，也就无法成为受益人。他们甚至认为公益信托中的信托利益获得者不是受益人，只是受给人，其不具备私益信托中受益人的法律地位。[①] 笔者则认为，公益信托的受益人一旦特定化，应该具有与私益信托受益人同等的权利。

---

① 参见四宫和夫《信托法》，有斐阁，1989，第308页。转引自郑策允《公益信托法律制度之研究》，硕士学位论文，辅仁大学法律研究所，1999，第90~91页。

四　公益信托与财团法人

大陆法的财团法人是享有独立法人人格的目的财产。公益信托与其在功能上有重合之处。所以有必要来分析：是否具备了财团法人的国家就无需引入公益信托制度？

（一）财团法人及其历史渊源

财团法人是以供一定目的的独立财产为中心，而备有组织的法人。[1] 罗马法并不存在现代意义上的"法人"，但是却具备了"法人"的基本内容和形态。"财团"（universitas facti）原意出自"概括承受"的全部权利和义务。罗马的财团主要包括：寺院、慈善团体和待继承的遗产。其中慈善团体（piae causae）是罗马帝政初年，皇帝设立财团，救济贫困孤儿，费用由国家承担，视为国家财产的一部分，享有人格，为世俗最初的财团法人。[2] 至公元5世纪，凡是以慈善事业为目的而捐助财产的，该财产即可取得人格，具有负担义务取得权利的能力。[3] 这类慈善团体的设立目的从优士丁尼皇帝的言语中可见端倪：

> "当以笼统的方式将穷人设立为继承人时，一律由城市贫民救济院获得遗产，并由救济院的领导按照我们为战俘作的那些规定在病人中进行分配；或者发给年收入，或者变卖可动物或动物，以便购买不动物并每年向病人提供膳食。实际上，难道还有人比那些受贫困煎熬、生活在救济院并且因自身疾病而不能获得必要

---

[1] 史尚宽：《民法总论》，中国政法大学出版社，2000，第230页。
[2] 周枏：《罗马法原论》（上册），商务印书馆，1994，第270~271页。
[3] 但也有学者认为这类慈善团体是基督教的产物，在其起源之初，只以慈善和怜悯为目的，主要表现为养育院、医院、孤儿院。参见〔意〕彼得罗·彭梵得《罗马法教科书》，黄风译，中国政法大学出版社，1992，第54页。

的膳食的人更穷吗?"①

慈善团体的范围除了孤儿院、救济院外,老年院、免费医院等都属于此类。

建立在绝对个人主义思想基础之上的《法国民法典》对团体采取了敌视的态度,团体被认为是侵害个人意思自由的存在。因此在《法国民法典》中有意地忽略了团体,也没有法人的概念,财团也就无从谈起。《德国民法典》在首创了法人概念之后也确立了财团法人制度。此后,各大陆法系国家在其民法典中逐渐借鉴德国的立法模式采取了社团法人和财团法人的两分法。民法上的法人,根据其设立的基础不同而区分为财团法人和社团法人。社团法人是结合社员的组织,组织本身与组成人员(社员)明确分离,团体与社员都保持其主体的独立性。机关的行为就是团体的行为。社员通过总会参与团体意思的形成,并且监督机关的行为。团体的财产及负债均归属于团体,社员除应分担的出资外,不负任何责任。② 财团法人则是集合财产的组织,为达到一定的目的而管理运用财产。财团的捐助章程所揭示的目的就是该财团法人的目的,财团法人之机关(理事或理事会)仅根据管理目的忠实管理财产,从而维护不特定人的利益并确保受益人的权益。现代意义上的财团法人是实现捐助人意愿的最为有效的法律形式。捐助人通过捐助行为使其捐助的财产成为独立的法律主体,可以永远存续下去,管理上也具有独立性,辅助以国家的监督和法律的制约,可谓是理想的模式。③

---

① 〔意〕桑得罗·斯奇巴尼选遍《民法大全选译·人法》,黄风译,中国政法大学出版社,1995,第109页。
② 社员与社团之间人格的独立性问题早在罗马法期间就已经为学者所认识,尽管当时并没有法人这个概念,例如罗马五大法学家之一乌尔披亚努斯就说过,在一个团体里,其成员的变更并不影响团体的存在,因为团体的债务并不是其各个成员的债务,团体的权利也不是其各个成员的权利。——参见周枏《罗马法原论》(上册),商务印书馆,1994,第269页。
③ 参见江平主编《法人制度论》,中国政法大学出版社,1998,第49页。

（二）财团法人与公益信托的比较

大陆法上的财团法人制度和英美法中的公益信托制度都是为公益目的而设立，但是在法律结构上存在不同。

第一，设立方式不同，财团法人是以法人的方式设立，而公益信托是以信托方式设立。财团法人本身因捐助行为而设立，是具有权利能力和行为能力的主体，对所捐赠的财产享有所有权；而公益信托则并没有像财团法人那般创设了新的权利主体，而由受托人和受益人分别对信托财产享有"普通法上的所有权"和"衡平法上的所有权"。公益信托的信托财产所有人（权利人）是受托人，而在财团法人的情形下，其财产权的权利人为法人本身。

第二，法律地位不同。公益信托欠缺独立的法人人格。美国法将公益信托视为非营利组织的一种，有别于非营利法人和非营利非法人社团。在日本、韩国和我国台湾等国家和地区，公益信托并不具备独立的主体资格。尽管在这种立法例下，也承认公益财产的独立性。但是这种公益财产的独立性，是指公益财产独立于受托人、委托人和受益人的财产，而后借助受托人的主体资格，由拥有主体资格的受托人根据信托目的营运信托财产。相反，民法上的财团法人与自然人同样具有"人格"，在法律规定的范围之内，具有独立地有享受权利、负担义务的能力。

第三，与财团法人相比，公益信托更具有弹性、更为灵活简便：①成立方式简便，无需受财团法人资格的限制。②就设立程序与费用而言，设立公益信托无需设立专职人员以及固定事务所，可以节省营运费用。③不受捐赠规模与存续期间的限制，使信托财产可以尽可能地用于公益目的。[①] ④财团法人为确保其永续性，通常有最低财产额

[①] 参见赖源和、王志诚《现代公益法论》，五南图书出版公司，1996，第 175～176 页。

的限制，而且原则上不得处分其基本财产，成立后不得任意解散；而公益信托的成立则比较有弹性，可以动用信托财产的本金。还可以设立小额公益信托，或者根据公益信托条款约定信托存续期间，因此比较适合阶段性工作。

第四，内部治理结构不同。财团法人须设立董事会或理事会为执行事务的机关，并且有专门决策程序的规定。财团法人的董事或其他有代表权之人，在权限范围内所为行为的法律效果，都直接归属于法人；而法人对于上述之人因执行职务对他人造成的损害，也应与该行为人负连带赔偿责任。公益信托一般无专门机构，只是规定受托人的信赖义务。受托人在信赖义务之下，有忠实管理、分别管理、亲自管理等义务。所以在治理结构问题上，如果财团法人还可以通过内部的制度规范来进行自我治理的话（当然与社团法人相比，这种内部制衡并不完善），那么公益信托则除了对受托人的义务进行规定外，更多来自外部监督，例如公益事业主管机关的监督。

第五，适用的对象不同。鉴于以上特点，公益信托适合执行单纯的任务或者提供财务辅助。财团法人比较适合直接从事经营类的活动，例如美术馆、图书馆、博物馆、学校或医院等；而提供奖学金、科研开发费用等公益事务，可以考虑采用公益信托方式。正如一份研究报告指出：

> "一般而言，财团法人之组织较为严密，营运较为独立，且能克服自然人生命之有限，又能集合众人之智慧与能力，故规模较大且须永续经营之公益事业，以利用财团法人制度较为适宜；反之，资产规模较小，不容易维持独立事务所与专任职员费用，仅由既存之受托人执行事务，即能达成设立之目的者，则以成立公益信托为佳。在外国实务上，捐助金额较少，或捐助人本身无意参与公益事务执行者，多选择设立公益信托。"[①]

---

① 中国台湾《信托法制与实务》，第95~96页。

我们可以同时存在公益信托和财团法人制度的我国台湾地区的相关规定为例，来细微地分析两种制度之间的差异。

表2 财团法人与公益信托对照①

项　　目	财团法人	公益信托
法律渊源	民法	信托法
权利主体	为具有人格的权利主体	非权利主体
成立方式	捐助章程或者遗嘱	信托契约或遗嘱
特殊成立方式	无	宣言信托（限于法人）
登记	目的事业主管机关许可，再向法院登记法人	目的事业主管机关许可
财产独立性	财团法人拥有财产权利	信托财产应具有独立性
财产所有权归属	财团法人	受托人
剩余财产归属	各级政府	各级政府或其他公益法人、公益信托
设置固定办公场所	需要	不需要
设置专职人员	需要	不需要
资金使用方式	只能使用孳息从事公益	本金和孳息都可以使用
意思机关	理事会	得设立咨询委员会
内部监督机关	得设监察人	必须设立信托监察人
公益执行人	法人自身	受托人
纳税义务人	法人自身	受托人
免税比例限制	和创设目的有关的支出，不低于孳息与经常性收入的70%	无比例限制规定
存续期间	成立后不得任意解散	可约定一定存续期间

正因为这些差异，使"公益信托与公益法人二者的关系，犹如车之二轮，为现代公益活动不可或缺的制度"。② 所以在设有财团法人制度的大陆法系国家和地区，也确立了公益信托制度，例如日本、韩国、

---

① 参见郑建中、廖文达《公益信托之法制与争议》，《财经论文丛刊》2005年第3期。
② 赖源和、王志诚：《现代公益法论》，五南图书出版公司，1996，第176页。

我国台湾地区。① 而且如果运用得当，公益信托可与财团法人相辅相成。②

五　公益信托制度在大陆法系的实践

公益信托制度被引入大陆法系之后，也并非一帆风顺。我们暂且以日本和我国台湾地区为例，来审视公益信托制度在大陆法系的实践状况。

（一）日本

饶有意味的是，在日本继受信托的过程中，也有债权说③、物

---

① 反之，在信托制度滥觞的英美法国家，没有财团法人的概念，只有会员制组织（Membership Organization）与非会员制组织（或者称为董事会控制的组织）（Non-Membership Organization/ Board-Managed Organization）的分类。在后一种情况中，组织的最高权威机构为董事会或者其他类似的组织。其实在这些组织中，董事会的职能与会员制中的董事会的职能是类似的，即监督整个组织的管理活动。然而，非会员制的董事会是能够使自身永远存在的，而且没有受制于任何一个成员。最典型的例子是基金会，当然一些服务机构也可以采取这样的组织结构。由于非会员制的非营利法人受到更为有限的外在审查，因此法律会对它们的公开度和问责提出更高的要求。See Lester M. Salamon, *The International Guide to Nonprofit Law*, John Wiley & Sons, Inc., 1997, pp. 21–22。
② 例如郑建中、廖文达在《公益信托之法制与争议》一文中指出："财团法人可扮演公益信托的推广角色，试想公益信托应非为权利义务的主体，而系一项管道、途径，相反的是财团法人具有法律所赋予行为能力的人格权，二者结合有其高度价值；况采用宣言信托的法人方式设立公益信托，一般企业（或信托业）固亦甚佳，惟其常设有企业经营理念下的财团法人基金会（如天仁茶叶公司设茶艺基金会），更可由该基金会名义成立信托，如是驾轻就熟而公益理念一致，显然在理论和事实面皆颇合宜。"——参见郑建中、廖文达《公益信托之法制与争议》，《财经论文丛刊》2005 年第 3 期。
③ 日本学者清木彻二、入江真太郎持此主张。债权说认为，在信托中，财产权已经完全移转给受托人时，这一移转具有内部的具有相对性的限制。而且信托财产具有独立于受托人自由财产的属性，也是基于受托人与委托人之间的债权性架构。至于信托财产不属于受托人遗产的范围，受托人的债权人也不得就信托财产主张权利这些特征，是债权性的例外。参见《公益信托之理论与实务》，方国辉、陈建文译，台湾金融主管部门，1993，第 33 页。

权说①和具有物权效力的债权说②的争议，也有学者探讨信托是否具有法人人格的问题。争执的起因是日本《信托法》第 1 条规定：本法所称信托，是指转移或以其他方式处分财产权，使他人依一定的目的，为财产权的管理和处分。所以在财产权移转问题上，具有物权性效果；而在受托人为财产权的管理或者处分上，却具有债权的效果。由此导致学说上的争端纷起。根据日本《信托法》第 66 条的规定，以祭祀、宗教、慈善、学术、技艺或其他公益为目的的信托为公益信托。但是自 1922 年《信托法》颁布以来的大半个世纪里，实践中从未有过公益信托。二十世纪六七十年代，日本的公益法人制度开始出现一些弊端，尤其是中小规模的公益法人无力负担人员工资和行政费用，企业法人成立公益法人作为避税的手段。同时另有一些公益法人因接受财政支持，丧失中立地位，甚至成为主管部门安置其退休人员的去处。于是日本总理府委托公益法人协会，重新检讨公益制度，以求改进。在这样的背景之下，日本外务省于 1977 年 4 月 22 日首先颁发了外务大臣所管公益信托受托许可证及监督法令，建设省、文部省（现为文部科学省。——编者注）也相继于 5 月 11 日、6 月 1 日制定了相关的许可颁发和监督法令。同年 5 月 2 日，由外务省许可的"金井海外协力纪念基金"、由建设省许可的"齐藤纪念建筑技术研究奖励基金"成立。③ 截止到 2003 年 3 月，已经有公益信托 572 个，信托财产总价值达到 711 亿 1840 万日元。④ 根据

---

① 持这一主张的主要有日本学者四宫和夫。他认为，信托源于英美法，在英美法上并没有如同大陆法那样严格区分物权和债权。但是依然有契约法和财产法之分。信托法显然属于财产法领域。信托具有极强的独立性，甚至具有特殊的法主体特性。受益人对于信托财产的权利是一种物的权利，受托人是一种财产管理权，并非单纯的债权。——参见《公益信托之理论与实务》，方国辉、陈建文译，台湾金融主管部门，1993，第 35 页。
② 《公益信托之理论与实务》，方国辉、陈建文译，台湾金融主管部门，1993，第 35 页。
③ 陈月珍、郑俊仁：《信托之法制》，金融财政研究训练中心，1998，第 16～18 页。
④ 参见谢哲胜文建会"文化公益信托法律关系、设立监督及实务运作"讲（转下页注）

公益信托的目的可以有以下分类。

表3　日本公益信托分类①

信托目的	受托件数	信托目的	受托件数
奖学金给付	172	自然科学研究助成	90
人文科学研究助成	15	文化财产活用	3
教育振兴	82	社会福利	44
艺术文化振兴	34	自然环境保全	16
动植物保护繁殖	1	都市环境整备、保全	31
绿化推进	1	国际协力、国际交流促进	58
其他	25	总　　计	572

由此可见，日本的公益信托发展也就是近30年的事情。为何在引入信托制度大半个世纪以来日本没有发展公益信托制度呢？原因在于：第一，日本在信托立法初期，草案中并没有关于公益信托的规定，直至大正七年（1918年）的草案中才有了关于公益信托的规定，但是只有一个条文。两年后迫于对信托法的批判才形成相关条文。所以从立法而言，信托法中对于公益信托的规定是对批判信托法的意见的仓促回应。第二，日本信托法中规定公益信托的设立必须经过主管机关的批准，但是信托法实施之后，没有主管机关出台相应规定，致使公益信托的设立、监督等都没有依据。第三，日本早期对于信托法的研究都囿于商事信托和营业信托领域，对于公益信托少有问津。同时，从事信托业的信托公司也将业务重点置于追求私益的营业信托，对公益信托鲜有涉足。第四，日本早于1896年制定的《民法典》中就有关于公益法人的规定，在一定程度上满足了公益事业的需求。而且普通

(接上页注④)授资料，2003。转引自陈俊宏《非营利组织从事公益信托之研究》，硕士学位论文，台湾"南华大学"非营利事业管理研究所，2005，第38页。

① 本表引自陈春山《公益信托的理念与制度》，载《文化公益信托法律关系、设立监督及实务运作——分区法律座谈会会议手册》，台湾文化主管部门编印，2003年9月，第16页。

民众对于信托这一来自英美的舶来品的了解不够，也阻止了公益信托被大量采用。①

（二）台湾地区

台湾地区于1996年通过"信托法"，其中也规定了公益信托制度。但是截止到2005年，核准设立的公益信托只有五个。2001年10月11日，"公益信托陈春山法制研究基金"经台湾法务主管部门核准设立，成为台湾地区第一个公益信托，既是信托制度在台湾地区开创多元运用的新契机，也是台湾地区非营利组织多元化的起步。此后，政治大学教授合资捐赠一百万新台币成立了"公益信托财经法务新趋势基金"。原政治大学教师法治斌遗孀及其朋友共捐资三百万新台币，成立"公益信托法治斌教授学术基金"。台塑集团负责人王永庆以其父亲的名义成立了"公益信托王长庚社会福利基金"。由普莱德科技董事长陈清港、许华玲夫妇捐资五千万新台币成立了一个教育信托，即"普莱德公益信托教育基金"。② 可见，公益信托在台湾地区也是"小荷才露尖尖角"。

六　我国公益信托制度现状及问题

（一）在我国从事公益事业可选择的组织形式

在中国，个人或者组织要从事公益事业，有以下几种组织形式可供选择。

一者，社会团体法人。1998年《社会团体登记管理条例》第2条

---

① 参见《公益信托座谈会——公益信托之现状及今后之课题》，方国辉译，载《日本公益信托文粹选集》，台北市信托商业同业公会印，1991，第4页。转引自郑策允《公益信托法律制度之研究》，硕士学位论文，辅仁大学法律研究所，1999年6月。
② 参见陈俊宏《非营利组织从事公益信托之研究》，硕士学位论文，台湾"南华大学"非营利事业管理研究所，2005年6月，第39页。

137

规定,"本条例所称社会团体,是指中国公民自愿组成,为实现会员共同意愿,按照其章程开展活动的非营利性社会组织"。社会团体是基于公民结社自由权的社团。二者,基金会。2004年以前,基金会是作为社会团体法人存在的。但自1998年《社会团体登记管理条例》将社会团体定义为成员制的社团后,基金会已经无法在逻辑上成为社会团体的一种类型。2004年《基金会管理条例》将基金会定义为"利用自然人、法人或者其他组织捐赠的财产,以从事公益事业为目的,按照本条例的规定成立的非营利性法人"。可谓正本清源。三者,民办非企业单位[①]。1996年,中央从完善我国社会组织管理格局的角度出发,决定把民办事业单位交由民政部门进行统一归口登记,称为民办非企业单位。1998年的《民办非企业单位登记管理暂行条例》中第一次从法律上确立了这一组织形式。

社团法人是一种以成员为特征的非营利组织,这与公益信托有本质上的区别。民办非企业单位是指利用非国有资产举办的、从事非营利性社会服务活动的社会组织,例如民办学校、私营医院等。与此不同的是,公益信托并不要求一定得从事社会服务活动,大部分是为社

---

① "民办非企业单位"概念,是在事业单位体制改革过程中出现的。"企业"与"非企业"的二分法源于"事业"与"企业"的二分法。"企业"和"事业"是计划体制下,根据生产职能的差别而产生的划分。企业往往和工商业联系在一起,在工商领域活动的组织称为企业,并且但凡企业都需要在工商行政管理部门登记。而事业单位主要是从事教育、科技、文化、卫生(通常简称为"教科文卫")领域的活动。民办非企业单位与事业单位的区分,从《事业单位登记管理暂行条例》和《民办非企业单位登记管理暂行条例》来看,主要是以资产来源作为区分的标准。利用国有资产举办的,是事业单位,而利用非国有资产举办的是民办非企业单位。根据《民办非企业单位登记管理暂行条例》第2条的规定,民办非企业单位是指企业事业单位、社会团体和其他社会力量以及公民个人利用非国有资产举办的、从事非营利性社会服务活动的社会组织。民政部于1999年发布的《民办非企业单位登记暂行办法》第4条中列举了教育、科学、文化、卫生、体育、民政等九类,再加上"其他"。目前,绝大部分的民办非企业单位都是民办事业单位复查登记而来的。参见陈金罗、葛云松、刘培峰、金锦萍、齐红《中国非营利组织法的基本问题》,中国方正出版社,2006,第79~80页。

会公益事业直接提供资金支持。

我国《民法通则》将法人分为机关法人、事业单位法人、社会团体法人和企业法人四种类型，目前尚不存在财团法人之说，也就没有相对应的制度。但是葛云松先生在比较了我国基金会、法人型民办非企业单位与国外财团法人之后，得出结论："我国的基金会与民法非企业单位法人制度与国外的财团法人制度的确存在一些差异。[1] 但是除了在若干问题上范围较窄、若干细节规定上有些区别或者缺乏规定外，并没有根本性的不同。"[2] 可以将我国的基金会和法人型民办非企业单位进行制度上的整合，建构起我国的财团法人制度。

关于公益信托与财团法人之间的一般区别，本文在前面已经有所涉及，不再赘述。不可否认的是，我国基金会在筹建资金、从事社会公益活动方面取得了很大的成果。以青少年基金会为例，仅希望工程一项在短短十余年间累计接受海内外捐款18.4亿元人民币，使229万名儿童重返校园，建起了7800多所希望小学，被誉为"中国非营利组织公益组织品牌"。但是纵观目前法律规定，我们发现如下问题。

一者，在我国设立基金会的条件比较苛刻，主要体现在资金要求上，全国性公募基金会的原始基金不低于800万元人民币，地方性公募基金会的原始基金不得低于400万元人民币，非公募基金会的原始基金不得低于200万元人民币。公益信托没有起始资金的限制，只要求有确定的信托财产即可，更有利于吸纳社会上闲散资金从事公益事业。另外，基金会的设立程序比较繁琐。

二者，在运行成本上，基金会要求配备专职人员（包括理事、监事、秘书长等）、确定固定住所，而公益信托的具体运营由受托人来

---

[1] 这些差异主要体现在法人的目的、法人的设立、举办者（捐助人）、法人的法定机关、法人章程的变更以及法人的解散等方面。具体阐述参见葛云松《中国的财团法人制度展望》，载《北大法律评论》第5卷第1辑，法律出版社，2003，第182~183页。

[2] 葛云松：《中国的财团法人制度展望》，载《北大法律评论》第5卷第1辑，法律出版社，2003，第183页。

进行，除此之外，只需要设立信托监察人即可。

三者，基金会在实现资产保值、增值方面有诸多限制。《基金会管理条例》第 2 条明确基金会是以从事公益事业为目的的"非营利性法人"。第 28 条没有具体规定基金会所能从事的营利活动，而只是原则性地规定基金会应按照合法、安全、有效的原则实现基金的保值、增值。"合法要求"是指基金会必须符合以下规定：1990 年 8 月的中国人民银行总行颁发的《基金会稽核暂行规定》要求各地对基金会"以盈利为目的的经营活动。如直接投资、经商办厂、借贷资金等"进行检查纠正。1995 年 4 月中国人民银行总行下发的《关于进一步加强基金会管理的通知》中要求"凡经营管理企业及其他营利性经济实体的基金会，要限期清理并作出适当处置"；而且"基金会基金的保值及增值必须委托金融机构进行"。同时根据目前《基金会管理条例》第 29 条规定，公募基金会每年用于从事章程规定的公益事业支出，不得低于上一年总收入的 70%；非公募基金会每年用于从事章程规定的公益事业支出，不得低于上一年基金余额的 8%。这些强制性比例的规定从一定意义上是为了促使基金会实现发展公益事业的宗旨，确保对公益事业的投入。但是这样规定的缺陷在于缺乏可操作性。而且在一定程度上致使基金会投资行为受到极大限制。

所以，即使我们已经有社会团体法人、基金会、民办非企业单位三种模式供民众选择以从事公益事业，但是依然无法满足所有的需要。信托法中对公益信托的规定无疑是另外一种选择途径。

（二）现实中的公益信托雏形运作及其存在的问题

诚如本文开篇所言，截至 2008 年 5 月，我国尚无公益信托的成功尝试。汶川地震之后，"西安信托 5·12 抗震救灾公益信托计划"以公益信托方式推进灾区的教育事业，被视为真正意义上的公益信托在我国的尝试。实践中，存在不少公益信托的雏形。

（1）在一些基金会内部设立公益基金。例如在中国青少年发展基金会（以下简称"中国青基会"）中，设有中国青基会公益纪念基金。该基金以长期资助青少年发展事业为宗旨，接受捐赠人的捐赠，捐赠人获得基金的命名权。共分为四种类型：创始基金①、专项基金②、遗产基金③和公共基金④。还有类似"希望工程——金龙鱼农民工子女助学基金"⑤"濮存昕爱心公益基金"⑥ 等专项公益基金。中国红十字会下设立的"李连杰壹基金计划"⑦ 也是典型个案。

（2）我国目前存在大量的公益基金，例如教育基金、扶贫基金、助残基金、劳保基金、医疗保险基金、养老基金等。但是问题在于这些基金大多被各主管部门分割控制。而且主管部门大多为国家行政机关，缺乏必要的资金运作经验、技术和专业人才，无法实现专业管理和专家理财，资金运作行政色彩浓厚，不接受严格的金融监管，资金运作效率低下，甚至被挪用、盗用，无法实现基金预定的保值增值和安全的目标。

---

① 创始基金由捐赠人向中国青基会公益纪念基金捐赠一万元人民币以上即可设立。双方订立捐赠协议。
② 捐赠人向中国青基会公益纪念基金捐赠10万元人民币以上，即可设立专项基金。专项基金除享受创始基金的回报规格外，可成立专项基金理事会，由捐赠人（或代表人）出任该基金理事会的常务理事，按照中国青基会公益纪念基金的宗旨和捐赠协议，管理该项基金。
③ 捐赠人以合同或遗嘱的方式向中国青基会公益纪念基金捐赠遗产，即可设立遗产基金。遗产基金中的财产捐赠部分，将进行评估，计入遗产基金的捐赠额度。遗产基金对捐方的回报根据捐赠额度分别参照创始基金和专项基金的规格进行。
④ 由日常、零散捐赠汇聚而成的基金。公共基金的回报方式是，凡捐赠1千元以上，开具中国青基会公益纪念基金捐赠证书。
⑤ 由嘉里粮油（中国）有限公司向中国青少年发展基金会捐资设立的专项公益基金。
⑥ 2001年初，濮存昕在中国青少年发展基金会设立了宗旨在于帮助贫困的艾滋病家庭以及贫困地区孩子的教育的公益基金。这种公益基金以个人名字命名，由捐助人设立，可以长期存在并自愿充值。每年以基金的一部分用于捐助人指定的目的，由中国青基会落实，捐助人对于基金的管理和使用有监督权。
⑦ 2010年12月3日，壹基金在深圳成立深圳壹基金公益基金会，"中国红十字会李连杰壹基金计划"随之清算注销，其项目、资金及工作人员已由深圳壹基金公益基金会承接。

(3) 各大院校设立的各种奖学金、助学金、科研基金等。这类奖（助）学金、奖教金和专项课题研究基金大多为社会公众向高校捐赠设立。一般设立在各高校的校友会之下，设有一定的管理方式和管理机关。例如北京大学制定的《北京大学设立奖学金的管理规定》中就有相关规定。

(4) 在特定情况下筹款设立的特定账号。例如同一届的毕业生或者同乡等为了某一特定目的（例如为了相互帮助，尤其是救助遭遇不幸的同学）而设立一个账号，或者为某个重症病人专门设立的账号等。这可能是管理最为松散的一种形式。

这些情形的存在无疑表明了现实的一种需要。但是这些"公益基金"无不存在管理和运营上的问题。为什么不能依照信托法中的相关规定来进行规制呢？原因主要在于以下几个方面。

第一，信托法中规定了公益信托的原则和一般规则，但是却没有明确相关事项，导致法律规定缺乏操作性而难以适用。按照信托法的规定，公益信托管理中很多事项，例如公益信托的设立、公益信托受托人的辞任、受托人的变更、公益信托的检查、公益信托目的的变更、公益信托的终止[1]等都需要管理机构的批准和监督；但目前尚未确定究竟由哪个政府部门作为公益事业管理机构，致使公益信托的设立和管理无从谈起。

第二，国家没有为公益信托提供税收优惠政策。《信托法》第61条只作了原则性规定："国家鼓励发展公益信托。"但是具体鼓励发展公益信托的措施，例如税收措施还没有出台，在一定程度上影响了个人和组织设立公益信托的积极性。[2] 当然，民众对于信托的陌生感也

---

[1] 分别参见《信托法》第62、66、68、67、69和70条的规定。
[2] 国家税务总局、财政部于2007年1月18日通过的《财政部、国家税务总局关于公益救济性捐赠税前扣除政策及相关管理问题的通知》中赋予符合条件的社会团体和基金会以捐赠税前扣除资格。此后，《企业所得税法》及其实施细则中对于符合条件的非营利组织的收入以及公益捐赠人的税收优惠政策也予以了明确。但是这些规定都没有涉及公益信托。

是原因之一。

但是无可否认的是，公益信托制度值得在实践中进行尝试和推广。根据前文分析，信托制度（包括公益信托制度）引入大陆法系，尽管存在一定的理论争议，但是并不构成障碍，而且公益信托制度在发展公益事业方面具有不可替代性，也符合我国现实需要。同时，信托制度在中国已经历了多年的实践，积累了丰富的经验；而且正如前文所述，现实中存在的公益信托的雏形也为公益信托的发展进行了有益的探索。再者，理论界对此领域的研究也日益增多，相关立法和配套制度也在紧张制定之中，而日本、韩国和我国台湾地区对于这一制度的成功移植的经验也可供我们借鉴和参考。

结论　公益信托与两大法系：障碍可以被跨越

我国引入公益信托制度的确存在让人疑虑之处。最大的困惑在于：信托制度本是英美法所特有的，与英美法的财产制度、法律传统紧密相关，我们是否可以把这样一种制度移植到一个几乎迥然不同的法律体系中？本文审视了公益信托制度在英美国家的发展，发现这一制度即使在美国也曾遭遇抵制和否认，在较长时间内被法院判为无效。而在大陆法系的日本和我国台湾地区，在引入信托制度一段时间后，为了避免非营利法人（主要是财团法人）制度的缺点，已经陆续涌现出公益信托的成功实践个案。所以公益信托制度并非以英美法律体系作为依托。但是我们无法规避在现有法律体系中，运用现有的法律概念和术语去解释信托，并将这一制度融合到现有制度中的问题。这是法律制度协调的需求，也是法律人乐于接受智力挑战的尝试。于是在确定信托财产的归属和受益权的性质问题上，大陆法系的专家学者表现出了足够的智慧和努力，而且也找到了能够让人接受的合理解释。这样的努力不能仅仅被视为逻辑博弈或者智力游戏。

要移植一个制度，最重要的是这一制度所能实现的功能是我们现有制度无法提供的。这样就有必要去审视本国制度中相似的制度设计。本文比较了公益信托与大陆法上的财团法人，得出两者不可相互替代的结论。同时也指出，这一问题并非大陆法系国家和地区所特有，在美国也存在从事公益事业的多种组织形式。本文以较大篇幅比较了几种形式的特点，指出其各自适合的范围。明确公益信托只是为社会公众从事公益事业提供了一种途径，绝非（也不可能）要替代其他制度。

科学慈善运动与慈善的转型*

【摘要】科学关乎人的头脑,慈善关乎人的心灵。但百年之前西方社会兴起的"科学慈善运动"折射出科学对于慈善的影响,推动了慈善的组织化、专业化与制度化。时至今日,我国的慈善事业也面临如此转型挑战。

【关键词】科学慈善运动　慈善组织化　慈善专业化　慈善制度化

毕加索的成名画作《科学与慈善》(Science and Charity)似乎想告诉世人,唯有科学和宗教方能解救人类的苦难和绝望:身患重病、卧床不起的妇人,正在接受医生的诊断,她忧伤的眼神投向修女怀抱中的孩子。这幅画所表达的悲天悯人的人道主义精神打动了无数世人,也为毕加索赢得了马拉加美术展金奖。透过油画,科学和慈善被画家阐释为并列的拯世良方。学人却鲜有将两者放在一起予以考察的,因为科学和慈善的确大相径庭。科学是指反映自然、社会、思维等的客观规律的知识体系。慈善则是"最悠久的社会传统之一,它借由金钱的捐助和其他服务,来提升人类的福祉"。如果说科学是对客观规律的揭示,那么慈善是文化和传统,并与宗教和人的主观情感相关。形象一些表述就是:科学关乎人的头脑,而慈善关乎人的心灵。但是,

---

* 原文刊登于《科学对社会的影响》2009年第2期。

19世纪末20世纪初，西方社会兴起的"科学慈善运动"（scientific philanthropy movement）却折射出科学对于慈善方方面面的影响，展现出两者在交集时的碰撞和火花。本文将从慈善的历史发展窥探"科学慈善运动"的兴起，进而揭示慈善的组织化、专业化和制度化的表现，提出科学之于慈善的影响和意义。

一 "科学慈善运动"与慈善的世俗化

早在佛教和基督教诞生之前，慈善已经成为人类生活的一部分。但是纵观慈善事业发展历史，不得不承认宗教对于传统慈善事业影响之大之深。在深受基督教文化浸润，并且有着长期政教不分历史的西方社会，教会慈善一直被视为西方中世纪以来很长时期内的慈善典型。基督教教义要求人们应真诚地互爱互帮互助，认为行善是对上帝的义务而非对自我的救赎。以奥斯丁和阿奎那为代表的西方神学家们对慈善的阐释尽管不尽相同，但是却揭示出以宗教作为背景和价值支撑的慈善事业对于宗教的深厚依附关系。相关研究也显示：即便在"有宗族无宗教"的古代中国，对于慈善事业而言，宗教组织的作用也远远大于宗族组织。[1]

尤其是佛教传入我国之后，佛教的慈悲观及劝善理论和道教的禁恶行善主张、儒家的以仁爱为核心的伦理观念相互融合，成为富有特色的慈善思想文化根基。慈善与宗教相依，促使慈善更多关注个体命运，关注为苦难所笼罩的不幸个体。因此传统慈善更多地表现为个体化、应急性的行为，而且对于慈善的理解也往往囿于传统意义上的扶贫济困。

19世纪后半期以来，西方社会兴起了一场科学慈善运动。这场

---

[1] 秦晖：《政府与企业以外的现代化——中西公益事业史比较研究》，浙江人民出版社，1999。

运动本身是工业革命的副产品之一。机器化大生产造成城市工人失业，工业化又导致大量失地农民涌入城市，社会问题日益增多，城市贫民数量剧增。在当时社会改革家的眼里，慈善被视为促进公共福利和改善经济和社会不公正的一种机制，尽管这一机制效率低下，而且并不能完全满足需要。随着社会问题的增多，对于慈善的批评之声也逐渐尖锐：首先，批评者认为慈善只能解决表层的社会问题，而无法从根本上治理社会病态，即认为尽管慈善能够在一定程度上改善贫民的生活状态，但是对于致使贫困的社会病态秩序毫无助益；其次，批评者甚至认为慈善对于接受帮助的受益者并没有帮助，让他们因习惯于倚赖别人的恩赐而永远无法脱离贫困；最后，由于当时慈善活动主要是志愿性的，所以对于慈善管理的批评也不绝于耳，认为慈善本身存在不必要的重复和浪费。这些批评对慈善提出了更高的要求，意味着慈善必须根据社会发展的需要进行更为专业化和科学化的转型。[①] 科学慈善运动应运而生。这一运动要求将科学的专业知识和技能、组织管理和策略注入慈善领域，要求慈善吸纳经过培训的专业人士来参与管理，要求慈善不仅要从"授人以鱼"进化到"授人以渔"，而且必须关注社会问题产生的根源，试图寻求解决社会问题的根本之道。这样的变革是革命性的。如同有人这样论述道：

> 这种慈善思想追寻的是一种能够永远改善人类环境的境界：这种慈善思想不是要慈善基金会捐资解决诊所或医院的运作费用，而是捐资支持对疾病的性质及成因的研究、对防治疾病方法的探究；这种慈善思想不是要慈善基金会出钱为那些饥饿之人购买食品，而是捐资支持农业研究，以便生产出更多的粮食来保障价廉物美的食品供应；这种慈善思想不是要基金会为失

[①] Lenore T. Ealy and Steven D. Ealy, "Progressivism and Philanthropy," *The Good Society*, Volume 15, No. 1 (2006): 35 – 36.

业人员提供大笔的救助资金，而是捐资支持研究经济持续稳定增长的方法。[①]

不可否认的是，科学慈善运动使慈善事业大有改观：首先，对于慈善含义有了更为宽泛的灵活的认识：囿于传统的、以济危扶困等为内容的慈善宗旨逐步得以拓展，出现了以研究贫困等现象背后的社会问题为宗旨的慈善组织。于是，应急性的、暂时缓解困苦的传统慈善逐渐转向具备体系的和运行机制的现代意义上的慈善。其次，慈善事业逐渐吸收科学化的管理和运作，将系统化的理论和社会科学的研究成果引入慈善领域。在科学慈善运动中，人的理性高扬。慈善逐步脱离了构筑宗教信徒与上帝之间联系的中介色彩，而成为人类运用理性主动解决社会问题的途径之一。慈善的神圣色彩被逐渐淡化，取而代之的是世俗化的慈善。一言以蔽之，科学慈善运动使慈善不仅关乎心灵，更关乎头脑和智慧。

科学慈善运动不仅让慈善走下神坛，更有现实意义的是：从那场运动开始，慈善逐渐趋向组织化、专业化和制度化。

二 慈善的组织化、专业化和制度化

科学慈善运动的另外一个结果就是慈善的组织化。传统慈善更多的是捐赠者对受益人的直接帮助，或者通过教会、行业协会进行捐助；与此不同的是，科学慈善运动中出现了大量包括基金会在内的慈善组织。例如简·亚当斯（Jane Addams）创办的赫尔大厦（Hull House）就是一个帮助劳工阶级家庭的机构，被誉为"殖民之家"；安德鲁·卡内基（Andrew Carnegie）设立了以自己名字命名的基金会，致力于国际和平和公共教育；还有洛克菲勒基金会等。这些慈善组织历经百

[①] 李韬：《慈善基金会缘何兴盛于美国》，《美国研究》2005年第3期。

年之久，尽管其创办者早已作古，但是组织却依然按照原先所设立的宗旨运行。慈善的组织化使富裕阶层得以设立永续性的、带有纪念性质的慈善组织，可以超越设立者的生命周期持续致力于某种慈善目的。例如洛克菲勒基金会，自小洛克菲勒担任第一任会长以来，目前已经由家族第五代主持基金会，依然不改初衷。尽管其宗旨从原先的"促进全人类的安康"措辞细化为"促进知识的获得和传播、预防和缓解痛苦、促进一切使人类进步的因素，以此来造福美国和各国人民，推进文明"，但是基金会的关注点始终是教育、健康、民权、城市和农村的扶贫。

科学慈善运动还催生了一个新兴的学科和新兴的职业群体：社会学和社会工作者。而这恰恰是慈善专业化的要求。慈善的组织化要求必须有专业人才来管理慈善组织。为约翰·洛克菲勒所雇用成为专职慈善顾问的弗雷德里克·T. 盖茨（Frederick T. Gates）被誉为美国历史上第一位全职专业慈善顾问。[1] 自此，不少管理人才为慈善组织所聘用。慈善事业逐步将社会科学知识吸收并予以运用，例如对贫困救助的甄别、辅导和管理，并进而从知识、方法、技术、工作理念和工作领域等各个方面对慈善事业起到极大的促进作用。社会工作自身的知识体系、专业技能、专业伦理、管治架构和专业自主性逐渐得到认可，成为各大高等教育院校的专业之一。各个国家也开设了社会工作者的职业考试。社会工作者职业群体的诞生为社会培养和输送大量专业人才，不仅为慈善事业提供科学组织管理方面的知识和技能，而且在具体的慈善项目开展过程中，从项目立项、需求评估、活动设计、项目实效等各个环节都辅以专业知识，确保慈善项目执行的效率和效果。[2]

---

[1] Friedman J. Lawrence et al., *"Charity, Philanthropy and Civility in American History,"* Cambridge University Press, 2003, pp. 47 – 48.

[2] 参见陈涛、武琪《慈善与社会工作：历史经验与当代实践》，《学习与实践》2007年第3期。郭伟和：《从科学慈善到专业慈善——社会工作能为慈善事业做什么？》，《社会工作》2008年第2期。

与慈善的组织化和专业化相比，慈善的制度化则相对滞后。根据美国学者的研究，直到 20 世纪初期美国联邦税法实施之后，法律才开始干涉慈善。从一些案例中得以窥见各州的公益诉讼代表人（一般是各州的州务卿，或者翻译为首席检察长）对于慈善捐赠的有效性或者近似原则的适用提起公益诉讼。由于各州也相继出台了制定法对慈善组织的法人登记设立了一定的条件，所以各州的行政部门也会对慈善组织的法人登记进行审查。而对慈善行为的规范直到第二次世界大战以后才出现。[①] 但是随着慈善的发展，规范慈善的法律有增无减。现如今，尽管美国没有一部独立的慈善法典，慈善法也不是一个独立的部门法，但是其已经建构起以税法为主导、包括组织法和行为法在内的慈善法律体系。

三　我国慈善的转型

自改革开放以来，我国经济发展迅猛，城市化进程加快，各种社会矛盾和社会问题凸显。尤其是进入 21 世纪以来，慈善在各种重大自然灾害中的突出表现引起人们的日益关注，但是同时也引发大量的质疑。例如，对于未经慈善组织作为中介，而由捐赠者直接资助受赠者导致的纠纷引发的对开展慈善资助方式的质疑，对慈善组织的能力建设和从业人员的专业素质的质疑，乃至对现行慈善制度（包括管理体制和税收政策）的质疑。这些质疑需要我们及时回应。"皈依"科学无疑是明智的选择。我国的慈善正经历着转型，慈善的组织化、专业化和制度化程度将直接决定我国慈善事业的长期发展态势和方向。将科学理念注入慈善既是明智的选择，也是现实的需要。

近年来，中国慈善事业也逐渐地从企业临时性的、对受助对象直

[①] Marion R. Fremont-Smith, *Governing Nonprofit Organizations: Federal and State Law and Regulation*, The Belk-nap Press of Harvard University Press, 2004, pp. 53 - 54.

接的捐助，转为设立非公募基金会进行长期的、有规划的慈善事业。自 2004 年《基金会管理条例》颁布并允许设立非公募基金会以来，截至 2008 年底，我国已经有非公募基金会近 500 家。《基金会管理条例》一经实施，首个国家级非公募基金会——香江社会救助基金会就宣告成立，被誉为是"中国社会私人捐赠组织化的开始"。该基金会原始资金 5000 万元，以发扬人道主义精神、扶贫济困、发展社会公益事业为宗旨。首个地方登记的非公募基金会当属 2004 年 6 月 1 日由时任浙江省政协委员、旅美华侨叶康松捐赠原始基金 200 万元人民币发起的"温州市叶康松慈善基金会"。该基金会主要对那些因公殉职、生活处于贫困的家庭提供救济。随之，南都公益基金会、上海市自然与健康基金会、友成企业家扶贫基金会、华夏慈善基金会、远东慈善基金会、国寿慈善基金会、王振滔慈善基金会等相继成立。这些非公募基金会的宗旨体现出创立者独到的公益目标。例如，远东慈善基金会以救助残疾人就业为己任，华夏慈善基金会则将救助对象锁定为孤贫先天性心脏病患儿，国寿慈善基金会重点关注农民生命与健康的保障，王振滔慈善基金会以宣传慈善事业、向社会贫困群体提供帮助、对慈善事业作出贡献的人才进行奖励为业务范围。很多企业在成立非公募基金会之前，大多以不同的方式履践着社会责任。这些方式包括直接资助社会公益活动或者捐助给业已成立的社会公益组织。但是前者具有临时性和随机性特点，不利于企业对于公益项目进行长期管理和规划；后者尽管具有组织性的优势，但是不利于贯彻企业文化独特的公益追求和树立企业品牌。从某种意义上而言，以非公募基金会形式从事公益事业完成了企业捐助的飞跃，企业从被动的、临时的、随意的、以突发事件为主的捐助走向主动的、长期的、独立的、系统的、有规划的捐助，是企业承担社会责任的新型形式，有助于企业形象的塑造和公益理念一贯性的保持。

人才匮乏已经成为制约我国慈善事业发展的障碍之一。慈善组织和慈善活动的策划、运行和管理也是一项系统工程，必须有职业化的人才队伍来支撑。但是目前慈善领域的从业人员普遍以老、弱等退居二线和低学历人员为主。慈善领域既缺乏高级的职业经理人，也缺乏投资管理、税务、法律、财务、营销、公关、社会工作等方面的专才。我国尽管已经在不少高校开设了社会工作专业，但是人才的有效培养和输送上存在的问题依然是瓶颈。但是，一些接受了高等教育的青年也开始进入慈善领域并有所作为。尽管目前还为数不多，但是却展现出良好的发展前景。

慈善制度的完善也面临挑战。目前慈善法已经列入人大立法计划。慈善立法是要将如水一般自由流淌的感性慈善装入理性的规则之中，置于阳光之下。法律并非一种抽象的、理想化的价值或者就是体现了这样价值的条文，更应该把法律理解为与人们具体现实生活方式无法分离的一种规范性秩序。给慈善立法，应该是将现实生活中的规范性秩序发现、挖掘出来。如果从科学的角度审视，慈善立法需要满足以下两个方面的要求。

首先，慈善立法要为内在的"慈"转化为外在的"善"提供通道。慈善立法要提供可让人们自由选择的多种组织形式。尽管人们从事慈善行为并不总是需要法律的允许，但是当人们以组织体的形式从事慈善并因此享受社会公众的支持和政府优惠政策的时候，就有必要明确组织体的形式。慈善立法至少要明确这些组织体在从设立到终止的整个生命周期内的秩序。慈善立法要为慈善组织获得充分的资源输入提供保障。来自政府的政策支持，来自大众捐赠的财产、时间以及技能都是慈善组织得以持续、健康、良性发展的前提。所以慈善立法要对包括税收优惠在内的政府支持政策进行规定。慈善立法还要鼓励捐赠者和志愿者。尽管中国传统文化有诸如"有心为善，虽善不赏；无心为恶，虽恶不罚"的古训，但是，相关的鼓励政策却是必要的，因为这体现了对美好价值的肯定和追求。

其次，慈善立法要确保外在的"善"能够忠实于内在的"慈"。慈善组织的从业者在组织创立初期是满怀善意和理想的，但是他们中的有些人却会随着时间的流逝违背了初衷;当公众把善款交给某慈善机构的时候都希望能够用于他们内心所希望的慈善目的,但是,如何确保慈善机构的行为能够不偏离这些捐赠者的意愿?慈善机构的志愿者满腔热情地做义工,但是如何确保他出自善心的行为的确能够帮助到他人?这些都是慈善立法所要面对和规范的问题。所以慈善立法还要关注外部监管和内部治理问题。宏观而言,相关的监督可以来自政府监管,也可以来自行业自律,来自慈善组织的治理结构。微观而言,慈善组织内部需要建构起防止道德风险的内部机制,例如避免利益冲突交易规则的设置。

所有这些,让我们有理由相信,中国的慈善事业正经历着历史性的转型,其中,科学正在并将继续扮演重要角色。

中国非公募基金会发展报告 (2008)[*]

现代意义上的中国基金会发轫于20世纪80年代。在当时的历史条件、经济水平和政治环境下，基金会自上而下设立，并与政府有着紧密的先天联系。无论在资金来源、财产管理、项目运作还是自身管理方面，都极大地依托甚至依赖于政府。进入21世纪以来，随着社会经济的发展，一方面政府职能转变过程中释放的公共空间逐渐拓展，另一方面社会财富积累加速，日益增多的社会问题导致的慈善需求极大地刺激着民间资源介入公共领域的渴望，允许社会力量设立基金会的呼声渐高，并引起立法部门的重视和认可。2004年，《基金会管理条例》的出台让中国非公募基金会破茧而出。该条例中最引人瞩目的制度变革之一就是确立了基金会的新分类方法：以是否公开面向社会募捐为标准，将基金会区分为公募型和非公募型两类，并在具体规则上予以区别对待。经过四年多的发展，中国非公募基金会从无到有，截止到2008年底，全国登记的非公募基金会达643家，已经逐渐成为我国现阶段社会公益事业的积极参与者和承担者。非公募基金会的发展为增强企业和个人的社会责任感、

---

[*] 此研究报告系受中国首届非公募基金会发展论坛委托完成。感谢北京师范大学法学院教授刘培峰博士、清华大学公共管理学院教授邓国胜博士、国务院法制办朱卫国处长、北京师范大学社会学系（现为哲学与社会学学院。——编者注）副教授韩俊魁博士、民政部民间组织管理局刘忠祥副局长、北京华夏经济社会发展研究中心主任饶锦兴先生、中央民族大学公共管理学院教授陈旭清博士、中央财经大学法学院教授黄震博士在报告起草过程中对本报告的修改意见。

吸引民间资金投入公益事业、帮助困难群体分享我国经济社会发展的成果开辟了新的途径，对于全面建设小康社会和构建和谐社会具有重大战略意义和深远影响。

一 中国非公募基金会的发展现状

（一）中国非公募基金会制度环境现状

非公募基金会在中国依然属于新生事物。现阶段，除了行政法规层面的《基金会管理条例》之外，我国并无其他关于基金会的统一法律法规，相关规定散见于特别法和行政法规规章之中。整体而言，与非公募基金会相关的法律法规主要有《公益事业捐赠法》《企业所得税法》（及其实施条例）和《个人所得税法》（及其实施条例）等特别法，以及财政部、民政部、国家税务总局等制定的部门规章。这些法律法规在一定程度上明确了非公募基金会的设立、变更和终止的相关程序，提供了鼓励公益事业捐赠的有关措施，规范了捐赠、受赠行为和对非公募基金会的监管原则，促进了近年来中国非公募基金会乃至慈善事业的发展。1988年的《基金会管理办法》是我国第一部专门规范基金会的行政法规，尽管存在诸多不足，但是为推动"官办"基金会的规范发展提供了依据。2004年的《基金会管理条例》在总结过去16年中国基金会管理实践经验的基础上，吸收和借鉴了世界非营利组织管理立法的经验，第一次系统地对基金会登记、组织机构、财产使用和管理、监督管理等进行了规范，成为基金会管理（包括非公募基金会在内）的主要法律依据。《基金会管理条例》颁布实施之后，民政部又陆续出台了《基金会信息公布办法》《基金会年度检查办法》和《基金会名称管理规定》，进一步规范基金会管理。根据这些法律法规和规章制度，关于非公募基金会的现行制度主要包含以下内容。

1. 非公募基金会的行政管理体制稳中求变

2004年《基金会管理条例》中对于非公募基金会的规定依然沿用了双重管理体制，即非公募基金会申请成立、变更、撤销等主体变更程序要经过业务主管单位和登记管理机关的双重审批。其中业务主管单位的审批为前置程序，登记管理机关的审批为生效要件。这种体制在一定程度上弥补了登记管理机关目前管理能力的不足；业务主管机关对于某个目的事业领域的熟知和把握往往优于其他政府部门，归口管理倒也顺理成章。但双重管理体制的确在一定程度上对设立非公募基金会构成客观障碍。民政部曾经于2005年就基金会业务主管单位职能委托有关问题发出通知，规定在《基金会管理条例》出台之后设立非公募基金会的，业务主管单位的相关职能可以由省一级政府委托给下级的县级以上的对口部门或者相应免于登记的人民团体来承担。随后各地分别出台相关办法，在登记主管机关级别不变的情况下，将业务主管单位的职能委托到市县一级，便于设立非公募基金会。近两年，在实践工作中，民政部门对于欲设立非公募基金会的，一方面积极帮助联系，另一方面对于业务范围与民政有关联的，也勇于承担业务主管单位的职能，以削弱双重管理体制对于非公募基金会的掣肘。

这一做法从民政部登记的非公募基金会的业务主管单位的分布可窥一斑。

表1　民政部登记的非公募基金会业务主管单位

单位：家

年　份	非公募基金会数量	业务主管单位为民政部的	业务主管单位为民政部以外的其他部门的
2004	13	0	13
2005	19	2	17
2006	22	3	19
2007	29	7	22
2008	39	15	24

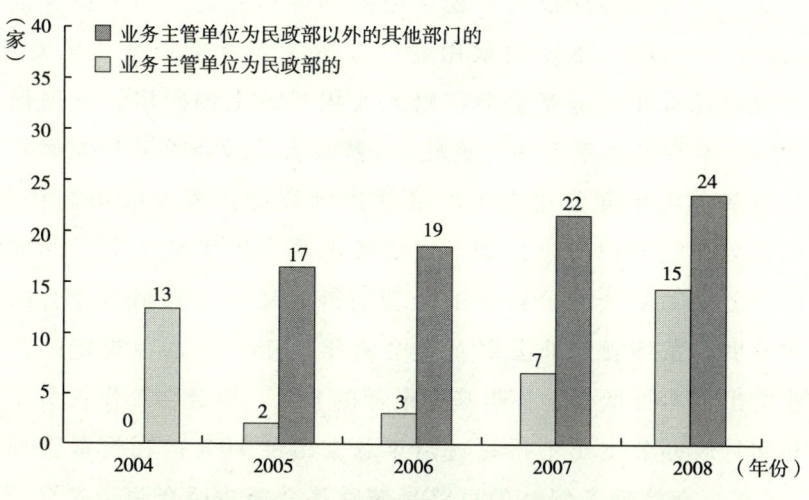

图1 民政部登记的非公募基金会业务主管单位分布情况

2. 非公募基金会的登记设立需要符合法定条件和程序

根据2004年通过的《基金会管理条例》的规定，自然人、法人或其他组织都可以申请设立基金会，基金会的捐赠人和其他任何热心于公益事业的公民或组织都可以作为成立基金会的申请人。就非公募基金会设立的条件而言，现行法律主要作了如下六个方面的具体要求：①为特定的公益目的而设立；②最低数额的原始资金要求，非公募基金会的原始基金不低于200万元人民币，但是必须为到账货币资金；③有规范的名称、章程和组织机构；④有与其开展活动相适应的专职工作人员；⑤有固定的住所；⑥能够独立承担民事责任。在程序上，则要求非公募基金会向登记管理机关提交包括登记设立申请书、章程草案、住所使用权证明、捐资证明等在内的申请材料，登记管理机关受理之后在法定期限内作出准予或者不准予登记的决定。

3. 财产管理制度的具体规则

《基金会管理条例》对于非公募基金会财产的管理，主要规定了三个方面的制度：财产目的限制、法定支出比例以及投资管理。

条例规定基金会必须根据章程规定的宗旨和公益活动的业务范围使用财产，捐赠人指定捐款用途的，还应当尊重捐赠人的意愿。这一规定是对非公募基金会在财产使用目的上的限定，以确保基金会的公益性质和宗旨的一贯性。《基金会管理条例》同时确定了非公募基金会年度公益支出的最低比例和运作成本的最高比例。对基金会确定公益支出比例，主要考虑几个因素的平衡：既要满足社会公众对基金会公益性的合理期待，又不能限制基金会的能力和发展。条例规定非公募基金会每年用于从事章程规定的公益事业支出，不得低于上一年基金余额的8%。基金会工作人员工资福利和行政办公支出不得超过当年总支出的10%。在投资管理方面，《基金会管理条例》的思路是鼓励基金会按照合法、安全、有效的原则积极实现基金的保值、增值，对基金会实现保值、增值的方式未作具体限定，留由基金会理事会就投资事项作出决策。同时，为了增强基金会决策者的审慎义务，《基金会管理条例》还在法律责任中规定，基金会理事会违反条例和章程规定、决策不当，致使基金会遭受财产损失的，参与决策的理事应当承担相应的赔偿责任。

4. 非公募基金会年检制度得以贯彻

年检制度是基金会登记管理机关按年度对基金会遵守法律法规、规章以及章程开展活动的情况实施监督管理的制度。非公募基金会应于每年3月31日之前向登记管理机关报送经业务主管单位审查同意的上一年度的年度工作报告，并接受登记管理机关的检查。年度工作报告的内容应当包括：财务会计报告，注册会计师审计报告，开展募捐、接受捐赠、提供资助等活动的情况以及人员和机构的变动情况等。登记管理机关经过审查将作出年检合格、基本合格和不合格的决定并向社会公告。目前，年检是登记管理机关监督非公募基金会的主要手段之一，年检结果也已经与基金会的免税资格挂钩。基金会有下列情形之一的，登记管理机关应当视情节轻重分别作出年检基本合格、年检不合格的结论，同时责令该基金会限期整改，并视情况依据《基金会管理条例》有关规定给予行政处罚，这些情形包括：不按照捐赠协议使用捐赠财产的；擅自设立基金会分支机构、代表机构的；具有《基金会管理条例》第42条规定的应当给予行政处罚的情形之一的；基金会理事、监事及专职工作人员私分、侵占、挪用基金会财产的；违反《基金会管理条例》关于基金会组织机构管理方面有关规定的。

我国自2006年对基金会进行年度检查以来，非公募基金会年度检查结果逐年趋好。2006年，19家参加年检的全国性非公募基金会中，7家合格，6家基本合格，6家不合格；2007年参加年检的共有29家全国性非公募基金会，17家合格，9家基本合格，3家不合格；2008年第一批参加年检的13家全国性非公募基金会全部合格。

表2 2006~2008年全国性非公募基金会年检结果统计

单位：家

年 份	参加年检	合 格	基本合格	不合格
2006	19	7	6	6
2007	29	17	9	3
2008（第一批）	13	13		

从地方登记的非公募基金会来看，以北京市为例，北京市2006年的非公募基金会年度检查合格率也不尽如人意。实际参加年检的41家非公募基金会中，合格的仅26家，基本合格的15家，合格率为63.4%；2007年，年度检查的合格率达到86.1%。

5. 非公募基金会信息公开制度得以逐步确立

基金会信息公开是增强其透明度和公信力的要求。《基金会管理条例》要求：非公募基金会应当遵循公开、透明的原则；非公募基金会及其分支机构的设立、变更、注销登记，登记管理机关应当向社会公告；基金会处理剩余财产应当向社会公告。我国于2006年颁布了《基金会信息公布办法》。根据这一办法，非公募基金会应该公布的内容包括：年度工作报告、开展公益资助项目的信息等。该办法要求非公募基金会在通过年检审查之后 30 日内在登记主管机关指定的媒体上公布年度工作报告的全文和摘要。为了支持和鼓励非公募基金会公布年度报告摘要，民政部还发布了《关于资助部分基金会公布年度工作报告摘要的通知》，决定对于民政部登记的收入较低的基金会公布年度报告摘要的予以一定的资金资助。根据这一通知，非公募基金会 2008 年净资产低于 1000 万元人民币的，将获得年度工作报告摘要公布费用 60% 的资助。

6. 非公募基金会名称管理有章可循

"名正则言顺"。基金会的名称既是基金会对外活动的名义，也将是凝聚基金会品牌和声誉的载体。现行的《基金会名称管理规定》首先要求基金会名称应该能够反映公益活动的业务范围。非公募基金会的名称应当依次包括字号、公益活动的业务范围，并以"基金会"字样结束。同时为了确保公众不受误导，规定非公募基金会不得使用"中国""中华""全国""国家"等字样。在省一级登记的非公募基金会应当冠以所在地的县级或县级以上行政区划名称。为了鼓励公众设立非公募基金会，还规定非公募基金会的字号可以使用自然人姓名、法人或者其他组织的名称或者字号，即授予组织和个人对非公募基金会的冠名权。这一规定的意义在于创办者的名字和意愿将超越其生命周期，就如同卡耐基基金会、洛克菲勒基金会等，历经百年而初衷不改，名称依然。

7. 评估制度让基金会有了等级区分

自 2007 年以来，民政部开始对基金会推行强制评估制度，意在为公众在选择捐赠对象时有所依据，同时也促进基金会的规范发展。但是从首次基金会评估结果来看，非公募基金会的评估结果不尽如人意。全国性非公募基金会中，符合评估条件的总共有 11 家（其中另有 8 家因原始基金未达标等原因而未进行评估），首次评估结果如表 3 所示。

表3　2007年民政部登记的全国性非公募基金会评估结果

单位：家

评估等级	获得该等级的基金会数量	获得该等级的基金会名称
5A	无	无
4A	2	北京大学教育基金会、清华大学教育基金会
3A	6	中远慈善基金会、香江社会救助基金会、北京航空航天大学教育基金会、詹天佑科学技术发展基金会、吴阶平医学基金会、宝钢教育基金会
2A	1	南航"十分"关爱基金会
1A	1	田汉基金会
无评估等级	1	张学良教育基金会（规定时间内未申报）

如表3所述，没有一家全国性非公募基金会能够获得5A评级；获得4A级的有2家；获得3A级的有6家；获得2A级和1A级的各为1家；无评估等级的1家。

8. 行政处罚制度牛刀小试

根据《基金会管理条例》第40~42条的规定，基金会如有条例规定的违法情形的，会受到登记管理机关的行政处罚。行政处罚种类包括警告、责令停止活动、撤销登记、提请税务机关责令补交违法行为存续期间所享受的税收减免等；而且对于未经登记或者被撤销登记后以基金会、基金会分支机构、基金会代表机构或者境外基金会代表机构名义开展活动的，登记管理机关应当予以取缔，没收非法财产并向社会公告。富有戏剧性的一幕发生在上海：《基金会管理条例》颁布实施之后，上海首批许可设立的非公募基金会之一——福岛基金会因内部管理混乱，不能正常开展活动及连续两年未按规定参加年检等问题，被处以责令停止活动的行政处罚。

9. 税收优惠政策初具体系

从一般意义上而言，国家对非公募基金会的税收优惠存在两个层次的措施：第一层次是对非公募基金会本身给予税收优惠，例如对其符合法律规定的收入免征所得税等。第二层次是对向非公募基金会进行捐赠的企业和个人给予税收优惠，即向符合条件的非公募基金会所进行的捐赠，捐赠者可以在计算企业和个人所得税应税所得额时予以税前扣除。在新《企业所得税法》实施之前，我国当时对于第一层次的税收优惠并无统一规定，而是散见于众多的法律法规规章之中，内容极为丰富。但是相关规定的法律效力层次低，规范过于分散，执法机关执行过程有一定难度。对于第二层次的税收优惠，我国以相关税法规定和《公益事业捐赠法》对捐赠财产用于公益事业的情形规定了相关税收优惠措施，但并无关于申请条件和程序的具体规定。2008年1月1日正式实施的新《企业所得税法》明确规定"符合条件的非营利组织的收入属于免税收入"，其实施条例具体界定了"符合条件的非营利组织"；同时企业捐赠免税额度由原先的3%提高到12%。2008年12月31日，财政部、国家税务总局和民政部联合发布《关于公益性捐赠税前扣除有关问题的通知》，明确了公益性社会团体和慈善组织公益捐赠税前扣除资格的认定权限和程序等问题。至此，我国非公募基金会税收优惠政策初具体系。

（二）中国非公募基金会发展状况

1. 发展迅速，增长势头超过公募基金会

截止到2008年底，全国共登记非公募基金会643家，与2005年的253家、2006年的349家、2007年的436家相比，呈现出良好的发展势头。同期，公募基金会的数量如下：2005年为721家，2006年为795家，2007年为904家，2008年为943家。如图2所示，自2005年对基金会分类统计以来，非公募基金会的增长速度一直超过公募基金会，并有逐年加快的趋势。

地方登记的非公募基金会也增速喜人。其中，增长速度最快的是江苏省，该省2007年底非公募基金会为82家，公募基金会为62家；

图 2　基金会增长速度对比情况

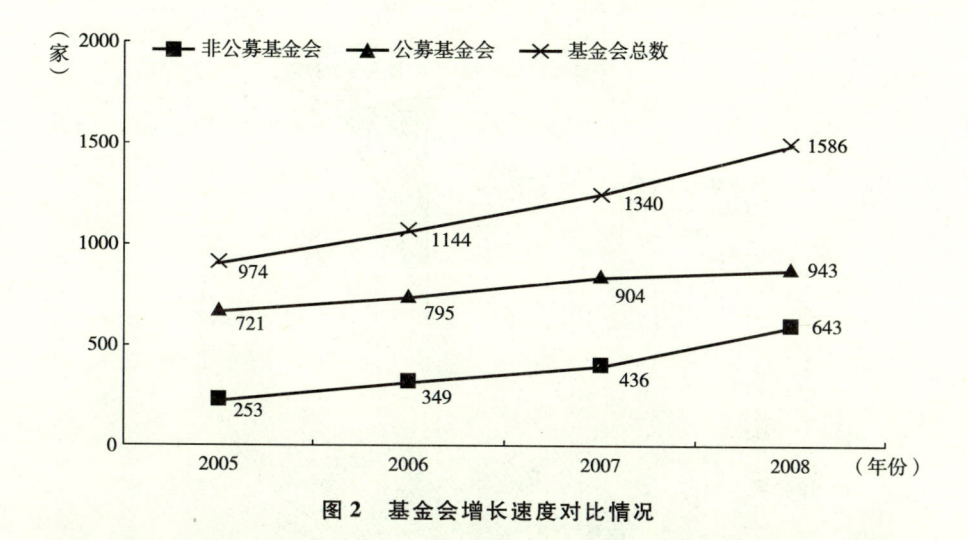

2008 年底，非公募基金会的数量达到 115 家，占该省基金会总数的 55%。此外，截止到 2008 年底，福建省非公募基金会达 71 家，占基金会总数的 79%；上海市非公募基金会总数为 50 家，占基金会总数的 51.6%；北京市的非公募基金会数量也已经远远超过公募基金会的数量。

2. 地方登记的非公募基金会成为主力军

从登记的级别来看，截止到 2008 年底，全国共有非公募基金会 643 家，其中民政部登记的非公募基金会 39 家，地方登记的 604 家，占总数的 94%。诚如图 3 显示，非公募基金会的登记注册以各省、自治区、直辖市为主。地方登记的非公募基金会已经成为主力军。

从增长速度来看，民政部登记的非公募基金会增长速度也远远不敌各地登记的非公募基金会的同期增长速度。如图 4 所示，民政部登记的非公募基金会从 2005 年的 19 家，2006 年的 22 家，2007 年的 29 家，到 2008 年的 39 家，缓慢稳步增长；而地方登记的非公募基金会却从 2005 年的 183 家，2006 年的 320 家，2007 年的 414 家，增长到 2008 年的 604 家，增长速度远远快于前者。

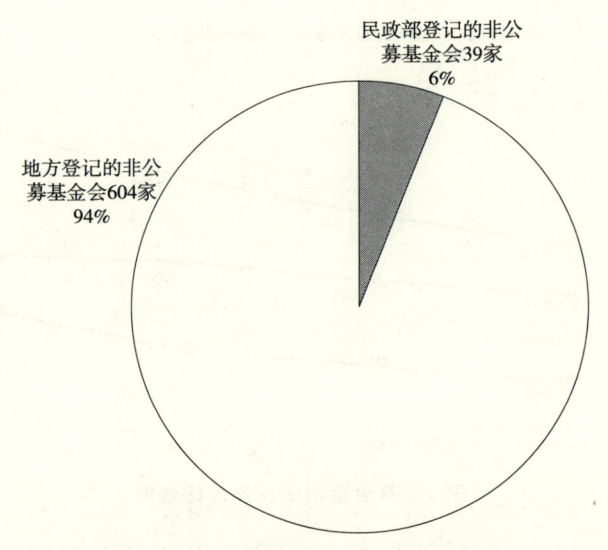

图 3　非公募基金会登记级别情况

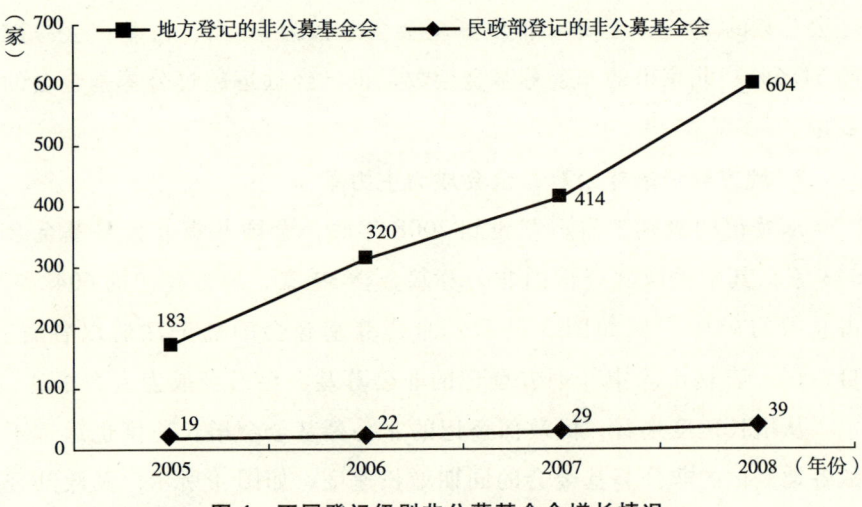

图 4　不同登记级别非公募基金会增长情况

3. 非公募基金会发展呈现地域上的不均衡

从地区分布来看，非公募基金会发展呈现地域上的不均衡。截止到 2008 年底，各省市非公募基金会数量排名如表 4 所示。

表4　2008年底各地非公募基金会数量汇总

单位：家

排名	省份	非公募基金会数量	排名	省份	非公募基金会数量
1	江苏	115	16	辽宁	9
2	北京	75	18	吉林	8
3	福建	71	19	广西	7
4	广东	54	20	内蒙古	6
5	上海	50	21	山西	5
6	天津	23	21	重庆	5
7	浙江	22	21	青海	5
7	湖南	22	24	新疆	4
9	山东	20	24	黑龙江	4
10	安徽	16	26	甘肃	4
10	四川	16	26	云南	2
12	湖北	12	26	西藏	2
12	河北	12	26	宁夏	2
14	海南	11	26	江西	2
15	陕西	10	31	贵州	1
16	河南	9	合计		604

注：本数据由中国非公募基金会发展论坛秘书处提供，可能与实际情况有所出入。

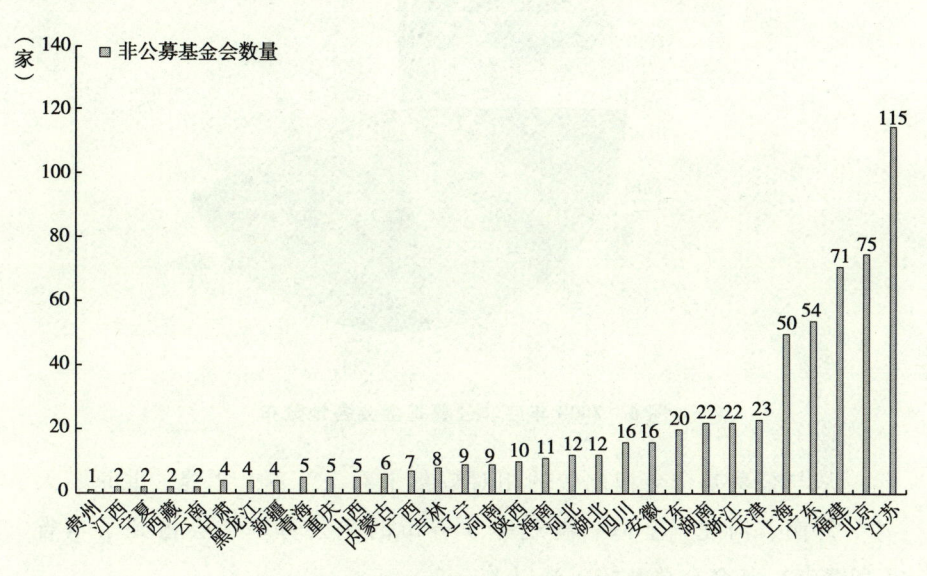

图5　2008年底非公募基金会各地分布情况

而且，正如图6所示，从绝对数量来看，江苏、北京、福建、广东、上海等五省市分别以115家、75家、71家、54家和50家名列前茅，这五个省市登记的非公募基金会数量之和为365家，占地方登记的非公募基金会总数的60.4%。非公募基金会数量20家以上不足50家的，也集中在天津、浙江、湖南和山东四个省市。而贵州、甘肃、宁夏、云南、西藏、新疆、黑龙江、山西、重庆等省市的非公募基金会的数量均未超过5家，相差很远。

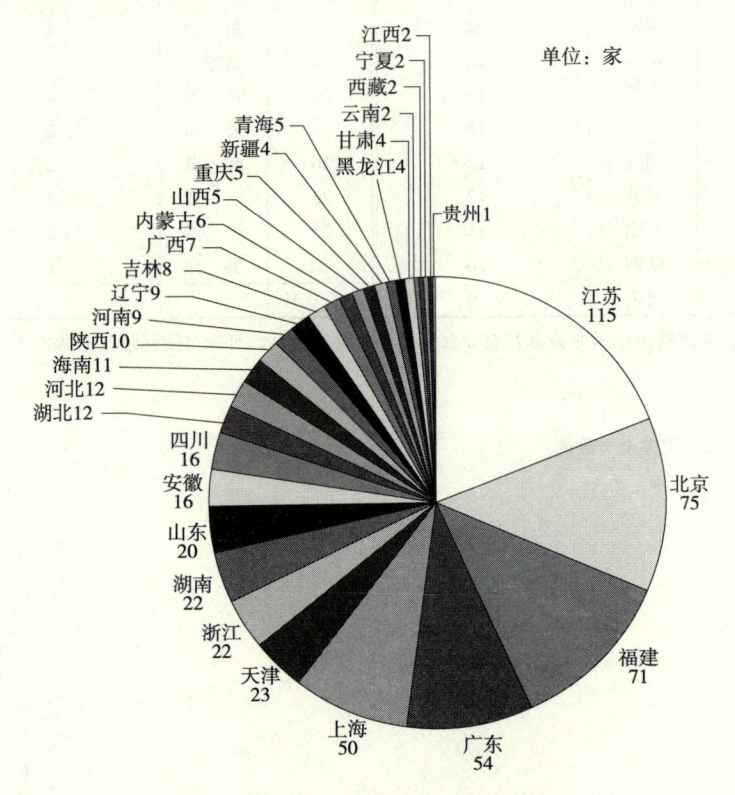

图6 2008年底非公募基金会各地分布

从与公募基金会相比较的相对数量来看，江苏、福建、北京、天津、海南、河北、上海、湖北等8省市的非公募基金会占到了本省（直辖市）基金会总数的一半以上。

从各省、自治区、直辖市自《基金会管理条例》颁布之后成立第一家非公募基金会的时间来看，全国率先成立非公募基金会的是上海市和浙江省，都是在《基金会管理条例》实施后立即登记的；最晚成立非公募基金会的省份则是吉林省，其第一家非公募基金会是成立于2008年10月10日的中东爱心基金会。

表5　各省市第一家非公募基金会登记成立时间

省别	第一家非公募基金会	成立时间
浙江	温州市叶康松慈善基金会	2004年6月1日
上海	上海复旦大学教育发展基金会	2004年6月1日
黑龙江	哈尔滨市安海斯-布希城市发展基金会	2004年7月15日
广东	广东省中山大学教育发展基金会	2004年9月
湖南	湖南省中南林业科技大学教育基金会	2004年9月22日
山东	山东省鲁卫预防性病艾滋病基金会	2004年9月29日
四川	四川美丰教育基金会	2004年10月
北京	北京市华夏慈善基金会①	2004年11月29日
河南	济源梧桐助学基金会	2004年12月
天津	天津市冯骥才民间文化基金会	2004年12月31日
湖北	湖北省吴兆麟基金会	2005年2月
江苏	苏州汇凯爱心基金会	2005年4月7日
宁夏	宁夏陈逢干大学生助学基金会	2005年4月
广西	广西帮帮忙教育扶贫基金会	2005年5月22日
海南	海南大学教育基金会	2005年5月31日
河北	河北省撒可富教育基金会	2005年6月13日
山西	山西省葵花助学基金会	2005年8月
内蒙古	包头市奶产业风险基金会	2005年9月
陕西	陕西省联谊贫困救助基金会	2005年
安徽	安徽省安庆一中教育发展基金会	2005年
新疆	新疆维吾尔自治区迪丽娜尔文化艺术交流发展基金会	2006年2月28日
江西	江西省庐山东林净土文化基金会	2006年7月
云南	云南省董勒成公益发展基金会	2007年1月11日
重庆	重庆市缙云山养生慈爱基金会	2007年9月24日

---

① 北京市华夏慈善基金会已于2008年5月6日更名为爱佑华夏慈善基金会，由北京市属基金会转变为全国性非公募基金会。

续表

省　别	第一家非公募基金会	成立时间
贵　州	贵州文化薪火乡村发展基金会	2007 年
吉　林	中东爱心基金会	2008 年 10 月 10 日
辽　宁	未能确定	未能确定
甘　肃	未能确定	未能确定
福　建	未能确定	未能确定
青　海	未能确定	未能确定
西　藏	阴法唐西藏教育基金会	1998 年 8 月

注：以上相关数据系从民政部门公开的信息和网上公开报道获得。

综上，非公募基金会发展的地域差异很大。非公募基金会的发展在很大程度上"嫌贫爱富"，揭示出财富与非公募基金会数量的正比例关系。东南沿海和北京等经济、文化中心一直是我国比较富裕的地区，尤其自改革开放以来的快速发展，使得富裕人士增多、财富总量扩大，在《基金会管理条例》允许设立非公募基金会的契机中，众多非公募基金会应运而生。反之，贵州、江西、宁夏等地区长期以来属于经济相对落后地区，非公募基金会的起步和发展呈现出发展晚、数量少、原始资金规模小的特征也就不足为奇。

但是需要指出的是，非公募基金会登记地域上的不均衡并不必然导致慈善资源分配的不均衡。在某一特定地区登记的非公募基金会的公益活动并没有受到地域限制。例如，在北京登记注册的非公募基金会，大部分项目都在外地进行，其中北京市美疆助学基金会主要面向新疆地区，而北京今典苹果教育慈善基金会的公益项目几乎全部在西藏进行。2008 年，在京的大多数非公募基金会都在地震灾区有公益项目。

4. 从事公益活动的领域呈现不均衡态势

从非公募基金会的宗旨与活动领域来看，我国非公募基金会所从事公益活动具有领域上不均衡的特点，出现旱涝不均的现象。基金会的宗旨和资助方向以教育和传统的救灾、济贫、救困、助残等传统慈善事业为首选（具体内容参见附件：民政部登记的非公募基金会宗旨和业务范围),促进科学技术和医疗卫生事业为第二位的选择,其他领域,诸如环境保护、艺术文化、社区发展、政策倡导和公益支持等,则少人问津。

以2008年底民政部登记的非公募基金会为例,主要以教育为宗旨和业务范围的有8家,分别为清华大学教育基金会、北京大学教育基金会、北京航空航天大学教育基金会、浙江大学教育基金会、中国传媒大学教育基金会、宝钢教育基金会、纺织之光科技教育基金会、张学良教育基金会;另外业务范围中包括教育内容的还有9家:南航"十分"关爱基金会、香江社会救助基金会、心平公益基金会、海仓慈善基金会、国寿慈善基金会、人保慈善基金会、南都公益基金会、天诺慈善基金会、腾讯公益慈善基金会。合计占总数的43.6%。

宗旨和业务范围中包含救灾、济贫、救困、助残等扶助弱势群体的有12家,分别为爱佑华夏慈善基金会、慈济慈善事业基金会、华民慈善基金会、南航"十分"关爱基金会、人保慈善基金会、腾讯公益慈善基金会、天诺慈善基金会、王振滔慈善基金会、香江社会救助基金会、心平公益基金会、友成企业家扶贫基金会、中远慈善基金会,占总数的30.8%。

宗旨和业务范围中主要内容为医疗和公共卫生的有2家:马海德基金会和吴阶平医学基金会;宗旨和业务范围中包含医疗和公共卫生事业的有6家:心平公益基金会、国寿慈善基金会、南航"十分"关怀基金会、人保慈善基金会、天诺慈善基金会、香江社会救助基金会。合计8家,占总数的20.5%。

宗旨和业务范围中包括促进科学科技和科技人才培养的有7家,分别为陈嘉庚科学奖基金会、纺织之光科技教育基金会、华侨茶叶发展研究基金会、纪念苏天·横河仪器仪表人才发展基金会、李四光地质科学奖基金会、詹天佑科学技术发展基金会、周培源基金会,占总数的17.9%。

宗旨和业务范围中包含有政策倡导的有4家,分别为孙冶方经济科学基金会、友成企业家扶贫基金会、凯风公益基金会、心平公益基金会,占总数的10.3%。

宗旨和业务范围中包含促进艺术发展的有3家,分别为李可染艺术基金会、田汉基金会、吴作人国际美术基金会,占总数的7.7%。

宗旨和业务范围中包含有环境保护内容的也有3家,分别为国寿慈善基金会、海仓慈善基金会、人保慈善基金会,占总数的7.7%。

社区类基金会仅有桃源居公益事业发展基金会1家,占总数的2.5%。

公益支持类也仅有1家:南都公益基金会,占总数的2.5%。

为更加形象地体现各领域之间分布的差异情况,可以用图7、图8表示。

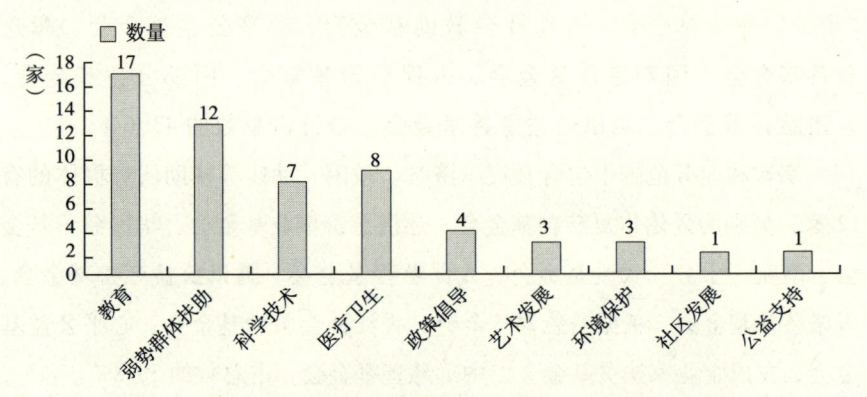

图7 2008年底民政部登记的非公募基金会领域分布数量

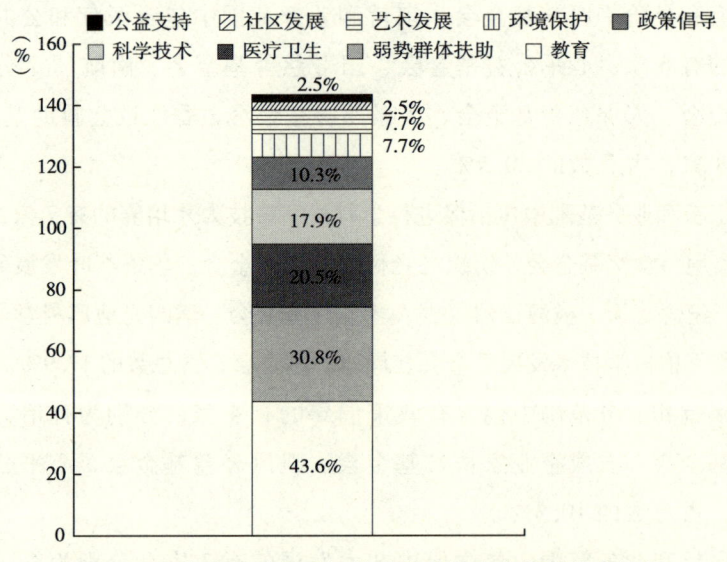

教育 17
弱势群体扶助 12
科学技术 7
医疗卫生 8
政策倡导 4
艺术发展 3
环境保护 3
社区发展 1
公益支持 1

图8 2008年底民政部登记的非公募基金会领域分布比例

公益支持 2.5%
社区发展 2.5%
艺术发展 7.7%
环境保护 7.7%
政策倡导 10.3%
科学技术 17.9%
医疗卫生 20.5%
弱势群体扶助 30.8%
教育 43.6%

5. 原始基金规模逐渐扩大

从原始资金的数量来看，截至 2008 年底，有数据可查的 39 家民政部登记的非公募基金会，平均每家原始资金为 3905.43 万元，其中原始基金不足 800 万元的有 9 家，都成立于《基金会管理条例》颁布之前，占总数的 23.1%；原始基金 800 万元以上不足 2000 万元的有 1 家，占总数的 2.6%；2000 万以上不足 1 亿元的有 22 家，占总数的 56.4%；1 亿元以上的有 7 家，占总数的 17.9%。目前国内原始资金最多的非公募基金会是华民慈善基金会，原始资金为 2 亿元人民币。（具体内容参见附件：民政部登记的非公募基金会原始基金一览表）

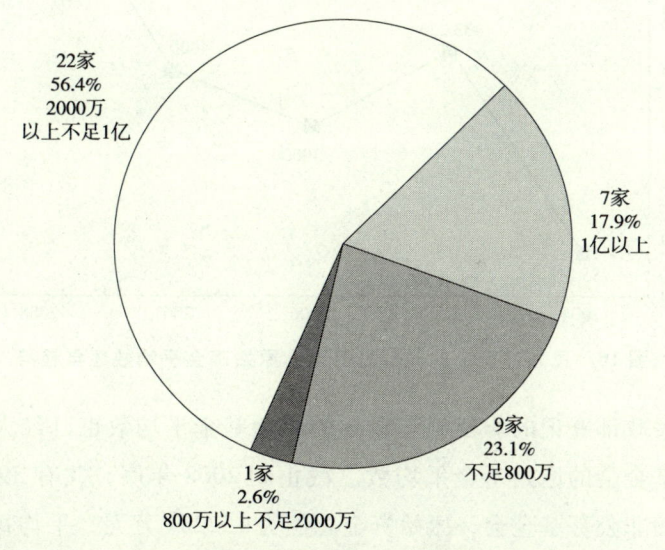

图 9　2008 年底民政部登记的非公募基金会原始资金

从民政部登记的非公募基金会来看（具体数据参见附件：民政部登记的非公募基金会逐年原始基金一览表），非公募基金会的原始基金有逐年上升的趋势。2004 年底，共有非公募基金会 13 家，平均原始基金为 785.54 万元/家；2005 年新增加了 6 家非公募基金会，该 6 家非公募基金会平均原始基金为 4333.33 万元/家；2006 年新设立了 3 家非公募基金会，该 3 家非公募基金会的平均原始基金为

3000万元/家；2007年新设立了7家非公募基金会，该7家非公募基金会的平均原始基金为4000万元/家；2008年新设立了10家非公募基金会，该10家非公募基金会的平均原始基金为7907.5万元/家。

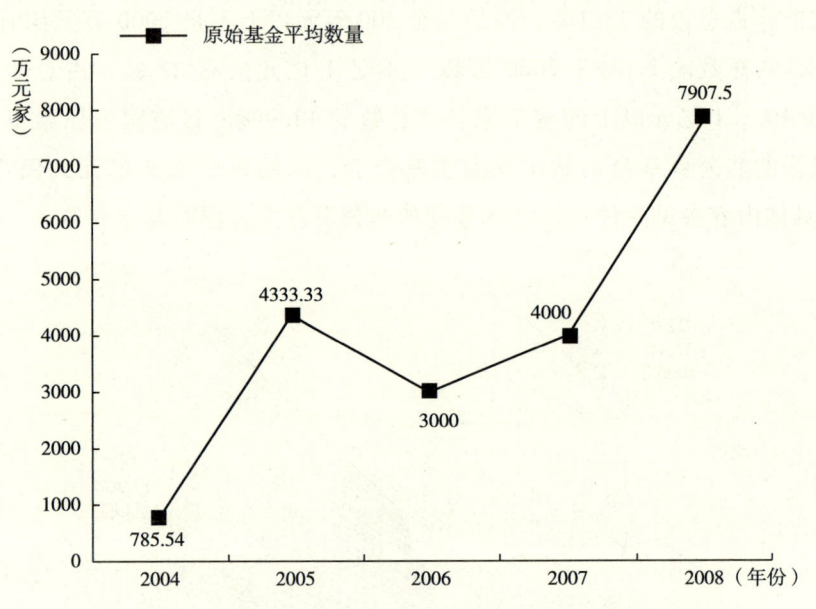

图10　民政部登记的非公募基金会原始基金平均数逐年趋势

在民政部登记的非公募基金会的原始基金平均数也已经大大超过了公募基金会的原始基金平均数。截止到2008年底，共有39家民政部登记的非公募基金会，原始资金总额为152287万元，平均每家原始资金为3905万元。而同期民政部登记的82家公募基金会的原始基金总额达到136579万元，平均每家原始基金仅为1666万元，不到非公募基金会的一半。

6. 创办者以企业、高校和名人为主

从创办者的分类来看，民政部登记的非公募基金会中，由企业和企业家创办的基金会有20家，占总数的51.3%；其中，由国有企业创办的有5家，占总数的12.8%，分别为中远慈善基金会、宝钢教育基金会、南航"十分"关爱基金会、国寿慈善基金会、人保慈善基金会；由民营企业成立的有11家，占总数的28.2%，分别为香江社会救助基金会、腾讯公益慈善基金会、南都公益基金会、凯风公益基金会、桃源居公益事业发展基金会、华民慈善基金会、万科公益基金会、天诺慈善基金会、海仓慈善基金会、友成企业家扶贫基金会、爱佑华夏慈善基金会；由民营企业家设立的有两家，占总数的5.1%，分别为心平公益基金会、王振滔慈善基金会；由港澳台企业家设立的有1家，即华侨茶业发展研究基金会，占总数的2.6%，由外国企业捐资设立的有一家，即纪念苏天·横河仪器仪表人才发展基金会，占总数的2.6%。

由高校创办的教育基金会有6家，占总数的15.4%，分别是清华大学教育基金会、北京大学教育基金会、北京航空航天大学教育基金会、浙江大学教育基金会、中国传媒大学教育基金会、张学良教育基金会。

以名人冠名的非公募基金会有12家，占总数的30.7%。其中，由名人及其亲友成立的非公募基金会有5家，占总数的12.8%，分别为周培源基金会、孙冶方经济科学基金会、陈嘉庚科学奖基金会、吴作人国际美术基金会、吴阶平医学基金会；由国家有关部门和单位设立的有7家，占总数的17.9%，分别是詹天佑科学技术发展基金会、李四光地质科学奖基金会、田汉基金会、李可染艺术基金会、马海德基金会、韬奋基金会、纺织之光科技教育基金会。

其他1家，占总数的2.6%。

从设立时间来看，自2005年以来，在民政部登记的新设立的非公募基金会中企业以及企业家所设立的占绝大多数，增长速度超过其他类型。

7. 非公募基金会收入逐年上升，净资产规模增大

从2005年到2008年，在民政部登记的非公募基金会收入逐年上升，净资产规模逐年增大。

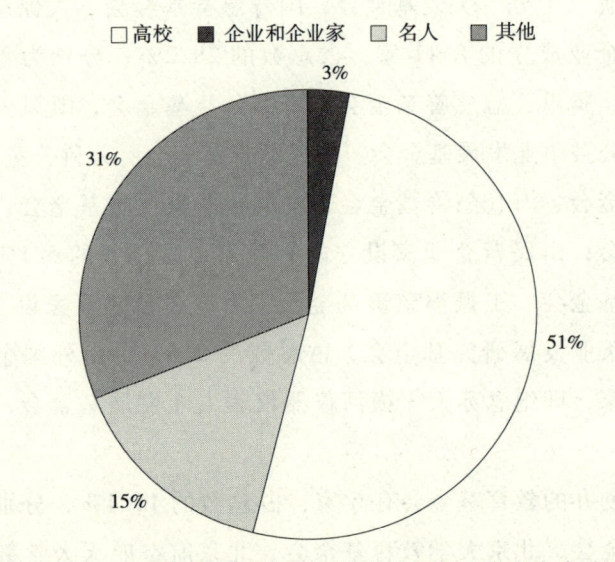

图11　2008年底民政部登记的非公募基金会创办者分类

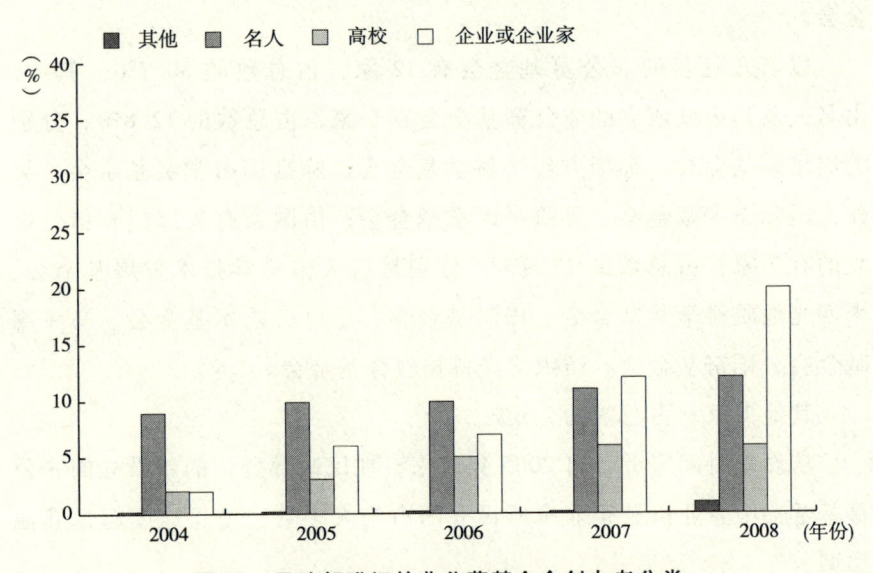

图12　民政部登记的非公募基金会创办者分类

在民政部登记的39家非公募基金会近四年来的财务年报显示,非公募基金会收入中,首先,主要来自于捐赠收入,捐赠收入在年度总

表6　民政部登记的非公募基金会收入和净资产状况

单位：元

年份	捐赠收入	投资收益	其他收入（包括政府资助和服务收入）	当年收入总计	净资产合计
2005	466333905.10	17230403.81	1477266.88	485041575.80	1155573128
2006	529050899.90	137104809.70	2940912.21	669096621.90	1286955702
2007	1056762687	295384609	7306316.85	1359453613	2601932455
2008	1317280951	106495510.20	13593787.24	1437370249	3700039079

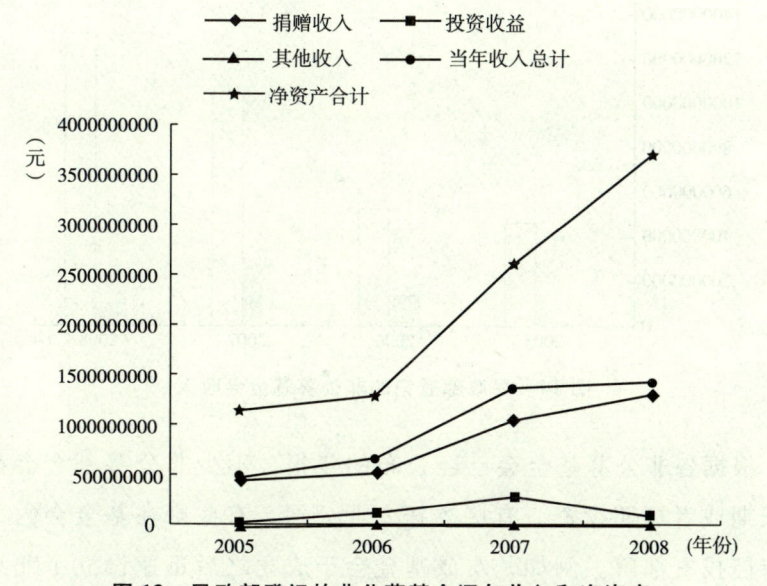

图13　民政部登记的非公募基金逐年收入和净资产

收入中所占比例分别为2005年的96.1%，2006年的79.1%，2007年的77.7%，2008年的91.6%；其次，来自于投资收益，投资收益在年度总收入中的比例分别为2005年的3.6%，2006年的20.5%，2007年的21.7%，2008年回落到7.4%；最后，其他收入（包括服务所得和获得政府资助）所占比例很小，尽管逐年爬升，但是从未超过1%。

表7 民政部登记的非公募基金会收入构成

单位:%

年 份	捐赠收入占当年收入的比例	投资收益占当年收入的比例	其他收入占当年收入的比例
2005	96.1	3.6	0.3
2006	79.1	20.5	0.4
2007	77.8	21.7	0.5
2008	91.6	7.4	1

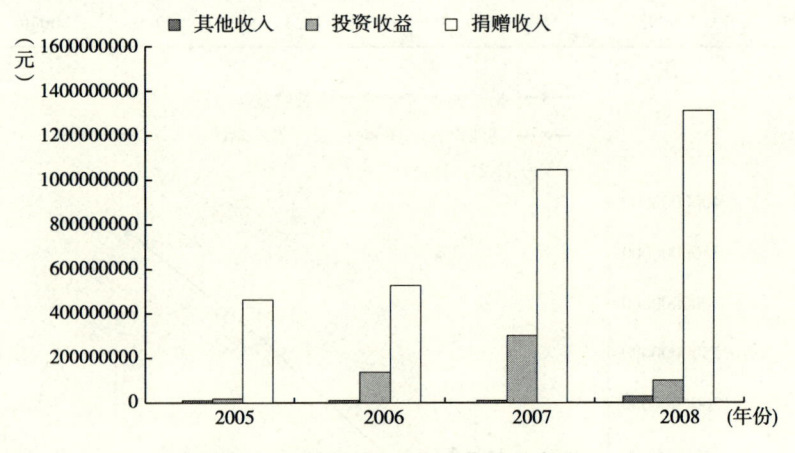

图14 民政部登记的非公募基金会收入

根据各非公募基金会已经公布的年报,不少非公募基金会都存在长期或者短期投资。有些委托专业公司,有些则在基金会内部设立专门投资部门。例如,友成基金会于成立之后迅速设立了北京友成资产管理有限公司。南都基金会内部也设立了一定规模的公益投资基金。

2006、2007这两年,非公募基金会投资收益情况良好,当年投资收益都占到非公募基金会总收入的20%以上。以2007年为例,投资收益超过捐赠收入的基金会达到5家,分别是宝钢教育基金会、周培源基金会、南都公益基金会、吴作人国际美术基金会和韬奋基金会,占总数的12.8%。根据投资收益数量来看,当年投资收益超过1亿元的有1家，即北京大学教育基金会，占总数（当年基金会总数为29家）的3.4%；投资收益1千万元以上不足1亿元的有5家，分别是清华大学教育基金会、宝钢教育基金会、南都公益基金会、浙江大学教育基金会和中远慈善基金会，占总数的17.2%；投资收益100万元以上不足1000万元的有4家，分别是香江社会救助基金会、吴作人国际美术基金会、韬奋基金会和友成企业家扶贫基金会，占总数的13.8%；投资收益10万元以上不足100万元的有4家，分别是国寿慈善基金会、王振滔慈善基金会、李四光地质科学奖基金会、周培源基金会，占总数的13.8%；投资收益不足10万元的有2家，分别是吴阶平医学基金会和田汉基金会，占总数的6.9%；无任何投资收益的有13家，占总数的44.8%。

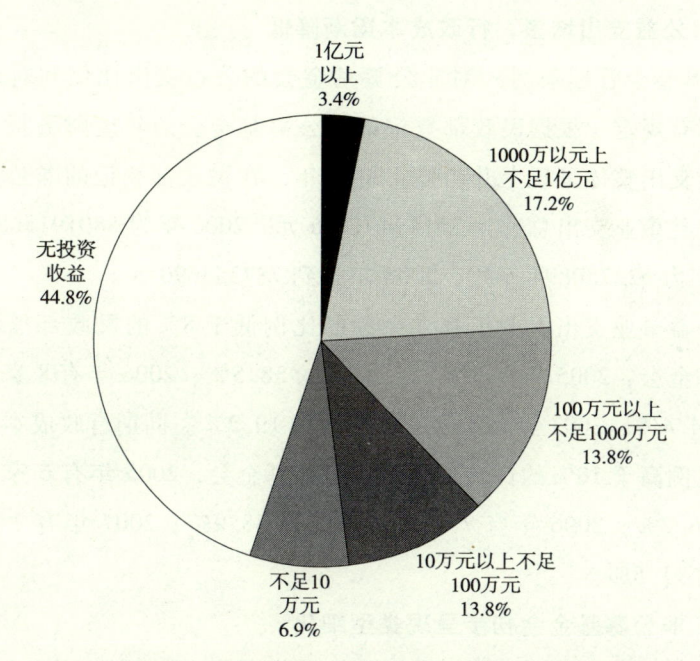

图15　2007年民政部登记的非公募基金会投资收益情况

高校教育基金会在这方面表现最为突出。2005年，民政部登记的非公募基金会中，高校教育基金会的投资收益总额达到15681959.41

元，占当年民政部登记的非公募基金会投资收益总额的91%；2006年达到130197231.2元，占95%；2007年达到214253208.5元，占72.5%；2008年达到103678649元，占97.4%。企业或者企业家设立的基金会在投资收益方面不及高校教育基金会，但是优于以名人冠名的基金会（大多为名人及其亲友创立或者有关部门为纪念某名人创立），2007年无任何投资收益的13家基金会中，后者占半数以上。

需要指出的是，2008年的财务状况显示，受到金融危机的影响，非公募基金会的投资收益急剧下降，在总收入中的比例也从2007年的21.7%下滑到7.4%。其中有3家投资遭受损失，占总数的7.7%；有21家投资收益为零，占总数的53.8%。投资收益最为稳健的高校教育基金会当年收入也仅为2007年的一半。

8. 公益支出增多，行政成本逐渐降低

《基金会管理条例》对非公募基金会的公益支出比例和行政成本控制都有规定。根据民政部登记的非公募基金会的年度财务报表，公益事业支出整体呈现上升趋势。2005年，在民政部登记的非公募基金会的公益事业支出总和为251434017.6元，2006年为580191565.1元，2007年为522780894.5元，2008年达到787353690元。

公益事业支出占上年基金余额的比例低于8%的民政部登记的非公募基金会，2005年有5家，占总数的38.5%；2006年有8家，占总数的44.4%；2007年有5家，占总数的19.2%。同期行政成本占总支出的比例高于10%的民政部登记非公募基金会，2005年有6家，占总数的46.2%；2006年有7家，占总数的38.9%；2007年有3家，占总数的11.5%。

9. 非公募基金会初步呈现类型细化

目前我国的非公募基金会还是以运作型为主，尽管在资助型方面也有所突破。例如南都基金会、中远慈善基金会等都尝试采用资助其他民间组织进行公益项目的模式，基金会主要做好项目评审、监督、管理和评估等工作。基本流程一般如下：基金会成立专门的项目评审

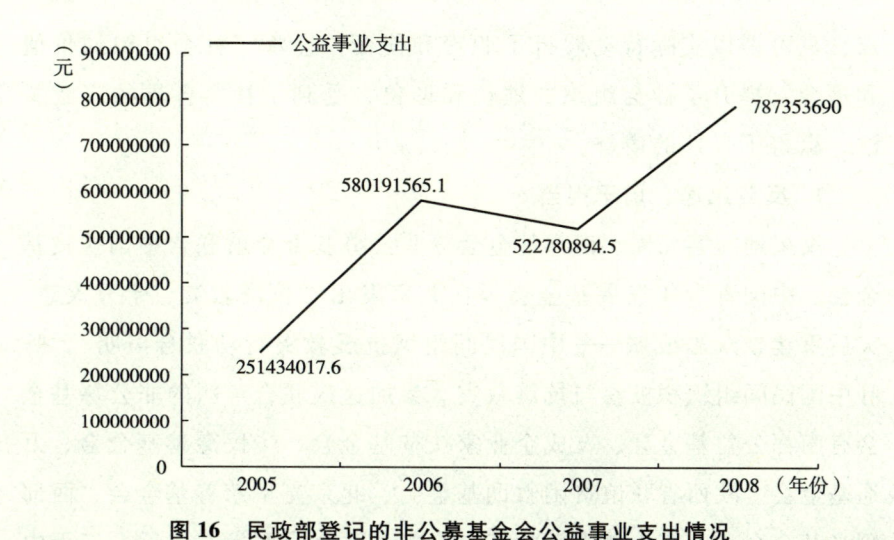

图 16　民政部登记的非公募基金会公益事业支出情况

委员会，对于提交申请的符合本基金会宗旨的公益项目进行评审和确定资助机构；与被资助的机构签订合同；对项目的执行进行监督和管理；项目完成之后聘请独立机构进行绩效评估。但是，大多数非公募基金会还是属于运作型，依靠自身来进行项目设计和执行，自己运行公益项目。

（三）中国非公募基金会在 2008 年的特殊表现

2008 年是中华民族历经磨难的一年，是紧急事件、重大自然灾害频发的一年，特别是南方地区严重低温雨雪冰冻灾害和汶川特大地震两场历史罕见的巨灾，波及范围大，伤亡人员多，经济损失惨重，社会影响重大，救灾难度极高。根据《2008 年民政事业发展统计报告》的数据，2008 年全国各类自然灾害共造成约 47795 万人（次）不同程度受灾，因灾死亡 88928 人，直接经济损失 11752.4 亿元，比上年增长了 397.4%。2008 年也是包括非公募基金会在内的中国社会组织快速进入公众视野的一年，是注定要载入史册的一年。除了接受捐赠并发放赈灾款物之外，中国非公募基金会在 2008 年的表现可圈可

179

点，真可谓以实际行动履行了职责和使命，诠释了社会组织的价值和理念，提升了社会组织的地位和形象，受到了社会各界的广泛关注，赢得了良好的声誉。

1. 反应迅速、勇于担当

汶川地震第二天，南都基金会等非公募基金会就联合中国扶贫基金会、中国青少年发展基金会等在北京发出"抗震救灾、十万火急、灾后重建、众志成城——中国民间组织抗震救灾行动联合声明"，呼吁中国民间组织积极参与抗震救灾。参加这次联合声明的非公募基金会有南都公益基金会、友成企业家扶贫基金会、华民慈善基金会、万通基金会、陕西省联谊贫困救助基金会、北京光华慈善基金会、西部阳光基金会、北京市美疆助学基金会等。联合声明发布之后，三天内陆续加入的社会组织多达100多家。这次联合行动展现出中国非公募基金会在特大自然灾害面前义不容辞、勇于担当的勇气和责任感。此后，非公募基金会纷纷投身于救灾活动。南都公益基金会紧急安排1000万元资金，专项对参与救灾的民间组织给予资助；友成企业家扶贫基金会以八个"关注与行动"投入救灾活动，"小规模"产生"大影响"；江苏无锡灵山慈善基金会迅速组建一支由专业外科医生、专业妇幼医生及义工组成的赈灾小组奔赴灾区；广东省易方达教育基金会筹集资金援建江油市香水乡小学；上海东方爱心基金会通过情感、资金和教育三投入的途径，积极解决灾区学生的灾后就学问题；北京市仁爱基金会迅速奔赴灾区，向绵竹、青川、江油、绵阳等地发放了价值近500万元的救灾物资，开设仁爱学堂，捐助办学设施。

2008年初南方冰冻雪灾中，江苏远东慈善基金会对于在抗冰救灾中追认为电力烈士的英雄家庭每户发放抚恤金6万元；江苏远东慈善基金会的创办者——远东控股集团还发挥自身的电线电缆企业的优势，向各地捐赠了不少"爱心电缆"。

2. 援助独到、以少博多

2008年依然是几家公募基金会独大的一年。从2008年中国慈善榜来看，除了少数几位企业家将资金通过非公募基金会捐赠之外，大部分的企业家首选的捐助机构依然是各级民政部门、红十字会和慈善会。尽管在发生地震灾害之后，民政部一改往年只指定中国红十字会和中华慈善总会作为善款接收单位的做法，而是明确规定凡是具备救灾宗旨的社会组织均可以参加救灾募款活动，但是统计结果显示，2008年，全国各级民政部门、红十字会和慈善会直接和间接接受款物达到955.5亿元，占全国捐赠总额的89.26%。

对于非公募基金会而言，由于其不得公开募集善款，因此即便发生重大灾害，其资金募集数量不会出现急剧上升的景象。但是非公募基金会可以扬长避短，关注慈善死角。实践显示，非公募基金会的服务因贴近需求人群，如春雨润物，无声细腻。例如在抗震救灾中，南都公益基金会承担为参与救灾和灾后重建的社会组织提供资金支持的责任，为大量活跃在抗震救灾第一线的社会组织提供了强有力的后续支持；友成企业家扶贫基金会关注前线物资的燃眉之急，及时填补政府发放人力的不足；北京市美疆助学基金会启动百名灾区孤儿学童救助计划。在资源动员、物质调配、信息传递、生命搜救、现场救援、心理辅导、特殊群体关怀、灾后重建、组织志愿者等方面，都可以看到非公募基金会的努力。

3. 项目多元、独具匠心

2008年，中国非公募基金会不仅活跃在救灾、扶贫、济困等传统慈善领域，而且还进行更为现代而有创意的尝试。汶川地震发生之后，其不仅积极奔赴前线进行抗震救灾，而且还开展各种研究、讲座，为前线社会组织提供智力支持。例如北京光华慈善基金会和爱心行动共同邀请地震和灾害救援专家李宗浩教授开展题为"NGO面对此次地震灾害如何有效地开展工作"讲座；南都公益基金会与北京大学公民社会中心合作举办"巨灾的应对"系列讲座。

此外，由南都基金会资助的NPI（公益组织孵化器）项目无疑是一大亮点。南都基金会与上海浦东非营利组织发展中心合作建设公益组织孵化器项目，为孵化器项目提供资金支持。NPI 是富有创意的公益创投模式，对被孵化的潜在公益组织提供包括场地设备、能力建设、注册协助、小额补贴等帮助，支持和培育有志于公益领域的"社会企业家"和"职业经理人"。腾讯公益慈善基金会是互联网行业第一家企业设立的公益基金会，依托腾讯公司的核心优势，打造公益互动门户，为公益慈善事业的参与各方提供高效便捷的公益平台。北京市万通公益基金会成功推动中国生态卫生旱厕行动，推广环保意识和理念。

2008 年，无论是从数量上还是从其发挥的作用上，是非公募基金会快速成长的一年。非公募基金会在紧急事件和重大灾害中的出色表现，体现出其作用的独特性和不可替代性，获得政府和社会公众的广泛认可。可以说，中国非公募基金会甫一亮相，便经受住了第一次大考的严峻考验。

二 中国非公募基金会的责任、使命和价值

非公募基金会的涌现绝非只是在这个国家增加了一种基金会类型，其所具备的特有理念和制度价值在今天为越来越多的有识之士所认识和肯定，也就意味着其应承担起重大责任和历史使命。

（一）非公募基金会叩响了民间力量设立基金会的厚重大门

非公募基金会出现之前，我国的基金会基本上都是"官办"基金会，只有政府或者其授权的部门才有设立基金会的可能，个人或者企业想成立基金会却因制度的缺位而无法如愿以偿。《基金会管理条例》一经颁布，不少早就抱有这一愿望的企业家率先将申请提交到民政部门。他们渴望通过设立基金会奉献爱心、回报社会、提高企业知名度、参与社会公共事务的热忱有了实现的渠道。尽管《基金会管理条例》中依然需要业务主管部门的事先同意，但是设立非公募基金会是由私

人或者企业出资投入公益事业，为政府排忧解难，为群众雪中送炭，这是政府与百姓都欢迎的事情，业务主管单位也就难以或者不该成为设立的根本障碍。自条例颁布至2008年底，在全国范围内设立的非公募基金会达到643家。增长速度之快令人欣喜。

与公募基金会规则上的差异明显体现出分类管理的理念。目前法律对于公募基金会和非公募基金会的规则差异如表8所示。

表8　公募基金会与非公募基金会之间的规则差异

	公募基金会	非公募基金会
募款行为	可以面向社会公开募集资金	不能公开募集资金
起始资金	民政部登记的公募基金会的原始基金不低于800万元人民币，地方登记的公募基金会的原始基金不低于400万元人民币	非公募基金会的原始基金不低于200万元人民币
治理结构	具有近亲属关系的不得同时在理事会任职；公募基金会的法定代表人只能由中国内地居民担任	用私人财产设立的非公募基金会，相互间有近亲属关系的基金会理事，总数不得超过理事总人数的三分之一；非公募基金会原始基金源于中国内地的也只能由中国内地居民担任，若是来自境外的，对其法定代表人没有硬性限制
公益支出比例	公募基金会每年用于从事章程规定的公益事业支出，不得低于上一年总收入的70%	非公募基金会每年用于从事章程规定的公益事业支出，不得低于上一年基金余额的8%
信息公开	公募基金会组织募捐活动，应当公布募得资金后拟开展的公益活动和资金的详细使用计划。在募捐活动持续期间内，应当及时公布募捐活动所取得的收入和用于开展公益活动的成本支出情况。募捐活动结束后，应当公布募捐活动取得的总收入及其使用情况	非公募基金会由于不存在公开募捐活动，因此也就不负有这方面的信息披露义务，但是和公募基金会一样，也需要公开其年度报告和资助活动

续表

	公募基金会	非公募基金会
名称	公募基金会不得使用自然人、法人或者其他组织的名称或者字号。全国性公募基金会可以使用"中国"、"中华"、"全国"和"国家"等字样	非公募基金会在符合相关条件的情况下,可以使用自然人、法人或者其他组织的名称或者字号作为其字号。非公募基金会不得使用"中国"、"中华"、"全国"和"国家"等字样

可见,对于非公募基金会,《基金会管理条例》和相关政策采取了扶持鼓励的态度,在基金会的名称、登记条件、负责人任职资格、资金使用等方面的规定相对比较宽松。例如起始资金门槛低,地方性非公募基金会达到200万元人民币即可设立;允许以创办者的姓名或者名称为非公募基金会命名等。目的在于吸引更多的人出资设立非公募基金会,积极投身于公益事业。

不可否认的是,非公募基金会的出现突破了只能由政府及其相关部门设立基金会的惯例,叩响了民间资源设立基金会的厚重大门,开辟出了以民间资源设立慈善组织的一片蓝海。

(二)非公募基金会改变民间公益生态,优化慈善资源配置

回溯至2003年底,当时全国共有基金会954家。这些基金会的筹集资金、善款使用和日常管理等方方面面,完全由政府及其相关部门占据主导。在教育、扶贫、文化、救灾、医疗等公共领域,政府职能和社会职能夹杂缠绕,无法厘清。重大自然灾害发生时,无论是1998年的洪涝灾害还是2003年的非典疫情,在公众视野里,基金会与政府浑然一体,难以区分将钱捐献给基金会与捐献给政府之间的差别。民间捐赠通过政府占主导的基金会的渠道最终依然与政府的财政资源混在一起使用。这一方面使政府承担了许多本应由慈善组织完成的社会事务,花费大量财力、物力、人力却效率不高、收益不大;另一方面,

这种混同导致政府在慈善事业中的功能过强，慈善捐赠最终无法体现民间公益的地位和作用。这既与政府转移职能的改革大势不符，也抑制了民间慈善力量的生长发育。非公募基金会的横空出世无疑是改变民间公益生态的一大举措。非公募基金会可以自主地确定基金会的使命和愿景、确定公益项目和善款资助方向，成为补充政府职能缺陷的有生力量。这在很大程度上廓清了政府与社会组织之间的权力边界，慈善资源将更多地流向政府系统所未能覆盖的区域和领域，将从根本上改善民间公益生态。

（三）非公募基金会使基金会保持独立性成为可能

基金会的独立性是指基金会是一类独立的法律主体，在人事、财务、决策等方面不依附任何个人和组织，具有独立的决策及执行能力，能够进行有效的自我管理，成为公民实现自治的社会机制。基金会的独立性体现了其独立于政府、独立于企业、独立于创办者的社会性格。基金会的章程所确定的宗旨使命是其灵魂所系，所确定的治理结构是其骨架所在。

基金会的独立性要求基金会的理事会依据法律和章程，通过治理结构所确定的议事规则独立自主地决定基金会的各种事项。然而，非公募基金会出现之前，我国的"官办"基金会因其与政府之间存在千丝万缕的联系，难以保持自身的独立性。与政府机关合署办公、人事关系错综交叉、财产管理你我不分、重大事项难以自治等现象不胜枚举。有些基金会甚至沦为政府相关部门的"钱袋子"或者"养老院"，独立性如水中月、镜中花，虽然美丽却无法触及。

非公募基金会在其创办之初便无"官办"基金会的"先天不足"。它们与政府之间没有财产上的纠葛，也无人事上的交错。《基金会管理条例》将理事会规定为基金会的决策机构，依法行使章程规定的各项职权。这为非公募基金会确保其独立性提供了法律依据。

(四) 非公募基金会是培育民间公益理念、实现个人公益理想的上选途径

非公募基金会的创办者在合法的前提下,对于基金会宗旨和使命的确定具有完全的意思自治。《基金会管理条例》一经实施,首个民政部登记的非公募基金会——香江社会救助基金会就宣告成立,被誉为是"中国社会私人捐赠组织化的开始"。该基金会原始资金5000万元,以发扬人道主义精神、扶贫济困、发展社会公益事业为宗旨。首个地方登记的非公募基金会当属2004年6月1日,由时任浙江省政协委员、旅美华侨叶康松捐赠原始基金200万元人民币发起的"温州市叶康松慈善基金会"。该基金会主要对那些因公殉职、生活处于贫困的家庭提供救济。随后,南都公益基金会、上海市自然与健康基金会、友成基金会、华夏慈善基金会、远东慈善基金会、国寿慈善基金会、王振滔慈善基金会等非公募基金会相继成立。这些非公募基金会的宗旨体现出创办者独到的公益目标。例如,南都公益基金会以支持民间公益为己任,华夏慈善基金会则将救助对象锁定为孤贫先天性心脏病患儿,国寿慈善基金会重点关注农民生命与健康的保障,王振滔慈善基金会是以宣传慈善事业、向社会贫困群体提供帮助、对慈善事业作出贡献的人才进行奖励为宗旨。各省成立的基金会在宗旨上的多样性也是佐证之一。(具体内容参见表9:部分省份设立的首家非公募基金会宗旨)

可见,非公募基金会摆脱了基金会原有的浓重的官方色彩,在运作和管理上更为灵活和现代,对于公益目的的贯彻更为独立和独到。它们确定的自身宗旨与使命,完全建立在创办者对于中国现实的判断之上,是融合自身对于公益事业和美好社会目标的理解而所作出的理性选择,因此将充分体现和促进基金会在价值追求上的多元化。

表9 部分省份设立的首家非公募基金会宗旨

省别	第一家非公募基金会	宗旨
浙江	温州市叶康松慈善基金会	救贫济困、崇尚慈善、奉献爱心、回报社会
上海	上海复旦大学教育发展基金会	在遵守国家法律法规的前提下，积极争取国内外企业、社会团体和个人的支持，汇聚社会资源，促进复旦大学教育事业的发展
广东	广东省中山大学教育发展基金会	在遵守国家宪法、法律、法规和国家政策，遵守社会道德风尚的前提下，汇八方涓流，襄教育伟业，全面支持和推动中山大学的长远建设和发展，加快中山大学进入国际知名、国内一流大学行列的进程
湖南	湖南省中南林业科技大学教育基金会	在遵守法律和行政法规、维护良好社会道德风尚的前提下，筹措教育资金，汇八方涓流，襄教育伟业，尊师重教，支持和促进林业教育科研事业的发展
山东	山东省鲁卫预防性病艾滋病基金会	宣传普及艾滋病综合防治知识；为社会提供资助服务；制作科普读物；确保基金保值增值
四川	四川美丰教育基金会	强化社会责任，倡导回报社会，帮助品学兼优的农村贫困家庭学生顺利完成学业
北京	北京市华夏慈善基金会	接受、管理捐赠资金，开展社会救助，促进慈善事业发展
河南	济源梧桐教育助学基金会	教育、助学
天津	天津市冯骥才民间文化基金会	通过"民间自救"的方式，唤起公众的文化意识和文化责任，汇聚民间的仁人志士，调动社会各界各种力量，抢救和保护岌岌可危的民间文化遗存和民间文化传人，弘扬与发展中华文化
江苏	苏州汇凯爱心基金会	养老、助老、助学
宁夏	宁夏陈逢干大学生助学基金会	以邓小平理论和"三个代表"重要思想为指导，根据中央以人为本和构建社会主义和谐社会的精神，充分发挥现代慈善事业的作用，推进宁夏教育事业的发展，支持和鼓励宁夏学子发奋有为，为宁夏快出人才和多出人才作出应有贡献

续表

省别	第一家非公募基金会	宗　旨
广西	广西帮帮忙教育扶贫基金会	促进广西贫困地区教育和扶贫事业的发展
海南	海南大学教育基金会	坚持科学发展观，以人为本。扶持海南大学重点学科建设和师资队伍建设，促进海南大学教育质量和科研水平的提高。繁荣海南高等教育事业，为经济建设和社会发展培养更多的高质量人才
河北	河北省撒可富教育基金会	关注中国教育，资助贫困大中学生
山西	山西省葵花助学基金会	捐资助学、回馈社会
内蒙古	包头市奶产业风险基金会	降低奶牛养殖户（场、企业）、乳品加工企业、金融部门贷款的风险，保护奶农的利益，保护奶产业生产者和经营者的积极性
陕西	陕西省联谊贫困救助基金会	改善贫困地区群众生活、学习和交通条件
安徽	安徽省安庆一中教育发展基金会	团结安庆一中校友及自愿意支持我校建设与发展的社会各界人士、各友好团体，汇八方涓流、襄教育伟业，全面支持和推动安庆一中的长远建设和发展
江西	江西省庐山东林净土文化基金会	发扬爱国爱教优良传统，开展弘法利生及社会慈善事业，推动海内外佛教文化交流，促进改革和经济繁荣、社会稳定
云南	云南省董勒成公益发展基金会	本着"真诚回报献爱心，平安和谐共发展"的宗旨，基金会将对城乡贫困、特困、低保户、艾滋病贫困家庭、孤儿、五保户、灾民等社会弱势群体以及敬老院、医疗机构等进行资助
新疆	新疆维吾尔自治区迪丽娜尔文化艺术交流发展基金会	继承弘扬我们区少数民族优秀文化艺术传统，积极支持和促进文化艺术的发展，为建设有中国特色的社会主义文化作贡献
贵州	贵州文化薪火乡村发展基金会	调动老龄资源与城市资源，援助中国西部省区贵州的教育软硬件、农村公共卫生、非物资文化遗产保护与传承三个领域

续表

省　别	第一家非公募基金会	宗　旨
吉　林	中东爱心基金会	弘扬中东爱心、扶弱帮难，积极开展慈善公益活动，践行中东集团"创造财富、回报社会"的企业宗旨，并通过该项目引发社会共鸣

（五）非公募基金会业已成为企业承担社会责任的新型组织形式

很多国有或者民营企业在成立非公募基金会之前大多以不同的方式履行着社会责任。这些方式包括直接资助社会公益活动或者捐助给业已成立的社会公益组织。但是前者具有临时性和随机性特点，不利于企业对于公益项目进行长期管理和规划；后者尽管具有组织性的优势，但是不利于贯彻企业文化独特的公益追求和树立企业品牌。从某种意义上而言，以非公募基金会形式从事公益事业，完成了企业捐助质的飞跃。企业从被动的、临时的、随意的、以突发事件为主的捐助走向主动的、长期的、独立的、系统性的、有规划的捐助，是企业承担社会责任的新形式，不仅有助于企业形象的塑造和公益理念的一以贯之，更为重要的是，这一新型基金会的加盟，使大量熟谙现代公司治理结构和投资专业知识的人士投身公益领域，势必对原有的公募基金会构成挑战、形成竞争，促使基金会的优胜劣汰和整体发展。

（六）非公募基金会吸引有志于公益事业的人士和专业人士进入慈善领域

非公募基金会涌现之前，一方面"官办"基金会行政化倾向严重、依赖政府，另一方面，其工作人员大多属于机关的退休人员或者分流人员，年龄偏大，知识结构陈旧，学历水平偏低。而且由于到基金会工作并非基于其自主选择，相当多数人员缺乏从事公益活动的热忱

表 10 民政部登记的由企业设立的非公募基金会（截止到 2008 年底）

企业名称	企业性质	非公募基金会名称	基金会宗旨	原始资金
中远（集团）总公司	国有企业	中远慈善基金会	弘扬民族精神，奉献中远爱心，支持公益事业，促进社会和谐与发展	1 亿元
宝钢集团有限公司	国有企业	宝钢教育基金会	奖励优秀人才，力行尊师重教，推动产学合作，支持教育发展	5000 万元
中国南方航空股份有限公司	国有企业	南航"十分"关爱基金会	为扶贫济困、救孤助残、赈灾救援、抗击疫情、助学兴教等社会公益活动提供资助或奖励，弘扬社会美德，彰显企业责任，引导社会风尚	2000 万元
国寿慈善基金会有限公司	国有企业	国寿慈善基金会	支持公益慈善事业，促进社会和谐与发展。开展济困、扶贫、赈灾、助残等慈善救助活动，帮助社会弱势群体改善生存条件，提高发展能力；资助和奖励在促进医疗卫生事业发展和弘扬美好社会风尚方面作出突出贡献的个人和机构；资助环境保护和教育事业的发展	5000 万元
中国人寿保险股份有限公司	国有企业	人保慈善基金会	彰显保险真谛，奉献人保爱心，致力造福子民，服务和谐社会	5000 万元
中国人民保险集团股份公司	国有企业	香江社会救助基金会	发扬人道主义精神，扶贫济困，发展社会事业	5000 万元
南方香江集团	民营企业	腾讯公益慈善基金会	致力公益慈善事业，关爱青少年成长，倡导企业公民责任，推动社会和谐进步	2000 万元
腾讯公司	民营企业	南都公益基金会	关注转型时期的中国社会问题，资助优秀公益项目，推动民间组织的社会创新，促进社会平等和谐	1 亿元
上海南都集团有限公司	民营企业	凯风公益基金会	推动社会进步，促进社会和谐发展。致力于帮助贫困大学生的能力建设，引导他们建立正确的价值观，提高社会责任感和使命感。致力于中国经济发展和转型时期的公共政策研究，社会经济法律问题研究和促进社会公平、正义的制度研究。持续地资助在基础学科和理论研究方面具有发展潜力的中青年学者，帮助他们在学科前沿领域进行前瞻性的、创新性的研究，成为本学科内具有国际领先水平的学者	5000 万元
泰鸿投资集团	民营企业			

190

中国非公募基金会发展报告（2008）

续表

企业名称	企业性质	非公募基金会名称	基金会宗旨	原始资金
深圳桃源居集团	民营企业	桃源居公益事业发展基金会	推进中国社区发展，发展社区经济，完善社区服务，培育社区福利，利用社区民间组织，利用社区劳动力，发展社区自助，民主自治的公共服务体系，积累社区资本，创建社区自救	1亿元
卢德之先生、李光荣先生及特华投资控股有限公司	民营企业	华民慈善基金会	致力于在市场经济条件下，秉承诚信、专业、规范、透明和高效的原则，探索发展中国特色现代慈善事业，建立一个体现企业及企业家社会责任的平台，以慈善事业推动社会和谐和进步	2亿元
万科股份有限公司	民营企业	万科公益基金会	未能获得资料	1亿元
汉龙集团	民营企业	天诺慈善基金会	民族地区贫困县的教育、卫生、基础设施建设	1亿元
海鑫钢铁集团公司	民营企业	海仓慈善基金会	扶贫助残、促进环保，努力构建社会和谐，重点资助城乡孤寡老人、残疾人及教育事业	5000万元
众民营企业与企业家	民营企业	友成企业家扶贫基金会	以创建和谐社会为目标，推动企业家群体参与公益事业，积极探索政府与民间力量相结合的可持续开发式扶贫道路。重点关注边缘化弱势群体，开展针对性状的公益活动，并注重公民素质的提升和公益理念的传播	2000万元
众多民营企业家	民营企业	爱佑华夏慈善基金会	接受并管理捐赠资金，开展社会救助，促进慈善事业发展。设立和资助孤贫、残疾儿童的助养、医疗救助项目及机构；开展和资助有利于少年儿童健康成长的教育支持项目及机构	2000万元
段永平先生及刘昕女士	民营企业	心平公益基金会	致力于帮助青少年和儿童享有均等的学习机会，支持中国教育事业的完善和发展	5000万元
奥康集团董事长兼总裁王振滔	民营企业	王振滔慈善基金会	宣传慈善事业，向社会贫困群体提供帮助，对慈善事业作出贡献的人才进行奖励	2000万元

191

和激情，也未能意识到慈善领域的工作与其他领域之间的不同，更缺乏从事慈善公益事业的知识和经验。非公募基金会的出现将改变这一现象。首先，非公募基金会的设立完全出于创办者的自主自愿。他们往往对慈善事业满怀热情与信念。其次，非公募基金会的创办者大多为营利领域的成功人士，积累了大量现代企业经营管理、发展规划、资金运作、治理结构等方面的知识、经验和智慧，具有将这些科学知识、技术应用到慈善领域的条件与主动性。再次，非公募基金会没有人事方面的历史包袱，可以公开招聘对慈善公益事业有经验的专职工作人员，以不低于市场平均水平的薪酬待遇吸引到知识结构新、综合素质高的专业人才。

立法者在阐述非公募基金会这一制度创新时曾这样表述："非公募基金会是一种引导个人和组织的财产流向社会，特别是流向弱势人群的有效形式，也是社会财富实现再分配的一种途径，可以最大限度地调动企业和个人的捐赠积极性，吸引更多的社会资源从事公益事业，使公益事业的资金来源更加多渠道。"[1] 就中国国情而言，在《基金会管理条例》颁布之前，基金会长期以来被视为国家公权力机构所垄断的器物。几乎所有的基金会都由政府部门或者与政府部门关系密切的组织、个人发起，官方色彩浓厚。募集资金主要依赖于行政部门，同时资金的管理和使用也受到相关部门的影响。所以在规则设定上，基本沿用行政机关或者事业单位的管理规则，有诸多限制。这些限制如果一概加诸于因为社会发展到一定程度由私主体设立的基金会上，颇不合理和不公平。所以，与其说《基金会管理条例》是对基金会的集体松绑，不如说是让其中的一种类别（即非公募基金会）免受本就不该受的掣肘，为公益事业的发展拓展了空间。

总之，尽管我国的非公募基金会与公募基金会的区分在相应规则的设置上还不能完全得以体现，甚至有所偏差，但是不可否认的是，

---

[1] 参见孙伟林、李建主编《基金会指南》，中国社会出版社，2004。

非公募基金会的出现对于促进我国公益事业、改变慈善事业格局起到了不可低估的历史性作用。

三 中国非公募基金会发展状况检讨

（一）中国非公募基金会发展现状检讨

1. 未充分认识宗旨和使命明确清晰的重要性

宗旨和使命是非公募基金会的灵魂所在。作为非营利组织的一种，非公募基金会的经营管理无法仰仗"利润"动机，而要依靠使命的凝聚和引导，通过其所具有的反映社会和公众需求的"使命"，来获得社会方方面面的支持，来赢得生存空间。"那些最优秀、卓越的非营利组织往往会为确定自己组织机构的使命而殚精竭虑。"[①] 非公募基金会在创办之时就应当明确组织宗旨和使命，此时必须意识到国家福利和民间慈善此消彼长的关系。例如，教育和弱势群体扶助长期以来也是我国政府加强社会事务建设的领域，非公募基金会应该探索能够补充政府职能缺陷的空间，从众多的社会需求中，结合自身特点，提炼和识别出切合现实需要的公益宗旨。但是，从目前登记注册的非公募基金会的宗旨来看，我国非公募基金会所确定的宗旨较为单一，大多集中于教育事业和弱势群体扶助方面，其他诸如公共政策倡导、公益支持、公共安全研究、社区发展、艺术促进、环境保护和动物保护等领域则鲜有涉及。

非公募基金会的宗旨一旦确定，其理事会就应该一再强调使命，而且将使命转化为明确的任务和目标，再具体化为可实现的目标和可实施的方案。这是非公募基金会的善治之道。但是实践中如何让自己的员工理解和认同基金会的使命和价值观，如何将使命和价值

---

① 〔美〕彼得·F. 德鲁克：《组织的管理》，王伯言、沈国华译，上海财经大学出版社，2003，第88页。

观融入非公募基金会的战略规划和公益活动,却鲜有举措。甚至有些非公募基金会的活动设计缺乏公益考量,导致宗旨发生错位或者偏移。

2. 独立性的困惑依然存在

非公募基金会尽管没有类似于公募基金会所遭受的政府相关部门的掣肘,但是其独立性依然令人担忧。这种担忧主要来自非公募基金会的创办者及其理事。非公募基金会在初创时期,无论在人力资源、办公场所还是资金来源上都对创办者有着严重的依赖关系。以光华慈善基金会为例,首先,其创办者光华控股无偿提供办公场所,将北京光华长安大厦20层提供给基金会,不收取任何租金乃至水电费;其次,基金会共有5名专职人员,但是仅有2人的工资由基金会支付,其余3人由企业支付;最后,由于光华慈善基金会目前无投资收益,所以还需要创办者持续进行捐赠。基金会创办者对于基金会的后续捐赠(包括资金和实物)都是值得赞誉的,而且也能确保非公募基金会持续下去。但是需要警惕的是,创办者必须意识到即便是自己创设的基金会,自其成立之日起便与创办者属于不同的法律主体,应该自觉维护非公募基金会的自治和独立性。基金会的相关事项应该由其决策机关——理事会按照法律和章程的规定去作出决议。创办者可以成为基金会的理事,但是也应该遵循理事会的议事规则。总之,非公募基金会应避免重蹈公募基金会的覆辙。

3. 内部治理存在诸多问题

基金会的治理结构重在理事会的职责和相关议事规则方面。但是从目前来看,现实中问题较为突出。

例如利益冲突规则缺位。基金会中存在的利益冲突规则是指基金会的理事应该避免将自己的利益和基金会的利益置于冲突的境地;不能避免的,应该将基金会的利益置于自己的利益之上。利益冲突规则是对基金会理事忠实义务的要求。利益冲突规则并非禁止所有关联交易,而是要求该关联交易不能让基金会利益受到损害,而且应该是理事会通过公平正当的程序在不偏不倚的环境中作出的决策。我国《基金会管理条例》中就利益冲突问题作了一些原则性的规定，但是对于利益冲突人的认定仅仅局限为基金会的理事。事实上基金会的理事、主要捐助人、高级管理人员及其近亲属都应该属于"利益冲突人"的范畴。实践中，非公募基金会的章程中几乎都没有关于利益冲突交易的相关规则；因此遇有利益冲突的场合，没有依据来判断某特定交易对于基金会是否公平合理。

再如理事会职责和议事规则问题。理事会作为决策机构，应该担负的职责未能为理事会成员所充分体认。不少非公募基金会并没有相关文件来规定理事会议事规则。甚至理事会授权也未能遵循相关规则，导致基金会内设专门委员会或者分支机构的权限范围无法明确。这些问题为非公募基金会的发展埋下隐患。

4. 非公募基金会的信息公开不主动

信息公开应该是非公募基金会主动应对社会问责的体现。除了根据政府规章要求公开必要信息和内容之外，非公募基金会还应该选择多种途径向社会公开自己的相关信息。例如，设立自己的网站或者网页，定期向社会发布公益项目进展情况，发生危机事件时的应对情况等。但是，从这次发展报告收集的信息来看，中国非公募基金会还不习惯将自己透明化，很多非公募基金会没有网页，甚至我们的问卷调查也遭到冷遇。下发的几百份问卷仅仅回收了十几份。回收率之低出人意料，也就无法为本次发展报告提供有效数据。

5. 专业化程度低

非公募基金会的专业化程度低所导致的资金使用上的粗放现象，品牌管理以及公益项目设计存在缺憾等问题都是当下不少非公募基金会的通病。

（二）中国非公募基金会发展制度环境检讨

1. 基金会分类标准值得商榷

对基金会作出分类并以不同的法律规则予以规制的思路并非我国

独创。在美国就有公共慈善机构和私立基金会之分。但是这一分类与我国的公募基金会和非公募基金会之间的分类并不完全吻合。因为美国的公共慈善机构与私立基金会的区分标准是依据资金来源：是在很大程度上依赖于公众，还是主要来自于特定的个人和群体。对于后者，因为容易为少数人控制而沦为谋取私益的器物，因此在规则制定上会有更多的、而非更少的限制和制约，尤以税法为重。例如，体现在自我交易规则上，对于公共慈善机构而言，只要能够证明交易是合理的，并不存在超额利益，那么公共慈善机构与利益冲突人之间的交易可以进行并有效；但是对于私立基金会而言，利益冲突人与基金会之间的交易一概予以禁止。再如对于法定支出要求，法律对于公共慈善机构并无强制性规定，但是对于私立基金会有最低法定支出额的要求。

我国公募基金会和非公募基金会的本质区别在于基金会是否可以向不特定的社会公众募集捐款。公募基金会可以面向公众募集捐款，非公募基金会则是不得面向公众募捐。但是这一区别仅仅在于能否从事公开募捐活动，并不应该影响其他方面的规则。也就是说，是否可以进行公募活动并不能为公募基金会和非公募基金会在其他规则上的差异提供足够的合理性支持。例如公募活动的禁止规则并不必然导致非公募基金会的资金主要来自非公募基金会的创立人，非公募基金会设立之后也可能通过私下募集捐款的形式使其资金主要来自创立人之外的其他一人或者数人甚至众人。所以，是否可以自然人、法人或者其他组织的名称作为字号的区别就失去了依据。再如在治理结构方面，对于相互间有近亲属关系的基金会理事人数进行限制的目的在于防止基金会为家族所控制。但是更重要的利益冲突规则方面却无建树。

2. 章程示范文本效力之辩

非公募基金会的章程具有特殊意义。由于非公募基金会中并无意思机关，理事会是最高决策机构，因此内部治理问题上对于章程颇多倚重。章程应记载基金会宗旨、治理结构和议事规则等内容。根据示范文本的说明，基金会章程示范文本是由民政部根据《基金会管理条例》和其他有关法律法规制定，旨在为基金会制定章程提供范例。要求基金会制定章程时应当包括章程示范文本中所列的所有条款，只是允许根据适当情况作适当补充。章程范本并非有法律强制力，但是却有示范性作用，而且由于所有非公募基金会登记时，其章程都要经登记管理机关核准方能生效，这无异赋予登记管理机关很大的权限，其中包括要求申请人按照民政部所要求的章程范本的样式和内容进行修改的权力，这就意味着本不具有严格意义上的法律效力的章程范本却被赋予了一定的强制性效力。章程本应是非公募基金会的创办者在设立基金会时所制定，体现创办者自己的意愿，主要关乎基金会的宗旨与内部治理问题，属于私法自治的范畴。章程示范文本本应为基金会制定章程提供参考和借鉴，保证其在制定章程时具备法律所要求的所有内容，也不得违背法律的强制性规定。但是除此之外的事项，应该由基金会自由决策。实践中的确存在登记管理机关过多强调章程示范文本的强制力的问题。建议在制定新的章程范本的时候，将有关条款分为三种：第一种为绝对必备条款，章程中必须具备，且内容上不得修改；第二种为相对必备条款，章程中必须具备，但是内容允许基金会根据自身情况确定；第三种为选择适用条款，不要求都具备，但是具有引导性和示范性的作用，鼓励选用。

3. 公益支出比例和行政成本控制强制性规定引发争议

《基金会管理条例》中规定了非公募基金会每年公益支出的最低比例和运作成本的最高比例。要求非公募基金会每年用于从事章程规定的公益事业支出，不得低于上一年基金余额的8%。基金会工作人员工资福利和行政办公支出不得超过当年总支出的10%。以法律的形式明确规定这两个比例也是立法者当初根据中国国情所作出的选择。诚如立法者在立法初期就洞察到的那样，这项制度的运作有待在实践中不断积累经验。从立法初衷来看，规定每年公益支出最低比例是为了避免基金会成为积累财富而不从事公益的场所；规定运作成本比例则是出于要求基金会的资金更多地用于社会公益而非特定群体利益的考虑。可谓用心良苦。但是从实践经验反观，以行政法规形式一刀切地对于原始基金规模迥异、运作模式不同的所有非公募基金会都作出如此规定，既让小型非公募基金会、运作型基金会有苦难言，又让原始资金规模大的基金会不堪重负。如何让立法初衷得以实现又能够充分尊重基金会创办者的意愿，并且不对基金会的发展造成不必要的障碍无疑是下一步修法所要考量的因素。

4. 基金会内部治理规则需要进一步明确

尽管《基金会管理条例》对于非公募基金会的治理结构有所涉及，但是未能就利益冲突，理事会、监事会的各自职责，理事（监事）等高级管理人员的权利义务和责任等问题进行细致的规定，导致基金会在这些问题上缺乏足够的法律依据。

5. 评估制度喜忧参半

促进建设、规范发展、提升能力和增强公信力无疑是基金会评估的目的所在。但是基金会评估标准中的有些指标，诸如公益项目的品牌、向社会公开接受捐赠数额等，是切合公募基金会的特征设置的，在运用这些指标对非公募基金会进行评估时难免有"削足适履"之嫌。建议今后不妨在基金会评估时在有些指标体系设置上区分公募基金会和非公募基金会，分类进行评估。另外，对于基金会评估应考虑委托民间专业性机构进行，以确保基金会评估的民间性和独立性。

6. 税收优惠政策配套措施出台不够及时

尽管我国非公募基金会的相关税收优惠政策已经初具体系，但是迄今为止，就税法中"符合条件的非营利组织的收入"的认定办法尚未正式出台，导致2008年的税收政策并不明朗。另外，尽管财政部、国家税务总局和民政部联合出台了《关于公益性捐赠税前扣除有关问题的通知》，明确了公益性社会团体和慈善组织公益捐赠税前扣除资格的认定权限和程序等问题，但是由于民政部登记的非公募基金获得公益捐赠扣除资格的名单尚未公布，其仍处于资格不确定状态。①

四 中国非公募基金会发展展望

（一）非公募基金会的发展符合当前社会现实和慈善发展的历史阶段

公益慈善事业总是与一定的社会阶段相适应。19世纪后半期以来，西方社会曾经兴起了一场科学慈善运动（scientific philanthropy movement）。这场运动本身是工业革命的副产品之一。机器化大生产造成城市工人失业，工业化又导致大量失地农民涌入城市，社会问题日益增多，城市贫民数量剧增。在当时社会改革家的眼里，慈善被视为促进公共福利和改善经济和社会不公正的一种机制。随着社会问题的增多，对于慈善的批评之声也逐渐尖锐。首先，批评者认为慈善只能解决表层的社会问题，而无法从根本上治理社会病态，即认为尽管慈善能够在一定程度上改善贫民的生活状态，但是对于调整导致贫困的社会病态秩序毫无助益；其次，批评者甚至认为慈善对于接受帮助的人产生负面影响，让他们因习惯于倚赖别人的恩赐而永远无法脱离贫困；再次，由于当时慈善活动主要是志愿性的，所以对于慈善管理的批评也不绝于耳，认为慈善本身存在不必要的重复和浪费。这些批评对慈善提出了更高的要求，意味着慈善必须根据社会发展的需要进行更为专业化和科学化的转型。科学慈善运动要求将科学的专业知识、技能、组织管理和发展策略注入慈善领域；要求慈善吸纳经过培训的专业人士来参与管理；要求慈善不仅要从"授人以鱼"进化到"授人以渔"，而且必须关注社会问题产生的根源，以寻求解决社会问题的根本之道。这样的变革是革命性的。科学慈善运动使慈善事业大有改观。首先，对于慈善含义有了更为宽泛的灵活的认识，囿于传统的、

---

① 这一问题在2009年已逐渐得到解决。——作者注

以济危扶困等为内容的慈善宗旨逐步得以拓展，出现了以研究贫困等现象背后的社会问题为宗旨的慈善组织。于是应急性的、暂时缓解困苦的传统慈善逐渐转向具备体系的和运行机制的现代意义上的慈善。其次，慈善事业逐渐吸收科学化的管理和运作，将系统化的理论和社会科学的研究成果引入慈善领域。在科学慈善运动中，人的理性高扬。慈善逐步脱离了建立宗教信徒与上帝之间联系的中介色彩，而成为人类运用理性主动解决社会问题的途径之一。慈善的神圣色彩被逐渐淡化，取而代之的是世俗化的慈善。从那场运动开始，慈善逐渐趋向组织化、专业化和制度化。

自改革开放以来，我国经济发展迅猛，城市化进程加快，各种社会矛盾和社会问题凸显。尤其是进入 21 世纪以来，慈善在各种重大自然灾害中的突出表现引起人们的日益关注，但是同时也引发大量的质疑。例如对于未经慈善组织作为中介、由捐赠者直接资助受赠者而导致的纠纷日益增多的质疑；对于慈善组织的能力建设和从业人员的专业素质的质疑；乃至对于现行慈善制度（包括管理体制和税收政策）的质疑。这些质疑需要我们及时回应。毫无疑问，我国的慈善正经历着转型。慈善的组织化、专业化和制度化程度将直接决定着我国慈善事业的长期发展态势和方向。非公募基金会的出现恰恰是慈善转型的一种表现。中国慈善事业也逐渐地从临时性的、对受助对象的直接捐助，转为设立非公募基金会进行长期的、有规划的慈善事业。

（二）非公募基金会数量还将持续快速增长

传统慈善的主要形式是捐赠者对受益人的直接帮助，以及通过教会、行业协会等组织进行捐助。与此不同的是，科学慈善运动中出现了大量包括基金会在内的慈善组织。例如简·亚当斯（Jane Addams）创办的赫尔大厦（Hull House）就是一个帮助劳工阶级家庭的机构，被誉为"殖民之家"。安德鲁·卡内基（Andrew Carnegie）设立了以自己名字命名的基金会，致力于国际和平和公共教育。还有洛克菲勒基金会等。这些慈善组织历经百年之久，尽管其创办者早已作古，但是组织却依然按照原先所设立的宗旨运行。慈善的组织化使富裕阶层得以设立永续性的、带有纪念性质的慈善组织，可以超越设立者的生命周期持续致力于某种慈善目的。例如洛克菲勒基金会，自小洛克菲勒担任第一任会长以来，目前已经由家族第五代主持基金会，但是不改初衷。尽管其宗旨从原先的"促进全人类的安康"措辞细化为"促进知识的获得和传播、预防和缓解痛苦、促进一切使人类进步的因素，以此来造福美国和各国人民，推进文明"。基金会的关注点始终是教育，健康，民权，以及城市和农村的扶贫。

我国自2004年《基金会管理条例》颁布并允许设立非公募基金会以来，截止到2008年底，已经有非公募基金会643家。《基金会管理条例》一经实施，除了先于《基金会管理条例》设立、之后换证的非公募基金会之外，新涌现的非公募基金会大都是民营企业（家）或者国有企业设立的。从基本状况来看，我国非公募基金会自2004年以来正经历着快速发展时期，无论从数量上还是原始资金规模上都呈现出良好的发展态势。这些都显示着富裕阶层对于社会公益的关注和投入，凸显了市场经济中的成功人士反哺社会的热情和梦想正通过非公募基金会这一组织形式逐步实现。

根据2008年中国慈善榜，上榜企业和企业家中有7位（家）设立了非公募基金会。根据2009年福布斯中国慈善榜，前100名上榜企业和企业家们仅有1家设立非公募基金会，但是慈善榜中排名第100名的企业在2008年捐赠的数额也在1000万元之上，大大超过设立非公募基金会的资金门槛。从上述数据分析，我国的非公募基金会的发展还处于起飞阶段。非公募基金会的井喷时期远未结束，可以预期接下来的10年到20年还将是设立非公募基金会的高潮期。这与世界各国基金会的发展规律基本吻合。

（三）非公募基金会弥补了政府功能的欠缺，但是仍需洞察和远见

从非公募基金会与政府关系来分析，我国政府目前对于非公募基金会整体持培育鼓励的态度。无论是登记设立时在业务主管单位问题上的主动联系和积极承担，还是在其他相关管理措施上的适度放宽，都体现出政府对于这一新型基金会的肯定与认可。这一方面固然与政府有关部门对于非公募基金会促进社会公益事业的认识日益深化有关，另一方面又何尝不是因为大量非公募基金会在众多紧急事件和重大自然灾害面前所体现出来的积极作用和功能！

现实表明，非公募基金会在一定程度上的确弥补了政府的职能缺陷。通过对非公募基金会宗旨和活动领域的分析，由于非公募基金会设立时对于自身活动领域的选择大多独具慧眼、匠心独运，所以有些非公募基金会能够让慈善的阳光照耀到以往未被关注的无声之地。但是这一方面的努力还不够。目前设立的非公募基金会扎堆于教育、传统慈善领域。对于某些领域的过分集中，既易使这些领域出现慈善"堰塞湖"现象，也使慈善资源无法真正适应社会需求。另外公益项目设计也缺乏对社会问题的深入把握和远瞻。

（四）非公募基金会的可持续性发展需要更多资源的投入

从非公募基金会的财产来源分析，非公募基金会的后续捐赠在很大程度上依然依靠非公募基金会创办者和理事们的捐助。尽管2006年以来，非公募基金会中的一部分已经开始以安全、有效、合法的方式力争基金的增值保值，但是一方面，能够积极履行谨慎投资人义务的非公募基金会的理事会还是占少数，另一方面，资本市场的波动对于非公募基金会的投资也造成巨大风险。可以预期，在未来较长一段时间，非公募基金会既要保持每年8%以上的公益事业支出比例，又得按照资本维持制度的要求维持一定的基金规模，还是得继续依赖非公

募基金会的创办者和理事的捐赠。不少非公募基金会都希望能够借鉴福特基金会的成功经验，以自身资金投资收益维系基金会的可持续发展。但是要达到这一目标，一方面，国家相关税收政策需要进一步明确，对于非公募基金会的投资收益继续用于公益事业的，一概予以税收优惠；另一方面，对于非公募基金会的专业人才也提出了更高的要求。

（五）注重培养专业人才，支持性组织初露峥嵘

人才匮乏已经成为制约我国非公募基金会发展的障碍之一。基金会自身管理，公益项目的策划、运行、管理、监督都是系统工程，必须有职业化的人才队伍来支撑。但是，目前非公募基金会的从业人员普遍缺乏公益领域的从业经验和专业知识。非公募基金会不仅缺乏高级的职业经理人，也缺乏投资管理、税务、法律、财务、营销、公关、社会工作等方面的专才。尽管不少高校开设了社会工作专业，但是人才的有效培养和输送上依然存在问题。从这个意义上讲，非公募基金会自身也需要注意培养专业人才的公益项目的设置，南都公益基金会的公益组织孵化器项目值得推广。另外，还需要与相关高校（包括国外院校）合作培养公益领域的高级管理者。当然，我们也看到，一些接受了高等教育的青年开始进入慈善领域并有所作为，尽管目前还为数不多，但是却展现出良好的发展前景。

为了推动非公募基金会的良性发展，拥有慈善数据库并从事慈善组织经营研究、人才培养的支持性组织的发展也至关重要。令人欣喜的是，有识之士已经意识到这一点并有所作为。2006年10月，麦肯锡联合德勤华永会计师事务所、奥美传播、君合律师事务所、摩托罗拉等企业成立了"公益事业伙伴基金会"，致力于打造为包括非公募基金会在内的所有公益慈善组织提供支持的平台：沟通资助方与需求方；协助筹资及融资；为公益慈善组织提供各种专业知识的援助；尝试探寻更为科学的评估机制。

（六）非公募基金会理事会的能力建设应尽快提上日程

非公募基金会在治理结构设置上更多地依赖理事会的有效运作。理事会是非公募基金会的决策机构，对于基金会的重大事项进行表决并通过决议。良好的治理规则应包含：基金会由强有力的理事会领导和管理，以确保各项目标的实现，制定方针策略，保持组织价值观的稳定；理事会应当对组织的良性运转进行监督，尽到应有的责任并对组织负责；理事会应当有明确的职责与功能，应当能够自行成立和运行，从而高效能地实现组织的目标；理事会应当定期审查自己及组织的效能，并采取必要的措施使两者都能良性运转；理事会应当明确划分专门委员会、职员、主要管理者、其他工作人员和机构的职能，并监督他们的工作；理事会（理事）应当遵照良好的道德标准，保证利益冲突的妥善解决；理事会应当对会员、受益人、其他利益相关人尽到问责。

只有权威的、有效率的、具有自我评估和更新能力的、授权明确的、开放而忠实的理事会，才能确保基金会的独立性，实现其价值和使命。

（七）社会认知度逐渐提高，公信力面临更大挑战

非公募基金会随着其功能和作用的发挥越来越得到社会和公众的认可。2009年的慈善大会上，有4家非公募基金会的慈善项目获得"中华慈善奖"，分别是援助西藏发展基金会的"西藏阳光工程"、北京苹果慈善基金会的"苹果赤脚医生工程"、爱佑华夏慈善基金会的"爱佑童心"和南都公益基金会的"新公民计划"。2008年与其说是中国慈善元年，不如说是媒体关注中国慈善组织的元年。各大电视台、电台、报纸、杂志大量报道包括非公募基金会在内的中国慈善事业的得失成败。公众向慈善组织捐赠善款之后，也对慈善组织的管理运营、信息公开表达了浓厚的兴趣和关注。但是几乎同时，以媒体途径所表

达的公众的质疑声也日盛。非公募基金会面临更大压力,需要通过充分的信息公开和自律机制来获得公信力。

(八) 税收优惠政策将有效激励公益捐赠

2008年1月1日正式实施的新《企业所得税法》将企业捐赠免税额度由原来的3%提高至12%;汶川地震发生后,《国务院关于支持汶川地震灾后恢复重建政策措施的意见》对企业、个人通过公益性社会团体、县级以上人民政府及其部门向受灾地区的捐赠,允许在当年企业所得税前和当年个人所得税前全额扣除;2008年12月31日,财政部、国家税务总局和民政部联合发布《关于公益性捐赠税前扣除有关问题的通知》,明确了公益性社会组织捐赠税前扣除资格的认定权限和程序等问题。尽管相关配套制度颁布实施不够及时,但是2009年以来,湖南省、北京市和广东省先后公布了具有公益性捐赠税前扣除资格的社会组织名单,不少非公募基金会榜上有名。有理由相信其他地区也将逐渐公布相关名单。这些举措将有效地鼓励公益捐赠。

(九) 法律制度期待进一步松绑

法律是生长的。良好的法律必须能够及时回应现实变迁。根据立法部门的立法计划,慈善法已经列入全国人大的立法计划,而《基金会管理条例》也正处于修改之中。我们前面所述的制度上的障碍在立法修法的过程中将得到逐步完善,最终为非公募基金会的发展营造良好的法律制度环境。

结束语

无可置疑,我国非公募基金会在短短的四年多时间里发展形势喜人。但是无论从非公募基金会的数量,还是从基金会的资金规模,乃至公益项目运作和基金会治理等方面,都还无法与西方发达国家的同类基金会相提并论，也无法与当前我国社会经济发展相匹配，更无法充分满足社会需要。这是现实，也是未来发展的起点，更预示着中国非公募基金会有着广阔的发展空间。有人说，现阶段非公募基金会的兴起类似于改革开放初期民营经济蓬勃发展的状况。经过30年的发展，我国已经拥有私营企业200多万家，非国有企业的营业收入已经占到全部营业收入的66%。以此对照，中国非公募基金会还将迎来更为骄人的增长和成长。让我们共同期待并为此努力！

附件一　民政部登记的非公募基金会宗旨和业务范围[*]

序号	名　称	宗　旨	业务范围
1	爱佑华夏慈善基金会	接受并管理捐赠资金，开展社会救助，促进慈善事业发展	设立和资助孤贫、残疾儿童的助养、医疗救助项目及机构；开展和资助有利于少年儿童健康成长的教育支持项目及机构
2	宝钢教育基金会	奖励优秀人才，力行尊师重教，推动产学合作，支持教育发展	在全国部分高校设立"宝钢教育奖"，开展"全国十杰中小学中青年教师"的评选和奖励，设立其他有关教育的专项奖励和资助
3	北京大学教育基金会	遵守中华人民共和国宪法、法律、法规和国家政策，遵守社会道德规范，致力于加强北京大学与国内外各界的联系和合作，促进北京大学教学、科学研究和高新技术开发事业的发展	接受和管理社会各界的捐赠；实现基金的保值、增值；奖励教师、学生，资助教学，科研等
4	北京航空航天大学教育基金会	本基金会遵守中华人民共和国宪法、法律、法规和国家政策，遵守社会道德风尚，致力于加强北京航空航天大学与国内外各界的联系和合作，促进航空航天教育教学、科学研究和高新技术开发事业的发展	接受捐赠，支持与航空航天教育、科研及社会服务有关的社会公益事业

---

[*] 本表格以报告定稿时各基金会公布的内容为准，此后各基金会所作的变更未体现在本报告中，例如田汉基金会、韬奋基金会、吴阶平医学基金会，浙江大学教育基金会的业务范围。

续表

序号	名称	宗旨	业务范围
5	陈嘉庚科学奖基金会	奖励取得杰出科技成果的我国优秀科学家，以促进中国科学技术事业的发展，实现中华民族的伟大复兴	接受捐赠、专项资助、学术交流、书刊编辑、专业培训、国际合作、咨询服务
6	中国传媒大学教育基金会		专项资助、捐资助学、咨询培训
7	慈济慈善事业基金会	未获得相关资料	未获得相关资料
8	吴作人国际美术基金会	发扬优秀的中国文化，促进现代中国美术事业的发展	资助或协助中国优秀美术家（包括美术史论家、画家、雕塑家等）在国内或赴海外举办展览、学术交流、从事考察、进修等活动；资助或协助海外华裔美术家回中国从事考察、进修、创作、研究、交流及展览等活动；奖励优秀的美术创作、史论著作及高等美术专业的师生在教学或学习中成绩优异者
9	纺织之光科技教育基金会	为继承和发扬新中国纺织工业奠基人钱之光同志为代表的老一辈无产阶级革命家、实业家开创新中国纺织事业的奋斗精神，促进纺织科技教育事业发展，造就大批优秀人才，振兴我国纺织事业	资助纺织教育方面的优秀科技工作者、教师，资助纺织领域的在校学生
10	国寿慈善基金会	支持公益慈善事业，促进社会和谐与发展；开展济困、扶贫、赈灾、助残等慈善救助活动，帮助社会弱势群体改善生存条件，提高发展能力；资助和奖励在促进医疗卫生事业发展和弘扬美好社会风尚方面作出突出贡献的个人和机构；资助环境保护和教育事业的发展	①慈善救助。按照本基金会宗旨开展济困、扶贫、赈灾、助残等社会救助活动，帮助社会弱势群体改善生存条件，提高发展能力；②资助和奖励在促进医疗卫生事业发展和弘扬美好社会风尚方面作出突出贡献的个人和机构；③资助环境保护和教育事业的发展

附件一 民政部登记的非公募基金会宗旨和业务范围

续表

序号	名　称	宗　旨	业务范围
11	海仓慈善基金会	扶贫助残、促进环保,努力构建和谐社会、重点资助城乡孤寡老人、残疾人及教育事业	资助社会福利、扶贫济困、赈灾救援、助学兴教等慈善事业;开展慈善宣传活动;资助和奖励在促进教育事业发展和环境保护方面作出突出贡献的个人和机构等
12	华民慈善基金会	致力于在市场经济条件下,秉承诚信、专业、规范、透明和高效的原则,探索发展中国特色现代慈善事业,建立一个体现企业及企业家社会责任的平台,以慈善事业推动社会和谐和进步	资助老年机构建设及老年福利服务项目;贫困大学生就业扶助;救助孤寡病残等民政对象群体;理事会认为必要的其他慈善项目;其他捐赠人特别指定并符合本基金会宗旨的项目
13	华侨茶业发展研究基金会	促进祖国茶业的发展,增强国际市场竞争能力,进一步扩大出口,广泛传播祖国的茶文化	主要用于奖励为发展出口茶叶各个方面有显著成绩的单位或个人;赠送对外发展出口茶叶有显著成绩的单位以仪器及设备;资助对出口茶叶发展研究及茶叶文化传播方面有成就的人员出国考察及深造;资助有关茶叶方面的学术文化交流;对重点茶区的贫困乡村的希望工程予以赞助
14	纪念苏天·横河仪器仪表人才发展基金会	遵守中国宪法、法律、法规和国家政策,遵守社会道德风尚。资助中国仪器仪表行业在测量、控制、信息领域的国际性人才的培养	选派仪器仪表行业高级管理人员出国培训,邀请外国专家来华讲学

209

续表

序号	名 称	宗 旨	业务范围
15	凯风公益基金会	推动社会进步,促进和谐发展。致力于高校贫困大学生的能力建设,引导他们建立正确的价值观,提高领导力,树立社会责任感和使命感。致力于中国经济发展和转型时期的公共政策研究,社会经济发展研究和促进社会公平、正义的制度研究。致力于持续地资助在基础学科和理论研究方面具有发展潜力的中青年学者,帮助他们在学科前沿领域进行前瞻性的、创新性的研究,成为本学科内具有国际领先水平的学者	开展公益慈善活动,资助社会保障、社会福利等方面的课题
16	李可染艺术基金会	发扬李可染爱国奉献精神,弘扬东方文化	李可染艺术的研究,国内外文化交流,奖励资助美术家、理论家
17	李四光地质科学奖基金会	为纪念李四光,鼓励广大地质科技工作者为社会主义现代化建设和科技进步多作贡献	学术交流、专项资助、国际合作、咨询服务
18	马海德基金会	为纪念马海德博士对我国麻风病防治及医疗卫生事业所作出的卓越贡献,表彰和奖励我国麻风病防治、研究和管理的优秀工作者;资助开展麻风病健康教育工作和慰问麻风病人及麻防工作者活动;资助麻风患者子女的"扶贫助学"活动。加强同世界各国人民和基金会的友谊与合作,促进我国麻风防治事业的发展,为尽早在我国消灭麻风病作出贡献	在国外募捐,通过资金的资助,促进我国麻风防治事业的发展;表彰、奖励从事麻风防治、研究及管理的优秀工作者;资助开展麻风病的健康教育、宣传工作和慰问麻风病人和麻防工作者活动;资助对麻风患者的子女"扶贫助教"活动;开展国际合作与交流活动

附件一　民政部登记的非公募基金会宗旨和业务范围

续表

序号	名　称	宗　旨	业务范围
19	南都公益基金会	关注转型时期的中国社会问题，资助优秀公益项目，推动民间组织的社会创新，促进社会平等和谐	资助公益慈善项目；扶植优秀非营利组织；组织培训、论坛、国际交流等活动
20	南航"十分"关爱基金会	为扶贫济困、救孤助残、赈灾救援、抗击疫情、助学兴教等社会公益活动提供资助或奖励，弘扬社会美德，彰显企业责任，引导社会风尚	为扶贫救困、救孤助残、赈灾救援、抗击疫情、助学兴教等社会公益活动提供资助或奖励
21	清华大学教育基金会	为推动我国教育事业的发展，提高教育质量和学术水平，争取国内外团体和个人的支持和捐助。本基金会遵守宪法、法律、法规和国家政策，遵守社会道德风尚，为社会公益事业服务	募集资金、专项资助、专业培训、书刊编辑、咨询服务
22	人保慈善基金会	彰显保险真谛，奉献人保爱心，致力造福于民，服务和谐社会	公益救济性捐赠活动。开展济困、扶贫、赈灾、救济等公益活动。残疾人救助。为贫困残疾人和家庭提供经济援助和医疗援助。"三农"扶助。为农村贫困地区和贫困家庭等提供经济、医疗和教育援助。贫困学生资助。资助贫困中小学生；为贫困大学生提供助学金和奖学金，资助优秀贫困大学生完成学业。环境保护援助。资助治理大气污染、河流污染和防止沙漠化等环境保护工程。对外合作与交流。利用中国人保良好的国际声誉、借助国际保险业务的开展，积极宣传中国慈善事业的成就，加强与国内外慈善组织沟通交流

续表

序号	名 称	宗 旨	业务范围
23	孙冶方经济科学基金会	纪念我国卓越的马克思主义经济学家孙冶方同志对经济科学的重大贡献，表彰和鼓励对经济科学作出贡献的集体和个人，推动中国经济科学的繁荣和发展	定期（每两年一次）奖励对我国经济科学作出贡献的经济学家；积极组织和资助对重大现实经济问题的研究和咨询；积极组织和开展国内外学术交流与合作
24	桃源居公益事业发展基金会	推进中国社区发展，发展社区民间组织。利用社区劳动力，发展社区经济，完善社区服务，培育社区福利，积累社区资本，创建社区自救自助、民主自治的公共服务体系	
25	腾讯公益慈善基金会	致力公益慈善事业，关爱青少年成长，倡导企业公民责任，推动社会和谐进步	专项资助、教育培训、国际合作、咨询服务
26	天诺慈善基金会	未获得信息	民族地区贫困县的教育、卫生、基础设施建设
27	田汉基金会	在严格遵守我国有关法律、法规、政策和社会道德风尚的前提下，联络、争取国内外社会各界知名人士、团体、企业的支持，推动开展对我国国歌词作者、诗人、戏剧、电影作家、革命文艺事业卓越领导人田汉的研究和纪念活动；继承发扬中华民族的优秀文化传统，促进有中国特色的社会主义文学艺术的繁荣	开展各类纪念、研究田汉及其他老一辈革命文艺家的学术活动；举办与本会宗旨相符的文艺演出、展览、培训、奖励活动；资助与田汉相关的文艺创作、理论研究、教育、出版及国际文化交流活动
28	万科公益基金会	未获得有关信息	未获得有关信息

附件一　民政部登记的非公募基金会宗旨和业务范围

续表

序号	名　称	宗　旨	业务范围
29	王振滔慈善基金会		宣传慈善事业，向社会贫困群体提供帮助，对慈善事业做出贡献的人才进行奖励
30	韬奋基金会	光大韬奋热爱人民、真诚地为人民服务、鞠躬尽瘁为人民创办新闻出版事业的优良传统，开展研究和继承韬奋思想文化遗产的活动，评选先进新闻出版人物奖项，编辑出版发行书报刊，扶植新闻出版院校优秀学生和部分专业，为繁荣我国新闻出版事业和造就新闻出版人才服务	接受捐赠，专项资助，业务培训，咨询服务，书报刊编辑发行，设立全国性韬奋新闻奖出版奖、韬奋思想研究
31	吴阶平医学基金会	吴阶平教授是国内外著名的医学科学家、教育家，为医药卫生事业的发展做出了重大贡献。设立吴阶平医学基金会旨在提倡吴阶平教授的高尚医德和治学精神；争取国内外所有关心医药卫生健康事业发展的人士筹募资金，通过各种有效措施促进我国医药卫生事业的发展和医药卫生工作者的团结合作。本基金会的各项工作都要严格遵守国家的法律和社会道德风尚	募集基金、专项资助、教育培训、国际交流、书刊编辑
32	香江社会救助基金会	发扬人道主义精神，扶贫济困，发展社会公益事业	扶贫、教育、灾害事件、科研、国防、体育、医疗、接受捐赠、公益活动、公益交流、其他

213

续表

序号	名称	宗旨	业务范围
33	心平公益基金会	致力于帮助青少年和儿童享有均等的学习机会,支持中国教育事业的完善和发展	支持和参与救灾、济困、安老、助孤、扶残、助医等慈善公益救助活动;支持中国教育事业的完善和发展,为青少年和儿童享有均等的教育和学习机会提供帮助;为中国慈善公益事业的发展和进步献言献策,并提供力所能及的协助
34	友成企业家扶贫基金会	以创建和谐社会为目标,推动企业家群体参与公益事业,积极探索政府与民间力量相结合的可持续开发式扶贫道路。重点关注边缘化弱势群体,开展有针对性的公益活动,并注重公民素质的提升和公益理念的传播	扶贫救助(教育培训、卫生、环境、扶贫产业)公益项目咨询管理;文化推广
35	詹天佑科学技术发展基金会	继承和弘扬詹天佑先生爱国、创新、自力更生、艰苦奋斗的精神,支持和资助铁道科技活动,表彰奖励有突出贡献的科技人员,促进中国铁道科技事业的繁荣和优秀人才的成长,为铁路跨越式发展作出贡献	开展弘扬詹天佑精神活动;接受捐赠;组织与资助科技活动;奖励科技人员,组织管理评奖励活动;国际交流与合作
36	张学良教育基金会	弘扬东北大学老校长张学良先生爱国爱校、捐资兴学的精神,动员海内外各团体和个人捐资支持东北大学的发展建设,为把东北大学早日建成世界知名的高水平大学作贡献	募集资金、接受捐赠、维护权益、管理使用、国际合作、信息交流、咨询服务

附件一　民政部登记的非公募基金会宗旨和业务范围

续表

序号	名　称	宗　旨	业务范围
37	浙江大学教育基金会	汇八方涓流、襄教育伟业，全面支持和推动浙江大学的建设和发展	支持浙江大学建造、更新设施、引进人才、聘请世界知名学者；奖教、奖学金等
38	中远慈善基金会	弘扬民族精神，奉献中远爱心，支持公益事业，促进社会和谐与发展	实施社会救助、扶助弱势群体、开展公益慈善活动
39	周培源基金会	募集基金，发展公益事业，促进科技进步和人才培养，加速社会经济繁荣	募集资金、奖励资助、学术交流、技术培训、国际合作、书刊编辑、咨询服务

附件二　民政部登记的非公募基金会原始基金一览表

单位：万元

序号	基金会名称	原始基金
1	李四光地质科学奖基金会	2000
2	王振滔慈善基金会	2000
3	万科公益基金会	10000
4	纺织之光科技教育基金会	2000
5	纪念苏天·横河仪器仪表人才发展基金会	751.96
6	詹天佑科学技术发展基金会	2000
7	南航"十分"关爱基金会	2000
8	凯风公益基金会	5000
9	慈济慈善事业基金会	10000
10	吴作人国际美术基金会	300
11	海仓慈善基金会	5000
12	李可染艺术基金会	2000
13	吴阶平医学基金会	2000
14	北京航空航天大学教育基金会	2000
15	宝钢教育基金会	5000
16	马海德基金会	20
17	韬奋基金会	800
18	华侨茶业发展研究基金会	300
19	桃源居公益事业发展基金会	10000
20	浙江大学教育基金会	5000
21	陈嘉庚科学奖基金会	3000

附件二 民政部登记的非公募基金会原始基金一览表

续表

序号	基金会名称	原始基金
22	人保慈善基金会	5000
23	周培源基金会	200
24	友成企业家扶贫基金会	2000
25	香江社会救助基金会	5000
26	心平公益基金会	5000
27	张学良教育基金会	2000
28	国寿慈善基金会	5000
29	田汉基金会	210
30	清华大学教育基金会	2000
31	南都公益基金会	10000
32	北京大学教育基金会	2000
33	天诺慈善基金会	10000
34	华民慈善基金会	20000
35	孙冶方经济科学基金会	2000
36	腾讯公益慈善基金会	2000
37	中远慈善基金会	10000
38	爱佑华夏慈善基金会	2000
39	中国传媒大学教育基金会	2000

附件三 民政部登记的非公募基金会逐年原始基金一览表

2004年底非公募基金会

单位：万元

序号	名　　称	原始基金
1	华侨茶业发展研究基金会	300
2	韬奋基金会	800
3	吴作人国际美术基金会	300
4	马海德基金会	20
5	纪念苏天·横河仪器仪表人才发展基金会	751.96
6	周培源基金会	200
7	清华大学教育基金会	2000
8	孙冶方经济科学基金会	2000
9	北京大学教育基金会	2000
10	田汉基金会	210
11	李可染艺术基金会	2000
12	吴阶平医学基金会	2000
13	陈嘉庚科学奖基金会	3000
	平　　均	1198.61

2005年新设立的非公募基金会

单位：万元

序号	名　　称	原始基金
1	中远慈善基金会	10000
2	香江社会救助基金会	5000
3	宝钢教育基金会	5000
4	詹天佑科学技术发展基金会	2000
5	北京航空航天大学教育基金会	2000
6	南航"十分"关爱基金会	2000
	平　　均	4333.33

2006 年新设立的非公募基金会

单位：万元

序 号	名　　称	原始基金
1	王振滔慈善基金会	2000
2	浙江大学教育基金会	5000
3	张学良教育基金会	2000
	平　　均	3000

2007 年新设立的非公募基金会

单位：万元

序 号	名　　称	原始基金
1	腾讯公益慈善基金会	2000
2	南都公益基金会	10000
3	国寿慈善基金会	5000
4	凯风公益基金会	5000
5	中国传媒大学教育基金会	2000
6	友成企业家扶贫基金会	2000
7	李四光地质科学奖基金会	2000
	平　　均	4000

2008 年新设立的基金会

单位：万元

序 号	名　　称	原始基金
1	心平公益基金会	5075
2	万科公益基金会	10000
3	桃源居公益事业发展基金会	10000
4	爱佑华夏慈善基金会	2000
5	华民慈善基金会	20000
6	人保慈善基金会	5000
7	天诺慈善基金会	10000
8	海仓慈善基金会	5000
9	纺织之光科技教育基金会	2000
10	慈济慈善事业基金会	10000
	平　　均	7907.5

附件四 民政部登记的非公募基金会收入及净资产状况表

2005 年底

单位：元

序号	基金会名称	捐赠总收入	投资收益	其他收入	净资产合计
1	李可染艺术基金会	0	321.26	204321.26	4765305.45
2	南航"十分"关爱基金会	20000000	0	0	17930819.06
3	陈嘉庚科学奖基金会	0	0	12608.75	30207753.99
4	周培源基金会	290000	237346.77	557000	10124354.06
5	马海德基金会	222186.19	0	0	7596129.39
6	宝钢教育基金会	100000000	0	0	92871720.6
7	吴作人国际美术基金会	659379	109623.05	2150.14	0
8	香江社会救助基金会	50000000	0	422904.23	45052667.27
9	纪念苏天·横河仪器仪表人才发展基金会	60000	0	89175.68	7865104.8
10	吴阶平医学基金会	16011326.8	0	93298.32	19006161.82
11	韬奋基金会	0	1159038.58	94535	17104641.56
12	北京航空航天大学教育基金会	20000000	0	0	20000000
13	华侨茶业发展研究基金会	0	0	0	4792804.2
14	清华大学教育基金会	129361876.9	8285594.02	0	537316546.6
15	孙冶方经济科学基金会	600000	2686	0	791286.73
16	北京大学教育基金会	128329136.2	7396365.39	1273.5	335786128.8
17	田汉基金会	800000	39750	0	4361703.68

附件四 民政部登记的非公募基金会收入及净资产状况表

2006 年底

单位：元

序号	基金会名称	捐赠总收入	投资收益	其他收入	净资产合计
1	詹天佑科学技术发展基金会	10180000	0	746139.83	34489462.98
2	宝钢教育基金会	0	50000	0	85391566.18
3	张学良教育基金会	2003902.69	0	4112.48	22096510.17
4	马海德基金会	239137.4	0	148628.24	7286652.62
5	纪念苏天·横河仪器仪表人才发展基金会	60000	0	191084.67	7529440.99
6	周培源基金会	300000	191838	3998.99	10381832.15
7	韬奋基金会	0	2200249.59	23360	18918268.53
8	吴阶平医学基金会	15217233.43	0	0	16442456.66
9	南航"十分"关爱基金会	4400000	0	0	21240102.67
10	田汉基金会	300000	39750	0	3012535.58
11	北京航空航天大学教育基金会	4212555	0	0	22724396.62
12	中远慈善基金会	119537840	148300	0	82736316.61
13	陈嘉庚科学奖基金会	0	0	15277.08	29931219.1
14	华侨茶业发展研究基金会	0	0	0	4567439.11
15	吴作人国际美术基金会	356884	156996.09	3208.69	6902124.67
16	李可染艺术基金会	38000	0	69907.15	4624574.7
17	北京大学教育基金会	219086901.4	18334818.49	1707390.7	464370345.4
18	清华大学教育基金会	151633935.7	111862412.7	0	408834664.7
19	孙冶方经济科学基金会	1484510.3	0	0	2241994.59
20	香江社会救助基金会	0	4120444.86	27804.38	33233798.26

2007 年底

单位：元

序号	基金会名称	捐赠总收入	投资收益	其他收入	净资产合计
1	宝钢教育基金会	0	17000000	16963.39	94367469.58
2	国寿慈善基金会	10268910	434246	0	53916571
3	周培源基金会	0	205414.48	4549.56	10170641.4
4	吴阶平医学基金会	27266029.43	8416.8	403278.16	16107225.44
5	詹天佑科学技术发展基金会	3900000	0	1281436.22	37616302.87
6	南都公益基金会	152000	16340449.29	697393.98	107089782.9
7	凯风公益基金会	0	0	148830.53	43907462.53
8	华侨茶业发展研究基金会	0	0	3532.18	3189510.73
9	张学良教育基金会	478050	0	17303.03	22357238.2
10	浙江大学教育基金会	136683532	13047726	0	351267258.9
11	陈嘉庚科学奖基金会	1960000	0	106514.44	31786196.18
12	吴作人国际美术基金会	50000	4014861.91	10983.29	10327662.72
13	纪念苏天·横河仪器仪表人才发展基金会	0	0	175717.29	6792939.54
14	北京航空航天大学教育基金会	90267359.57	0	474369.08	108887498.1
15	南航"十分"关爱基金会	4920000	0	93282.24	24174503.72
16	王振滔慈善基金会	20000000	324127.5	195375.56	15568947.38
17	马海德基金会	222193.38	0	32233.2	6739401.35
18	友成企业家扶贫基金会	70523144	1625163.82	133901.63	68447519.51
19	李四光地质科学奖基金会	6680000	384154.97	135217.41	29144466.22
20	韬奋基金会	0	4334275.39	134111.33	25517699.29
21	李可染艺术基金会	1960000	0	52777.76	5202655.75
22	中国传媒大学教育基金会	0	0	143608.11	20143388.11
23	北京大学教育基金会	317871922.8	111746785.9	1181452.3	665007630.8
24	香江社会救助基金会	12710	2049638.11	26440.13	22131958
25	中远慈善基金会	123963786	34384152.29	227501.46	217779587.1
26	清华大学教育基金会	207235623.3	89458696.58	1348466.71	571929067.5
27	腾讯公益慈善基金会	32041426.6	0	179614.32	27903872.98
28	孙冶方经济科学基金会	306000	0	17359.65	2077248.87
29	田汉基金会	0	26500	64103.89	2380747.89

附件四 民政部登记的非公募基金会收入及净资产状况表

2008 年底

单位：元

序号	基金会名称	捐赠总收入	投资收益	其他收入	净资产合计
1	李四光地质科学奖基金会	3550000	1213762	25626.48	33426738.87
2	王振滔慈善基金会	0	337239.4	3894.63	12469470.26
3	万科公益基金会	0	0	678000	100678000
4	纺织之光科技教育基金会	0	1200000	122159.3	25150869.43
5	纪念苏天·横河仪器仪表人才发展基金会	0	0	242215.2	6383730.46
6	詹天佑科学技术发展基金会	652602	0	1773803	37607746.45
7	南航"十分"关爱基金会	5979240	0	762203.4	26811023.07
8	凯风公益基金会	30000000	0	70095.27	67326255.34
9	慈济慈善事业基金会	18370758.58	0	94036.79	95617555.97
10	吴作人国际美术基金会	2557496	3394873	8536.51	10972276.71
11	海仓慈善基金会	0	0	0	0
12	李可染艺术基金会	429900	0	228100.1	4355534.38
13	吴阶平医学基金会	54468931.98	0	313309.6	23159609.12
14	北京航空航天大学教育基金会	7582232.25	0	1502329	107054674.5
15	宝钢教育基金会	0	39663001	22518.05	122981405.1
16	马海德基金会	206029.83	-435362	6016.22	5825761.98
17	韬奋基金会	0	-1063616	280925.2	22811225.45
18	华侨茶业发展研究基金会	0	0	2797.45	2921173.81
19	桃源居公益事业发展基金会	0	862575	714585.7	100458560.7
20	浙江大学教育基金会	65700862.82	9069666	263831.5	372470603.5
21	陈嘉庚科学奖基金会	10009742	0	67355.17	40881552.19
22	人保慈善基金会	0	0	334802.6	24385438.3

续表

序号	基金会名称	捐赠总收入	投资收益	其他收入	净资产合计
23	周培源基金会	237584.5	192922.8	4091.27	9806846.15
24	友成企业家扶贫基金会	51135072.55	0	305335.9	93861131.53
25	香江社会救助基金会	29285126.15	2919617	15374.88	43516226.01
26	心平公益基金会	0	0	58308.36	49109147.83
27	张学良教育基金会	1613981.7	0	16929.14	21961845.76
28	国寿慈善基金会	58793403.55	1414247	0	44729866.68
29	田汉基金会	1500	0	18295.34	2304916.69
30	清华大学教育基金会	360582857.6	68653415	1221616	819523024.8
31	南都公益基金会	63665925	$-5.2E+07$	228039.6	101050065.2
32	北京大学教育基金会	358209135.4	25955568	1546677	783165125.8
33	天诺慈善基金会	0	0	642504.8	0
34	华民慈善基金会	11066811.64	1021192	451866.2	194898723
35	孙冶方经济科学基金会	4393000	0	29154.88	5279176.13
36	腾讯公益慈善基金会	35566533.42	0	534077.4	26414964.86
37	中远慈善基金会	135413034.5	4096410	613648.6	216627784.4
38	爱佑华夏慈善基金会	7259190	0	200589.2	23743353.78
39	中国传媒大学教育基金会	550000	0	190137.5	20297674.52

附件五 民政部登记的非公募基金会 2005～2007 年公益事业支出比例和行政成本比例

2005 年公益事业支出比例和行政成本比例

单位:%

序号	名称	公益事业支出占上年度基金余额的比例	工作人员工资福利和行政办公支出占总支出的比例
1	宝钢教育基金会	—	1.59
2	北京大学教育基金会	33.62	2.11
3	陈嘉庚科学奖基金会	0.26	47.12
4	华侨茶业发展研究基金会	9.74	9.39
5	纪念苏天·横河仪器仪表人才发展基金会	6.92	19.02
6	李可染艺术基金会	0	100
7	马海德基金会	2.53	24.93
8	南航"十分"关爱基金会	11	0.23
9	清华大学教育基金会	21.94	1.17
10	吴阶平医学基金会	71.38	11.31
11	香江社会救助基金会	10	6.89
12	周培源基金会	16.24	9.8
13	韬奋基金会	2.18	34.75

2006年公益事业支出比例和行政成本比例

单位:%

序号	名称	公益事业支出占上年度基金余额的比例	工作人员工资福利和行政办公支出占总支出的比例
1	宝钢教育基金会	7.39	9
2	北京大学教育基金会	31.4	3.81
3	北京航空航天大学教育基金会	8.59	6.34
4	陈嘉庚科学奖基金会	4.75	19.44
5	华侨茶业发展研究基金会	9.41	8.64
6	纪念苏天·横河仪器仪表人才发展基金会	6.11	18.07
7	李可染艺术基金会	0.8	28.88
8	马海德基金会	2.78	15.92
9	南航"十分"关爱基金会	6.69	1.75
10	清华大学教育基金会	72.44	0.35
11	人保慈善基金会		
12	吴阶平医学基金会	84.7	10.23
13	香江社会救助基金会	35.36	0.23
14	詹天佑科学技术发展基金会	6.44	8.6
15	张学良教育基金会	—	6.59
16	中远慈善基金会	—	0.09
17	周培源基金会	4.75	15.97
18	韬奋基金会	1.57	27.59

附件五 民政部登记的非公募基金会 2005~2007 年公益事业支出比例和行政成本比例

2007 年公益事业支出比例和行政成本比例

单位:%

序号	名称	公益事业支出占上年度基金余额的比例	工作人员工资福利和行政办公支出占总支出的比例
1	宝钢教育基金会	8.88	5.67
2	北京大学教育基金会	47.24	3.31
3	北京航空航天大学教育基金会	11.2	4.57
4	陈嘉庚科学奖基金会	0.58	17.39
5	中国传媒大学教育基金会	—	100
6	国寿慈善基金会	—	0.02
7	华侨茶业发展研究基金会	6.29	1.59
8	纪念苏天·横河仪器仪表人才发展基金会	11.74	9.07
9	凯风公益基金会	—	0.66
12	李四光地质科学奖基金会	—	49.64
13	马海德基金会	8.46	2.91
14	南都公益基金会	—	6.71
15	南航"十分"关爱基金会	9.42	3.79
16	清华大学教育基金会	31.89	3.45
17	腾讯公益慈善基金会	—	1.42
18	王振滔慈善基金会	—	0.26
19	吴阶平医学基金会	147.94	4.78
20	香江社会救助基金会	39.37	0.8
21	友成企业家扶贫基金会	—	28.27
22	詹天佑科学技术发展基金会	5.45	8.53
23	张学良教育基金会	1.04	2.31
24	浙江大学教育基金会	23.21	0
25	中远慈善基金会	27.01	0.02
26	周培源基金会	8.85	8.55

后　记

　　非营利组织法依然是法学领域中的静寂之地，或者说是一片蓝海。而我跳入这片蓝海已经十年有余了。这本书是我近五六年来陆陆续续发表的一些文章（附带一个研究报告）的集合。依稀记得早些时候我制订过一个研究计划：从非营利法人入手，继而研究公益信托和非营利非法人社团。博士期间，完成非营利法人的治理结构研究（2005年北京大学出版社出版），博士后期间完成公益信托研究（2006年完成，但是此研究报告一直未能达到自己满意的程度，希望近期能够修改完毕），2009年申请了国家社科基金并获得资助，开始非法人社团研究（本项目预期2014年底前完成）。之所以选择这样的进路，是出于对非营利组织可供选择的法律形式的思考，希望自己的研究能够覆盖非营利法人、公益信托和非营利非法人社团三种法律形式的主要法律原理和规则。

　　本书共收录了九篇文章，分别为：《社会组织合法性应与登记切割》《社会团体备案制引发的法律问题——兼论非法人社团的权利能力》《我国社会组织行政处罚制度审视——从登记管理机关的角度》《寻求特权还是平等：非营利组织财产权利的法律保障——兼论"公益产权"概念的意义和局限性》《论非营利法人从事商事活动的现实及其特殊规则》《论我国非营利组织所得税优惠政策及其法理基础》《社会企业的兴起及其法律规制》《论公益信托制度与两大法系》《科学慈善运动与慈善的转型》。这九篇文章都已经先后在不同期刊上发

后　记

表，收录本书时基本上原汁原味未作修改。这些文章的内容涉及中国非营利组织的行政管理体制、非营利组织的财产规则、商业活动和税收问题，也对当下被视为制度创新的社会企业和公益信托从法律层面进行了审视。相关观点和主张难免有偏颇之处，还敬请读者予以指正。

需要指出的是，本书最后还收录了2008年非公募基金会发展报告，尽管此报告看起来似乎失去时效，但是此乃中国非公募基金会的首份发展报告，其中花了不少笔墨阐述了非公募基金会的价值和使命，当年受首届非公募基金会发展论坛委托完成，仅在论坛上发表，今收录于此，也是对于历史的记载和尊重。

感谢社会科学文献出版社一贯的信任和支持，感谢比尔和梅琳达·盖茨基金会对本书出版的资助。成书之时，恰逢小女百天。感谢她带给我的内心宁静和对于生命的崭新体验。与其说此书是总结，不如说是整理和反思，以便自己继续往前走。我会尽此一生继续在非营利组织法领域拓荒开垦，即使注定这将仍然是静寂之地。

金锦萍
2013年11月17日于北京海淀

图书在版编目（CIP）数据

中国非营利组织法前沿问题/金锦萍著 . —北京：
社会科学文献出版社，2014.3
（北京大学非营利组织法研究书系）
ISBN 978 - 7 - 5097 - 5659 - 1

Ⅰ.①中… Ⅱ.①金… Ⅲ.①社会团体 - 行政管理 -
法律 - 研究 - 中国 Ⅳ.①D922. 182. 14

中国版本图书馆 CIP 数据核字（2014）第 026935 号

·北京大学非营利组织法研究书系·
中国非营利组织法前沿问题

著　　者 / 金锦萍

出 版 人 / 谢寿光
出 版 者 / 社会科学文献出版社
地　　址 / 北京市西城区北三环中路甲 29 号院 3 号楼华龙大厦
邮政编码 / 100029

责任部门 / 社会政法分社（010）59367156　　责任编辑 / 李娟娟　关晶焱
电子信箱 / shekebu@ ssap. cn　　　　　　　　责任校对 / 白桂华
项目统筹 / 刘晓军　　　　　　　　　　　　　责任印制 / 岳　阳
经　　销 / 社会科学文献出版社市场营销中心（010）59367081　59367089
读者服务 / 读者服务中心（010）59367028

印　　装 / 三河市尚艺印装有限公司
开　　本 / 787mm × 1092mm　1/20　　　印　张 / 11.8
版　　次 / 2014 年 3 月第 1 版　　　　　　字　数 / 207 千字
印　　次 / 2014 年 3 月第 1 次印刷
书　　号 / ISBN 978 - 7 - 5097 - 5659 - 1
定　　价 / 45.00 元

本书如有破损、缺页、装订错误，请与本社读者服务中心联系更换

▲ 版权所有　翻印必究